自媒体运营中高本职教贯通实战系列教材
"自媒体运营"1+X 职业技能等级证书配套教材

自媒体运营
实战教程（抖音版）

蒋 晶 何 雄 桂 鑫 编著

电子工业出版社
Publishing House of Electronics Industry
北京·BEIJING

内 容 简 介

本书是自媒体运营职业技能等级证书配套教材之一，依据《自媒体运营职业技能等级标准（2023版）（中级）》编写而成。

全书共12个项目、48个任务，包括账号管理、场景搭建、文案创意、图片拍摄与处理、视频拍摄与剪辑、口播技术、短视频运营、直播运营、付费推广、用户运营、电商变现和服务变现，分属账号搭建、内容创作、引流转化和商业变现四大模块，内在逻辑清晰，实现了技能闭环，写法上属于典型的OBE教育理念指导下的任务驱动模式，全书内容详实、实用。

本书是自媒体运营1+X考试复习教材，也可作为高等职业院校"自媒体运营"课程配套教材，还适合抖音自媒体创作者自学参考。

未经许可，不得以任何方式复制或抄袭本书之部分或全部内容。
版权所有，侵权必究。

图书在版编目（CIP）数据

自媒体运营实战教程：抖音版 / 蒋晶，何雄，桂鑫编著 . -- 北京：电子工业出版社，2024.9. -- ISBN 978-7-121-35457-1

Ⅰ . F713.365.2

中国国家版本馆CIP数据核字第2024FJ3328号

责任编辑：陈　虹
印　　刷：北京缤索印刷有限公司
装　　订：北京缤索印刷有限公司
出版发行：电子工业出版社
　　　　　北京市海淀区万寿路173信箱　　　邮编　100036
开　　本：787×1 092　1/16　印张：18　　字数：460.8千字
版　　次：2024年9月第1版
印　　次：2025年7月第2次印刷
定　　价：78.00元

凡所购买电子工业出版社图书有缺损问题，请向购买书店调换。若书店售缺，请与本社发行部联系，联系及邮购电话：(010) 88254888，88258888。

质量投诉请发邮件至zlts@phei.com.cn，盗版侵权举报请发邮件至dbqq@phei.com.cn。

本书咨询联系方式：chitty@phei.com.cn。

前 言
PREFACE

随着抖音活跃用户数的急速增长，广告、电商、生活服务等业务收入也快速增长。2023年，字节跳动营收达到 1 100 亿美元，已是中国互联网公司营收规模第一。相应地，抖音电商年度 GMV 约 2.7 万亿元（同期拼多多约 4 万亿元），并保持较强劲的增长势头。其中，内容电商占比达 70% 以上（传统货架电商占比不到 30%），而内容电商的主要致胜因素之一是内容（包含短视频、直播和图文）创作水平。

直播也是一种内容创作。作为人、货、场匹配的最高效形式，直播电商又占内容电商的绝对"大头"，而直播的变现形式除了电商，还有培训、打赏等。在未来，直播大概率会向普及化方向发展，而不会被边缘化，这是由其"效率"决定的。这正是抖音的核心竞争力，在巨大的兴趣社区用户基础上，通过优秀的智能推荐算法高效匹配用户与内容，以内容搭载广告、商品和服务，实现更精准、更人性化地用户触达，最终以视频这种最接近真实世界的内容、最丰满的信息媒体形式展现产品的商业价值，完成商业闭环。

2023 年，在平台助推下，东方甄选异军突起，从直播带货时讲解英文单词到"小作文"事件，当时平台的某头部主播曾被称为"夜空中最亮的星"。业界反思，当主播数量达到一定规模时，竞争必然升级，直播的质量将成为生存关键。抖音主动选择东方甄选，是对这一态势清醒认知的结果。主播不能只停留在"直播销售员"的层次上，甚至不仅是"互联网营销师"，而是要让自身成为"宝藏"，真正为观众创造价值。娱乐直播（跳舞、唱歌等）、电商直播、游戏直播、知识分享直播等大类已经泾渭分明，主播要想在大类间跨越，成本极高且成功概率极低。每个大类的细分小类也会因专业领域的差异而难以逾越。这是典型的工种细分，行业成熟度越高，细分越彻底，反之亦然。

不仅是主播，直播相关岗位均已普遍开始细分。那么，对于未来的从业者，就要提前有所准备，一方面学好"自媒体运营"的通用技能，另一方面选好未来从业大类和行业领域，并有计划地提升自身综合素质和专业技能。

《"自媒体运营"1+X 职业技能等级证书》是教育部审批通过的第四批 1+X 证书之一，由抖音集团（北京抖音信息服务有限公司）举办，以"达人"（自媒体创作者）视角，依托抖音平台，将相关技能分为初、中、高三个层次，支持创作者从产生"兴趣"，到基本"合格"，并逐步走向"成熟"，这是证书三个级别的定位。

本书是中级证书的配套教材，依据《自媒体运营职业技能等级标准（2023 版）（中级）》编写，宗旨是使学习者的相关岗位技能达到合格水平。注意，这里所说的"相关岗位技能"

只是上面提到的"通用技能"，从业者的综合素质、细分行业的专业技能都无法在一次考试中兼顾。

本书在初级证书知识点的基础上增加了两个项目，合计达到12个项目；每个项目均大幅增加了任务数量，合计48个任务；此外，每个任务的技能密度和深度均有所提升。例如，在账号管理关于平台及其规则的内容中，除了要掌握抖音社区规则，还要理解抖音的运营逻辑，全面了解一个账号的流量来源渠道，才可能有针对性地设计引流策略及内容。

本书在撰写方法上严格贯彻了OBE教育理念，将技能点融入每个任务中，每个任务按"任务描述—任务实施—任务反思—课堂练习"的固定框架呈现。在任务描述中给出真实任务情景，在任务实施中分析任务并按工作过程逐步解决问题，在任务反思中进行总结或举一反三，在课堂练习中巩固所学技能。应用这种简单框架写出的真实任务，才能比较顺利地实现技能的迁移、固化与应用转化。

本书作者来自院校或企业一线，兼具才华与情怀。他们是来自广东工贸职业技术学院的蒋晶，清华大学国家服务外包人力资源研究院的何雄，重庆市畅所欲言网络科技有限公司的桂鑫、代莉，河北雄安星群文化传媒有限公司的刘磊、苑瑞静，上海薇龙文化传播有限公司的张薇、徐碧玉、汪露、方月，广州大洋教育科技股份有限公司的邓健宇、梁思蕾、祝睿，厦门易普道信息科技有限公司的陈善煜、张幼娥，赤峰火烈鸟文化传媒公司的李岩、孙颖，郑州花栗舒文化传播有限公司的李卓阳，北京市纯粹理想文化发展有限公司的刘鹏远、王松傲寒。

本书在编写过程中，还得到了抖音集团原数字学堂和深圳市脸萌科技有限公司（剪映）的有关领导、清华大学国家服务外包人力资源研究院有关专家的关怀和指导。在此一并表示感谢！

本书配有技能标准、考纲、PPT课件、视频课、样卷、练习题库及参考答案等教学资源，还有仿真实训系统，请登录华信教育资源网免费下载。

虽然本书出版前已做了两次较大规模的升级优化，但受限于作者水平与时间精力，难免有不足甚至错误之处，恳请读者和专家不吝赐教。意见建议请发 E-mail 至 chitty@phei.com.cn。

本书软件界面、数据和功能操作的抖音版本为：桌面版：2024年5月9日 v3.5.1.14417，移动版（Android 和 IOS 相同）v29.8.0。因抖音软件更新快，故很多内容可能与读者使用的最新版软件不符，请以最新版为准。

编　者
2024年6月

目 录
CONTENTS

项目一　账号管理 1
　　任务 1.1　新手达人违规处理与账号运营逻辑 2
　　任务 1.2　确认定位方向，寻找对标账号 4
　　任务 1.3　完善账号资料 9
　　任务 1.4　账号诊断与作品数据优化 13
　　项目小结 18

项目二　场景搭建 19
　　任务 2.1　配置不同直播场景下的硬件设备 20
　　任务 2.2　安装、配置自媒体软件环境 26
　　任务 2.3　搭建美食类短视频场景 34
　　任务 2.4　不同类型直播间搭建与装修 37
　　项目小结 43

项目三　文案创意 44
　　任务 3.1　用选题辅助工具确定一个美妆选题 45
　　任务 3.2　以某舞蹈账号为例，完成内容创意并制作内容大纲 51
　　任务 3.3　制作一期美妆图文内容 57
　　任务 3.4　撰写催泪纪录片推荐的短视频脚本 61
　　项目小结 70

项目四　图片拍摄与处理 71
　　任务 4.1　用数码相机拍摄图片 72
　　任务 4.2　用 Photoshop 还原图像色彩 79
　　任务 4.3　设计一款大促活动主题字体 83
　　任务 4.4　设计一款直播大促预热海报 89
　　项目小结 100

项目五　视频拍摄与剪辑 101
　　任务 5.1　拍摄一组情绪短片视频素材 102
　　任务 5.2　使用剪映专业版为视频素材配音 107
　　任务 5.3　结合剪映工具进行视频配乐 113

任务 5.4　猫粮广告视频的后期制作 ·· 118
项目小结 ·· 124

项目六　口播技术 125

任务 6.1　美妆主播自我素养提升 ·· 126
任务 6.2　拆解对标直播间单品直播话术 ·· 133
任务 6.3　健身达人直播互动设计 ·· 138
任务 6.4　美妆达人的一场直播流程拆解 ·· 146
项目小结 ·· 149

项目七　短视频运营 150

任务 7.1　美妆达人 Grace 的视频运营月度规划 ·· 151
任务 7.2　完成美妆博主的账号包装和审校 ·· 156
任务 7.3　一条洗发水广告视频的数据分析 ·· 162
任务 7.4　"雪糕刺客"爆款视频打造 ·· 169
项目小结 ·· 175

项目八　直播运营 176

任务 8.1　设定一场饰品带货直播的目标 ·· 177
任务 8.2　新人首次开播直播策划 ·· 181
任务 8.3　一场美妆直播的运营执行工作 ·· 185
任务 8.4　一场饰品带货直播的复盘 ·· 189
项目小结 ·· 194

项目九　付费推广 195

任务 9.1　广告账号创建 ·· 196
任务 9.2　DOU+ 自定义定向投放 ·· 200
任务 9.3　创建信息流广告计划 ·· 205
任务 9.4　创建搜索广告计划 ·· 211
项目小结 ·· 218

项目十　用户运营 219

任务 10.1　蛋黄酥品牌的用户调研设计 ·· 220
任务 10.2　美妆博主的粉丝群管理和活动策划 ·· 225
任务 10.3　建立防晒霜产品的 FAQ 库 ·· 231
项目小结 ·· 235

项目十一　电商变现 236

任务 11.1　开通商品橱窗 ·· 237
任务 11.2　橱窗商品管理与应用 ·· 239

任务 11.3　直播商品上下架 ··· 244
　　任务 11.4　直播销售 ·· 250
　　任务 11.5　资金管理 ·· 255
　　项目小结 ·· 259

项目十二　服务变现 ··· 260
　　任务 12.1　服务交易平台账号注册与信息设置 ·· 261
　　任务 12.2　服务接单与拒单 ·· 264
　　任务 12.3　执行任务 ·· 270
　　任务 12.4　收入结算与提现 ·· 275
　　项目小结 ·· 280

项目一

账号管理

学习目标

- 掌握平台规则，能理解账号运营的逻辑。
- 能调研同类账号，结合自身特点，明确账号定位。
- 能根据账号定位，完善和优化账号基本资料，资料完整度达到100%。
- 能查询和跟踪数据中心里的各项数据，对账号进行量化诊断，阅读诊断报告。

思政导入

要成为优秀的自媒体创作者，首先要明确账号的定位，根据定位确定内容创作方向，优化账号资料。其次，要理解抖音账号运营的逻辑，及时、有效地运营账号。最后，账号有了一定的运营数据后，要理解抖音平台提供的各项数据的意义，并能依据这些数据，对账号进行量化诊断，从而改善内容创作和账号运营，形成"内容创作—运营—数据分析—内容优化—运营优化—数据分析"的良性循环。

任务1.1　新手达人违规处理与账号运营逻辑

任务描述

抖音新手达人＠小吴说动漫入驻抖音一个月，发布了30条动漫讲解视频，整体数据不太好。在发布《反派都这么能屈能伸吗》视频之后，收到了系统发送的违规消息，请你帮助小吴完成下面的任务。

（1）找到违规视频，并了解违规原因。
（2）通过违规申诉，了解更详细的违规原因。
（3）处理违规视频。
（4）该达人的视频数据不理想，试从账号运营逻辑（含抖音信息流推荐算法、搜索推荐算法等）方面给出一些优化建议。

任务实施

本任务要求：处理一条违规视频前，我们需要了解违规原因，并根据实际情况选择是删除视频还是隐藏或者修改后再上传。该任务可以分解为：查询违规视频、了解违规原因并申诉、违规视频处理和视频优化。

1. 查询违规视频

登录并点击"抖音"→"消息"→"系统通知"→"作品审核通知"→"查看详情"，了解违规视频审核结果。如图1-1-1所示，"存在问题"栏提示该违规视频"涉及侵犯他人著作权"。

2. 了解违规原因并申诉

看到系统的"作品审核通知"之后，如果想详细了解违规视频存在的问题，或者你觉得该视频并没有违规，可以点击界面正下方"我有异议"，勾选"你有异议的原因是"。注意，这里有五个可以勾选的选项，分别是："没有申诉机会""处罚过于严格，想减轻""处罚错误，作品没有违规""有材料想自证""其他"。根据情况勾选其中一项即可，如图1-1-2所示。如果希望进一步说明，可以到"作品审核通知→存在问题"的"查看详情"中了解申诉流程。如果你不认可处理结果，且已获得版权方授权，请于10天内向××@douyin.com提交申诉申请,并上传相关权利证明材料进行申诉。邮件标题:你的抖音号+不侵权声明,如图1-1-3所示。

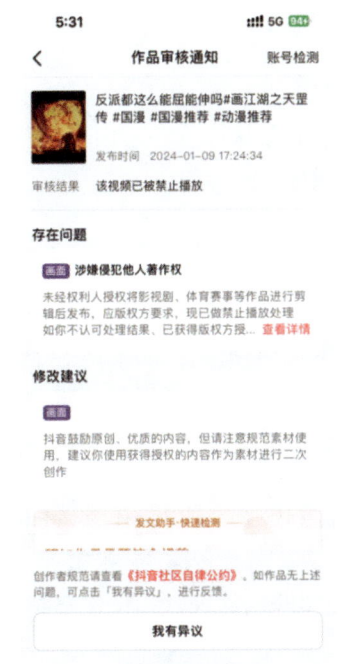 

图1-1-1　作品审核通知　　　　图1-1-2　异议的原因 　　　　图1-1-3　查看详情

视频发布后,因审核量很大,一般先由人工智能机器人判定,故有时也会出现误判。申诉后,由平台工作人员人工处理。如果人工判定确实没有违规,则显示"申诉成功",工作人员会解除该视频违规状态,视频将被正常推荐。如果判定违规,一般会给出更精确的原因。创作者应根据反馈及时处理违规视频。

3．违规视频处理

违规视频如果不及时处理,将会导致以下一些问题。
① 该视频被限流,不会再推荐给任何人。
② 影响该账号后续的视频推荐,可能会被判定账号违规。
③ 该账号禁止发布作品,不允许再上传任何视频。
④ 封禁账号,此账号作废。

违规视频一般有三种处理方式:删除、隐藏和修改。如果违规问题严重,处理起来比较复杂,如多处画面侵权等,建议直接删除或隐藏。如果问题不严重,处理不复杂,但暂时不准备处理,可以选择隐藏。如果很容易处理,可以快速修改后重新发布。

考虑到本任务中的违规视频处理起来比较复杂,选择先隐藏,留待日后处理。处理完成后,账号将不再有违规提示。

4. 视频优化

视频优化是一项系统、复杂、长期的工作，从账号运营逻辑方面考虑，建议应先了解抖音信息流推荐算法、搜索推荐算法等，然后再尝试给每条视频添加关键词、用热门关键词组标题、关联热门话题等操作。此外还应提升账号信息完整度、添加账号标签并与内容匹配，这样才能让平台将视频推荐给更精准的受众人群，优化视频传播数据。

任务思考

平台技术与规则更新得很快，原来不违规的视频内容，在新规下可能违规，创作者应时常关注"抖音规则中心"，查看平台最新规则。视频违规对账号的影响很大，如果同一个违规问题多次出现，可能导致账号被封禁，因此，创作者应及时、积极处理违规视频，避免重复违规。建议创作者除充分了解、熟悉平台规则外，还应在视频上传前设置一轮内审，尽量减少违规情况发生，这样才能让账号长期健康发展。

另外，平台提供了"账号检测"功能，可以全面检查账号健康状况，建议创作者定期使用，及时了解账号健康状况。

账号数据优化是自媒体运营的重点，也是难点。随着学习和实践的深入，相信你会越来越擅长优化工作，最终成为一名合格的自媒体达人。

课堂练习

请完成以下任务。
（1）查看抖音系统消息，检查是否有违规提醒。
（2）如有违规视频，请及时处理，申诉或者隐藏、删除、修改等。
（3）尝试查询账号数据并给出三条优化建议。

任务 1.2　确认定位方向，寻找对标账号

任务描述

小 V 想成为一名抖音达人，但是目前没有明确的定位方向，不知道该选择哪个领域，请你帮他找到一个合适的定位，完成以下任务。
（1）根据爱好结合自身优势，确定定位。
（2）用人群、兴趣、内容三要素来确定内容方向。
（3）在抖音寻找和关注三个对标账号。
（4）分析对标账号的一个作品，写下其优点。

任务实施

本任务要求：成为自媒体达人前需要确认账号定位，可以从我是谁、我能干什么、有什么优势等方向思考。同时，也要根据定位确认内容方向，创作过程中可以通过学习对标账号来优化自身账号。该任务可以分解为：确定定位、确定内容方向、寻找对标账号、分析并学习对标账号。

1. 确定定位

（1）发现兴趣。

小V明确自己的爱好是品茗、摄影摄像、赏玩瓷器，而这三项在抖音平台均有大量受众，细分创作方向也很多。相对而言，文玩分享者的变现模式明确，市场空间较大。经过深入思考，小V发现自己喜欢品茗并不是因为专注茶叶本身，而是因为这件事比较有仪式感，而瓷器是相对耗时更长、可钻研更深的兴趣方向，因此他确定继续在瓷器方面发挥优势。

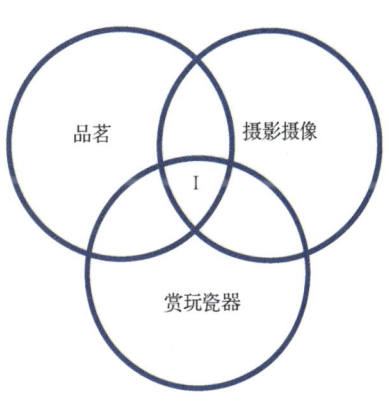

图 1-2-1　兴趣的交集

如图 1-2-1 所示，I 区域是三种兴趣爱好的交集。如果小V的工作内容是品茗、摄影摄像和赏玩瓷器的交集（I 区域），例如，拍摄瓷器、茶具，那么他工作的动力可能比较大。并非一定要追求各种兴趣的交集，只是当我们无法分辨"最大"的爱好时，可以采用这种方法。

（2）明确优势。

小V之前是学陶瓷设计与制作的，在大学期间他学习了很多关于陶瓷历史和陶瓷工艺的知识，大学毕业以后他也一直都从事相关的工作，在陶瓷品鉴上相当于个"小专家"水平。小V形象气质较好，表达流利，平时在抖音上分享自己关于陶瓷茶具的品鉴心得，也得到了很多同行的认可。这里可以用交集法确认优势，如图 1-2-2 所示，区域 A 就是优势。

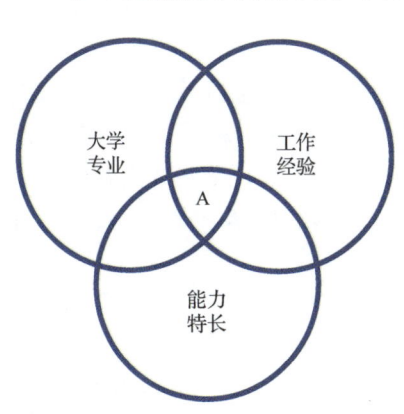

图 1-2-2　优势的交集

当大学专业和工作经验交叠，又有较好的形象和表达能力，且在该领域已经获得同行认可，个人产生了兴趣和成就感，那么就可以确认为优势。

根据以上信息，小V的兴趣区域与优势区域产生了重叠，初步确定小V的定位是：陶瓷茶具分享者、推荐官型主播。

2. 确定内容方向

账号的定位主要从自身角度出发，但内容方向更多要从受众角度出发来确定。因此，需要深入分析受众人群及其兴趣（需求），从而找到内容创作的方向。

受众人群一般通过分析账号粉丝画像来明确，用一系列标签来"画像"。但账号设立之初，无法获得账号人群数据，此时可以"简单粗暴"地将账号的受众人群定义为"我"，即尝试给"我"打标签来明确"画像"。此任务参考抖音平台的人群标签，人群画像确定为：成人（18岁以上）、男女不限、城市居民、中产、大学学历。

进而分析受众的兴趣，也根据"我"的兴趣点，参考抖音平台的兴趣标签，确定为：文化、生活、创意等。细分描述为：对传统陶瓷工艺品，特别是陶瓷茶具有浓厚兴趣，喜欢慢节奏、有文化品位的生活，对基于传统的创意创新无抵抗力。

那么对于上述"画像"的受众，应该创作什么样的内容呢？还需结合人群关注账号的目的来确定。受众观看感兴趣的内容，主要为了消遣娱乐，或者学习知识、交流赏玩经验等，其中部分受众希望通过学习交流采购到合适的茶具，或支持收藏投入决策。显然，账号隐含电商变现商业模式。

综上，初步确认小V的内容创作方向是：分享好看好用的陶瓷茶具，配上专业的解说文案和国风背景音乐，内容细分为陶瓷茶具的窑口、工艺、画片、寓意、价值等。

3. 寻找对标账号

确定自己的账号定位和内容方向时，可以参考抖音平台上的对标账号。定位和内容方向确定后，也可以在抖音平台寻找对标账号加以验证。

（1）在抖音搜索框中输入关键词"陶瓷茶具推荐"，筛选相关用户。如图1-2-3所示。

（2）关注其中三个达人账号@王状元陶瓷研究所、@大弟茶具、@璇瓷茶器。依次访问三位达人主页，发现达人@大弟茶具上次更新时间是2023年8月15日，也就是说停更很长一段时间了，直接取消关注，因为其内容已不具备参考性。搜索排名3～8位的账号也无须关注，如@璇瓷茶器只针对陶瓷的部分画片做内容，已积累了大量粉丝，这样的垂类账号受众范围很窄，达到这么大的粉丝量，细分垂类市场应该已经饱和，暂不考虑参考。搜索结果中排名第9位的账号@王状元陶瓷研究所虽然只有9.8万粉丝，但是它的内容广度很大，而且讲解详细，和小V想要打造的账号类型非常接近，故应重点分析@王状元陶瓷研究所。

（3）确定对标账号。综上分析，暂将@王状元陶瓷研究所定为对标账号。

通过查询对标账号，发现小V的定位和内容方向有大量的受众，活跃度很高，是可以深耕的方向。但也可能面临很大的挑战，相关账号多，优秀账号粉丝量已经很大，细分垂类账号甚至能达到100多万粉丝。再三思考过后，小V还是坚持选择这个定位和内容方向，即使失败也能积累一些经验，故小V的账号定位就这样定下来了。

图 1-2-3　抖音平台关键词"陶瓷茶具推荐"的搜索结果

4．分析并向对标账号学习

要做好内容，首先需要用心学习优秀作品。小 V 在 @王状元陶瓷研究所账号上浏览近期发布的视频，发现一条《盘点青花瓷上的边饰带》视频表现非常出色，如图 1-2-4 所示。小 V 认真分析了该视频，他认为这个视频的亮点包括：

（1）开头第一句话总结视频主题；

（2）内容结构清晰，层次分明；

（3）节奏紧凑，没有拖沓；

（4）配音生动，吸引观众；

（5）画面制作精良，视觉效果好；

（6）评论互动活跃。

显然，上述分析结论为小 V 的内容创作与运营提供了很多可借鉴的经验。

通过分析小 V 的兴趣爱好和优势，我们为他初步找到了合适的抖音账号定位（陶瓷领域的创作者），进而用人群、兴趣和内容三要素，明确了内容创作的方向，并找到了优秀的对标账号。对对标账号的分析和学习非常重要，而且要持续跟进，所以要记得关注账号，这样抖音就能不断给你推送关注账号的优秀作品。

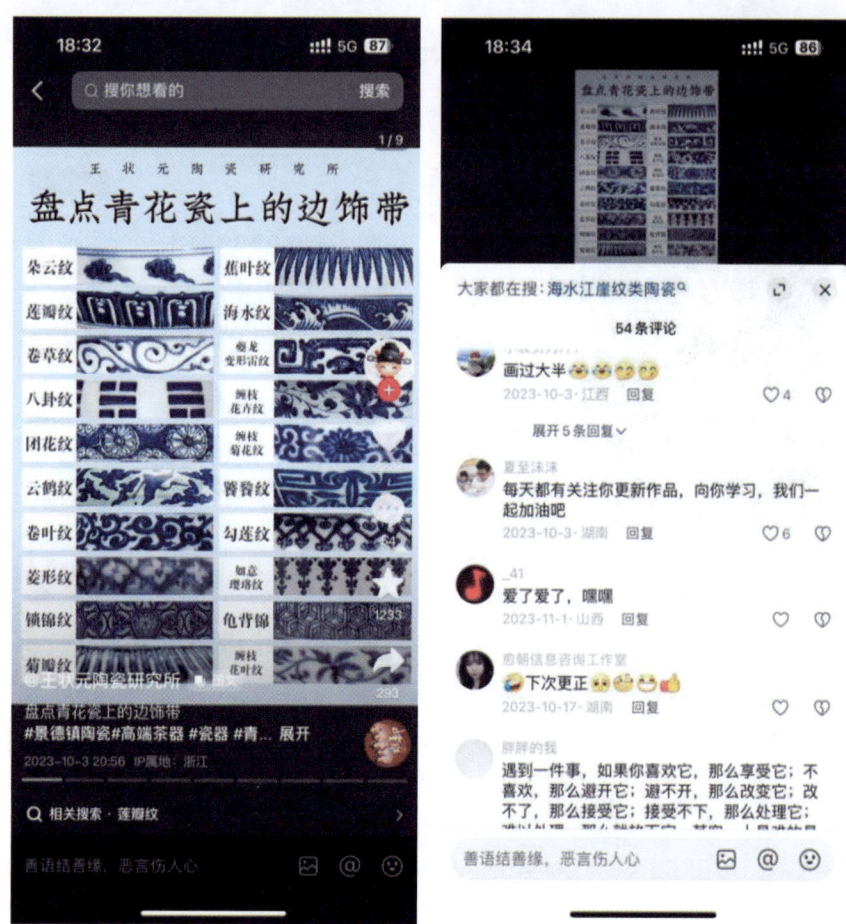

图 1-2-4　点赞量很高的视频

任务思考

在选择定位和对标账号时，应注意以下几点。

（1）结合个人兴趣和优势，选择一个自己熟悉且热爱的领域。这样在创作过程中会更有热情和动力，可以坚持运营更长的时间。很多时候"剩者为王"，定位的第一要素就是选自己能持之以恒的细分领域。

（2）深入了解目标受众，包括他们的年龄、性别、兴趣爱好等，以便为他们提供更符合需求的内容。人群分析将持续整个运营过程，抖音提供了非常多的分析工具，后面会一一介绍。

（3）观察和学习对标账号的优点和成功经验，结合自己的特点，发掘自己的独特风格和优势，不断优化内容。

（4）保持对行业动态的关注，及时了解市场变化和潮流趋势，使自己创作的内容保持新鲜感和竞争力。

（5）勇于尝试和创新，不断提升自己的创作技能和水平，为观众带来更优质的内容。

通过以上思考和实践，小V可以在抖音平台上逐步积累粉丝，提高影响力，并在陶瓷领域取得良好的成绩。

课堂练习

请同学们完成以下任务。

（1）结合自身特点，选出3个目标领域，并综合各项因素，最终确定账号定位。

（2）根据受众、兴趣和内容三要素，选定内容方向，尝试确定前3期内容的具体选题。

（3）找到领域对标账号，分析账号优缺点并学习其长处。

任务1.3　完善账号资料

任务描述

抖音新手达人@瓷得水入驻抖音时，只是简单设置了账号简介，随着粉丝的增长，她需要优化账号资料，并检查账号安全设置是否正常，请帮助她完成以下任务。

（1）优化符合账号定位的个人简介。

（2）确定账号手机号绑定是否正常。

（3）确认账号登录密码是否已设置。

（4）查看账号授权管理，检测是否异常。

任务实施

本任务要求：根据自身账号粉丝量，来创建不同等级的粉丝群。优化账号简介，这是粉丝快速了解你的方法。同时，也要注意账号的安全问题，谨防丢失或被盗。故该任务可以分解为：优化账号简介和账号安全相关信息设置。

1. 优化账号简介

（1）优秀账号简介参考。账号简介会呈现在个人主页中心位置，能让粉丝快速了解达人，好的简介有助于涨粉，值得重视。因篇幅有限，简介里应填写最重要的信息，优化目标是符合甚至加强账号定位，从而吸引用户关注。以下几种比较优秀的账号简介可供参考：说明账号内容，如图1-3-1（a）所示；说明职业和业务，如图1-3-1（b）所示；唤起情感共鸣，如图1-3-1（c）所示；展示幽默诙谐风格，如图1-3-1（d）所示。

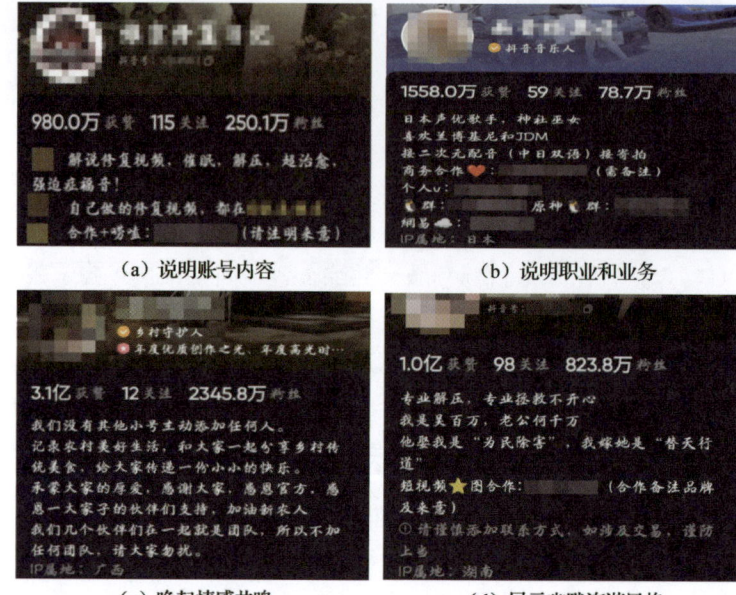

图 1-3-1 不同类型的账号简介

（2）优化自己的账号简介。达人 @瓷得水是一个瓷器垂类账号，粉丝只有 1 万，在账号简介中比较适合精确定义自身的内容和业务范畴。优化后的简介如下（每句话后面括号内是简单说明，不是简介内容）。

1400m² 陶瓷展馆，包含青花、釉里红、粉彩、青瓷、汝窑、哥窑、紫砂壶等（优势 1：有展馆，瓷器品类多）

旗下合作窑口有春风祥玉、九段烧、立明堂、快雪时晴、艺林堂、王窑、幽蓝溪堂、赏瓷论窑（优势 2：合作供应商多，暗示供应稳定，也是品牌相互背书）

【浙陶博物馆合作文化宣传窗口】（证据 1：品牌相互背书，提升账号可信度）

【中国茶文化和茶器具委员会理事单位】（证据 2：品牌相互背书，提升账号可信度）

每晚 18:00 直播，与您不见不散，自在生活，如瓷得水。（培养粉丝定期访问账号的习惯）

商务合作：达人的微信号。（注意不可出现"微信"两个字）

欢迎加入粉丝群。（引导关注并转化为私域用户）

（3）修改账号简介的操作。打开抖音，点击右下角"我"→"编辑资料"→"简介"，即可修改简介内容，如图 1-3-2 所示。

项目一 / 账号管理

图 1-3-2　修改抖音账号个人资料

2．账号安全相关信息设置

盗号风险多源于账号安全设置不足，安全相关信息设置如下。

（1）检查绑定的手机号。打开抖音，依次点击右下角"我"→主页右上方的"三横线"按钮→"设置"→"账号与安全"→"手机绑定"，可以查看绑定的手机号。若要更换手机号，也可在此设置。

（2）检测登录密码。打开抖音，依次点击右下角"我"→主页右上方的"三横线"按钮→"设置"→"账号与安全"→"抖音密码"，可以设定账号登录密码。

（3）账号授权管理。打开抖音，依次点击右下角"我"→主页右上方的"三横线"按钮→"设置"→"账号与安全"→"授权管理"，如图 1-3-3 所示，在这里可以查看并管理抖音账号授权的产品。如想了解授权详情，可点击对应授权产品查看，获得授权的应用产品将获得抖音头像、昵称或手机号等个人隐私信息。如果不希望应用产品获取这些隐私信息，可以取消授权，在授权管理详情页点击"解除授权"即可。

图 1-3-3　授权管理及授权管理详情

任务思考

账号简介不是一成不变的，随着账号的发展（如账号粉丝数量增至 100 万、500 万），或达人想临时强调的内容发生变化，都可以随时优化简介。相关建议如下所述。

（1）简介不要过长，最好控制在 100 字以内。

（2）版式不要太混乱，一行一句话，表达清晰，让粉丝能抓住重点。

（3）绝不能有骂人的脏话、敏感词、违法信息，信息应确保真实有效。

课堂练习

请同学们完成以下任务。

（1）根据自己账号情况，创建一个粉丝群。如未能达到创建粉丝群的条件，可以先了解相关规则，并拟订快速满足创建粉丝群条件的行动计划。

（2）为自己的账号拟定一则适合账号定位的简介，经修改优化后更新到抖音。

项目一 / 账 号 管 理

任务 1.4　账号诊断与作品数据优化

任务描述

抖音达人 @ 王小薇入驻抖音三年多，发布了 800 余条视频，收获了 1300 万粉丝的喜爱。但是近期发布多条视频后，她发现视频整体数据表现不够理想，请帮助她完成下面的任务。

（1）对账号进行状态检测，确认账号是否正常。
（2）通过数据中心了解近 7 日视频播放量、互动指数、完播率，找到数据不佳的原因。
（3）查看同类优秀作品，学习优质作品并优化自身内容。
（4）根据"粉丝兴趣"、"爱看关键词"等信息给出优化建议，提升账号视频数据。

任务实施

自媒体账号数据不佳，可能有很多原因，我们需要找到问题所在。可以从账号是否正常及完播率、互动指数、播放量等数据分析原因，并对症下药。可以按下面的步骤完成本任务：账号状态检测、了解基础数据、查看同类优秀作品、了解粉丝兴趣并优化账号。

1. 账号状态检测

打开抖音 App，依次点击"我"→右上角"三横杠"按钮→"抖音创作者中心"→"全部"→"账号检测"→"开始检测"。如图 1-4-1 所示，系统会从"账号审核状态检测""视频审核状态检测"两个方面执行账号状态检测。

（1）"账号审核状态检测"会依次检测账号的登录功能、投稿功能、评论功能、点赞功能、直播功能、用户资料修改功能、私信功能、账号流量，只有这些功能后面全部打绿色√，才表示该功能正常。

（2）"视频审核状态检测"会依次检测最近更新的 30 条视频，只有每条视频后面都打了绿色√，才表示视频无违规内容，状态正常。

检测结果如为"恭喜你，账号状态正常"，表示该账号一切正常，无限流、违规等问题，如图 1-4-2 所示。

图 1-4-1　账号检测中　　　　　　图 1-4-2　账号状态正常

2. 了解基础数据

可以通过数据中心了解账号基础数据。

（1）进入数据中心，数据中心有 3 种常见进入路径：

① 打开抖音 App，依次点击"我"→右上角"三横向"按钮→"抖音创作者中心"→"全部"→"数据中心"。

② 打开抖音 App，点击"我"，再点击某个视频，点击视频页下部的"数据分析"，进入作品数据详情页。

③ 打开抖音 App，点击"我"，再点击某个视频，点击视频页右侧下部的"三个点"按钮，再点击"数据分析"，进入作品数据详情页。

（2）了解基础数据的意义。如图 1-4-3 所示，数据中心界面有很多组数据，简要解释如下。

① 数据更新时间：次日 10 点更新。

② 同类账号：相似创作领域或粉丝量级的创作者。

③ 播放量：作品被观看的次数，每小时更新。

④ 完播率：作品被完整播放的次数或总播放次数，每小时更新。
⑤ 互动指数：作品的观看、点赞、评论、转发的综合得分。
⑥ 投稿数：统计周期内发布的作品数。
⑦ 粉丝净增：账号净增粉丝数，涨粉数减去掉粉数得出。

图 1-4-3　数据中心

（3）分析数据。通过数据分析，发现达人 @ 王小薇"近 7 日播放量"仅有 13.8 万，低于 70.34% 的同类创作者，"近 7 日互动指数"为 0，完播率为 10.54%，低于同类 75.72% 的创作者。根据这些数据可知，她近期发布的视频内容可能并不受粉丝喜爱，完播率偏低，应考虑学习同类优秀作品。

3. 查看同类优秀作品

当账号数据不理想时，最便捷可行的措施就是查看同类优秀作品，方法如下。

（1）打开"数据中心"界面可以查看同类优秀作品，这是系统推荐的视频。如图 1-4-4 所示，除前面 3 条视频外，其他视频数据也不太好，学习的意义并不大。建议参考前文"搜索对标账号"中介绍的方法，查看同类优秀创作者的作品。

（2）也可以利用抖音官方"热点宝"查看同类优秀作品。在抖音 App 搜索"抖音热点宝"，依次点击"视频"→"全部垂类"→"剧情"→"不限"，可查看同类排行榜视频，如图 1-4-5 所示。

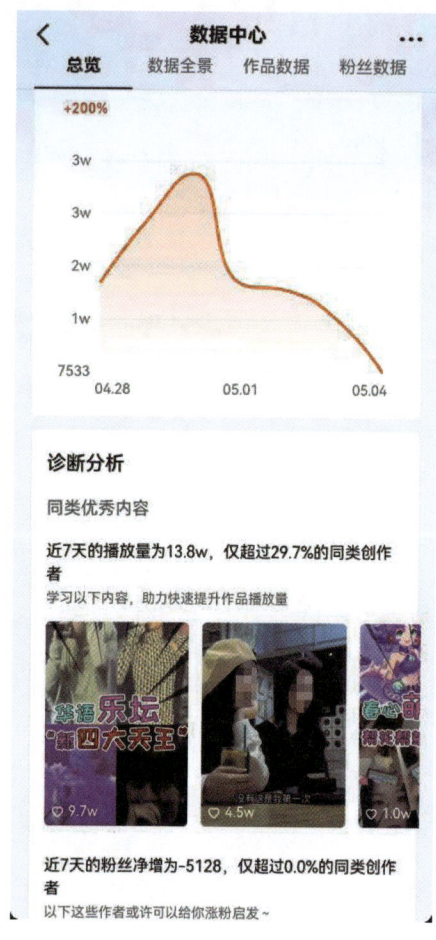
图 1-4-4 同类优秀作品

图 1-4-5 抖音热点宝视频排行榜

4. 了解粉丝兴趣并优化账号

当账号数据不理想时，还应根据粉丝兴趣、爱看关键词等信息优化作品内容，方法如下。

（1）了解粉丝兴趣。在抖音 App 中依次点击"我"→右上角"三横线"按钮→"抖音创作者中心"→"全部"→"粉丝经营中心"，下拉屏幕至"粉丝兴趣"面板，发现粉丝感兴趣的内容是随拍、游戏、二次元、剧情演绎、影视等。

（2）查看"爱看关键词"。粉丝"爱看关键词"主要有搞笑、憨豆先生、宅家 dou 剧场、影视解说配音用牛片等，如图 1-4-6 所示。

（3）优化账号。分析粉丝兴趣相关数据后，发现粉丝喜欢的内容和达人近期发布的内容差距很大，建议达人可以做一些影视内容相关的搞笑轻松视频，也许会对播放量有帮助。如果这种优化方式不符合账号定位，难以实现的话，也可以通过以下方法提升视频播放量。

① 养成良好的发布习惯，持续稳定地发布作品，这将有助于推荐算法更全面地了解你的潜在观众，维系和粉丝的关系。

② 创作高质量的作品，让用户持续喜欢你的内容，以此吸引更多的点赞、评论和分享，

以及获得更多的观看时长。

③ 形成自己独特的创作风格，让作品更有粉丝黏性。

④ 除了数据分析，还要经常阅读/回复评论等来了解用户，持续改进自己的内容。

⑤ 定期通过直播和粉丝实时互动，让粉丝看到最真实的你。

以上方法的实施效果因人而异，创作者需进行更多的总结和交流，找到适合自己的方式。

图 1-4-6　了解粉丝兴趣

任务思考

抖音账号运营需要持之以恒，达人应执行"调查"→"定位"→"运营"→"诊断"→"优化"的循环，不断使账号定位更清晰，形成差异化运营。

抖音拥有大量用户和创作者，用户不可能看完每一条视频，如果达人希望自己的视频能脱颖而出，就要不断钻研用户喜好。用户喜好也不是一成不变的，会根据热点事件，及用户年龄增长、身份转化等因素而变化。创作者一方面要保持敏锐的洞察力，一方面又要保持自己独特的风格，这需要创作者把握好中间的度。

课堂练习

请同学们完成以下任务。
（1）对自己的账号进行一次违规检测，确保账号各项功能正常。
（2）选择一种进入数据中心的方法，查看近7天的数据情况。
（3）给账号提3条优化的建议并执行。

项 目 小 结

本项目涉及账号运营基础、账号定位、确定内容创作方向、寻找对标账号、账号基本资料修改、账号诊断、违规视频处理、作品数据解读与优化等知识点。

实践中，创作者一般先明确目标受众的特征、兴趣和需求，以便有针对性地发布内容和互动。然后制订创作计划，包括内容选题、创意和发布频率等，确保内容质量和持续性。之后，调研和分析同领域、同类型账号（不仅是对标账号）的运营策略和优势，从中借鉴经验和创新点，确定短视频账号的核心竞争力和差异化特点，找到独特的定位。即与本项目介绍的顺序不同，账号的定位往往是后置的，是在创作了一系列视频作品后逐步明确下来的。这种方式可操作性强，通过运营交互确定的账号定位也更稳定；缺点是前期探索定位和内容方向比较盲目，"走弯路"的可能性大，而很多创作者"绕不过这个弯"，导致中途放弃。

项目二

场景搭建

学习目标

- 掌握并能调试以摄像机为中心的硬件设备。
- 熟练掌握安装、配置数字媒体相关桌面软件工具。
- 掌握视频拍摄场景的搭建。
- 掌握直播间的搭建,并能装修不同类型的直播间。

思政导入

任务 2.1　配置不同直播场景下的硬件设备

任务描述

抖音达人 @ 小美入驻抖音三年，连续发布美妆类视频，积累了数十万粉丝。作为创业明星，她顺利进驻了本校的直播基地，可以充分利用基地的场地和设备。近几月，她的抖音账号粉丝量增长乏力，她考虑尝试多种模式变现，在此之前需要做一些准备工作，请协助她完成以下任务。

（1）小美首先想到的是做美妆主播，请协助她搭建美妆带货类的直播硬件环境，配置合适的直播设备，将所有设备连接完整，并列出设备清单。

（2）小美还计划开发专业、系统的美妆课程，通过短视频种草引流，销售直播课。请协助她搭建适合商业知识分享类的直播硬件环境，选购直播间的各种硬件设备，并正确连接，能正常开播。

（3）作为美妆达人，小美还接到了商单，参与某商场 10 周年庆大型活动，负责通过 @ 小美账号现场直播商场庆典活动，帮助商场扩大品牌知名度和店庆活动的影响力，树立良好形象。请协助小美搭建现场直播硬件环境，并给出设备清单和连接方案。

任务实施

本任务分为三种不同的直播场景，不同类型的直播场景用到的直播设备会有所区别。实际搭建时，可以根据自己的真实情况和预算，选择适合自己的直播硬件设备使用。

1. 美妆带货类直播场景的硬件配置

美妆直播带货时一般会涉及特写镜头，故选用数码相机进行直播。
美妆带货类直播间音视频设备的连接示意图，如图 2-1-1 所示。

图 2-1-1　美妆带货类直播间音视频设备连接示意图

硬件设备的连接分为画面部分连接和音频部分连接两部分。

（1）画面部分连接具体操作步骤如下。

第一步：数码相机调试及固定。将索尼 A7M4 数码相机电池和存储卡正确地插到相机里，拨动相机上方的电源开关拨杆至 ON 处开机，大号转盘扭至 M 挡手动模式，下面小转盘调成摄像模式，按左边的菜单键进入设置模式。

① 影像设置，把影像质量中的文件格式改为 HD 模式，帧速率调为 50 帧，记录设置改为 50M 4∶2∶2 10bit，录音开关选择关（通过麦克风来收音），影像稳定的防抖功能设为关。

② 对焦设置，对焦模式改为连续对焦 AF，过渡速度默认是 7，灵敏度调低一些，否则会导致画面对焦不在主体。对焦区域改为区对焦，人眼对焦选择关。

③ 白平衡设置，白平衡选择水中自动模式或色温 5000K 值，这两个较精准；加大锐度，这是直播间清晰度的关键所在。

④ 光圈快门 ISO 的调节，先调光圈再调速度，将光圈调至 f/2.8，ISO 尽量调低，不能开高（容易出现噪点画面）。

⑤ 电源设置，"自动关显示屏"选择不关，"自动关机开始时间"选择关，"自动关机温度"选择高，否则相机过热时会自动关机。

⑥ 外部输出设置，HDMI 分辨率调至 1080P，HDMI 信息显示调为关。最后，将 P 制改为 N 制，点击"确定"。

索尼 A7M4 数码相机如图 2-1-2 所示。数码相机调试完毕之后，将相机固定在三脚架上，如图 2-1-3 所示。

图 2-1-2　索尼 A7M4 数码相机

图 2-1-3　数码相机固定在三脚架上

第二步：相机与视频采集卡连接。索尼 A7M4 数码相机使用 Mini_HDMI 转接线进行连接，传输画面。将 HDMI 线一头连接至数码相机，另一头连接到画面切换设备视频采集卡。视频采集卡的功能是将数码相机画面传输到电脑中。本任务中使用 UGREEN 绿联 CM410-10937 型号的 HDMI 音视频采集卡，此采集卡即插即用，免驱安装，兼容多系统，视频传输快速稳定，画面流畅，如图 2-1-4 所示。

第三步：视频采集卡与电脑连接。将绿联视频采集卡通过 USB 线连接至电脑。

至此，画面部分连接完成。

图 2-1-4　UGREEN 绿联 CM410-10937HDMI 音视频采集卡和 Mini_HDMI 转接线

（2）接下来是音频部分连接，具体操作步骤如下。

第一步：将麦克风固定在支架上，调节高度。进行美妆直播，小美选择的麦克风为森然播吧 T241Pro 电容麦克风，能有效屏蔽周围环境噪声，灵敏拾取人声，使声音表现更加细腻丰富，如图 2-1-5 所示。

第二步：将麦克风和外置声卡连接，麦克风的连接线一端连接在麦克风尾部，另一端连接在外置声卡后面的麦克风插口处，外置声卡如图 2-1-6 所示。

图 2-1-5　森然播吧 T241Pro 电容麦克风　　　　图 2-1-6　外置声卡

第三步：外置声卡连接到电脑，使用声卡配套线材进行连接。电脑直播使用声卡时一般需要通过 USB 接口接入。声音采集完成。

（3）最后是灯光设备布置。

主光源调整至与数码相机平行或在其后面，加亮顶光，所以主光源选择使用房间吊灯、摄影灯和柔光罩。

辅光源一般选择使用环形灯，可以将它放在主体前方，提供均匀无死角的照明，以及均匀柔和、不闪烁的光线，使主体轮廓更加清晰，颜色更加真实，也可以旋转光照角度控制照明区域、添加阴影效果。

完成之后的效果如图 2-1-7 所示。

图 2-1-7　美妆带货类直播场景硬件设备连接效果图

美妆带货类直播场景硬件设备配置清单如表 2-1-1 所示。

表 2-1-1　美妆带货类直播场景硬件设备配置清单

设备名称		配置说明
视频采集设备	电脑	CPU 为 Intel Core i5 或更高，显卡为 NVIDIA GeForce GTX 1050Ti 或 AMD Radeon RX 570，内存 8GB 或更高，存储容量 256GB 或更高
	数码相机	索尼 A7M4，采用 61 万像素的全画幅 CMOS 传感器，支持 14 位 RAW 格式拍摄，并配备有稳定强大的图像处理器 BIONZ XR，最新的自动对焦技术，并支持 5 轴防抖、喷水密封等功能
	视频采集卡	将视频信号转换成电脑可以识别的数字数据，利用连接线材传递至电脑
视频辅助线材	HDMI 接口与连接线	是一种全数字化视频和声音发送接口，可以发送未压缩的音频及视频信号
音频采集设备	麦克风	具备灵敏的收音功能，可以使声音更加细腻，细节更加丰富，音色展现清晰亮丽
	声卡	具有便携性，可以用于连接电脑，实现更好的音质，获取更多有趣的音效玩法，为直播间音频采集增添趣味性
灯光设备	主光源：吊灯、摄影灯+柔光罩	房间 LED 吊灯；160W 摄影灯，选配柔光罩
	辅光源：LED 环形灯	目前市面上有许多不同类型的 LED 环形灯，如普通白光、暖白光等，可根据需要选择适合的光源类型
辅助设备	不同焦段镜头	根据需要选择不同焦距和光圈大小的镜头；根据场景和需要，选择广角镜头或长焦镜头，以达到所需的拍摄要求
	支架	支架有三脚架、云台等多种类型，根据需求选择最适合的支架类型

2．知识分享类直播场景的硬件配置

对于知识分享类直播场景中的硬件需求，小美列出了一份硬件设备清单，如表 2-1-2 所示。

不同于美妆带货类直播场景对画面细节展现的高要求，将拍摄设备换成了摄像头，知识分享类直播场景为了方便移动讲解，将麦克风换成了无线领夹麦，其他方面都是一样的。

表 2-1-2　知识分享类直播场景硬件设备清单

设备类型	设备名称
视频采集设备	电脑
	显示屏
	摄像头
视频辅助线材	HDMI
音频采集设备	无线领夹麦
灯光设备	主光源：吊灯、摄影灯 + 柔光罩
	辅光源：LED 环形灯
辅助设备	三脚架

知识分享类直播场景音视频设备的具体连接方式如图 2-1-8 所示。

根据硬件设备连接示意图，连接步骤如下：

第一步：画面部分连接。将摄像头固定在三脚架上，使用 HDMI 线材直接将摄像头外设和直播电脑进行连接。

第二步：音频部分连接。无线领夹麦的信号接收器连接至直播电脑。

连接完成后的效果如图 2-1-9 所示。

图 2-1-8　知识分享类直播场景硬件设备连接示意图　　图 2-1-9　知识分享类直播场景设备连接效果图

3. 现场直播场景硬件配置

小美要为商场庆典活动做直播准备，表 2-1-3 是现场直播场景硬件设备自检清单。每次外出做直播活动，都要先按照这份清单检查设备，确保直播能顺利进行。

表 2-1-3　现场直播场景硬件设备自检清单

检查类目	设备名称	检查事项	标记
	笔记本电脑	能否正常运行	
	手机	电量是否充足；能否正常运行	
视频采集设备	摄像机/摄像头	是否需要开启镜像；摄像头是否清晰	
	视频采集卡	能否正常使用；电量是否充足	
	HDMI	数量是否齐全；是否与设备相匹配（若不匹配，是否有适配器/扩展坞）	
	VGA		
	DVI		
	DP		
音频采集设备	声卡	能否正常输出音频	
	麦克风	能否正常输入音频	
	监听耳机	能否正常输出音频	
	3.5mm 音频线	数量是否齐全；是否与设备相匹配	
	卡侬线		
灯光设备	柔光灯	能否正常输出光源；数量是否合理	
	环形灯		
	移动补光灯		
网络设备	宽带/Wi-Fi	测试网速	
其他设备	支架	数量是否合理	
	提词器	能否正常使用	
	移动电源	电量是否充足	

采用摄像机做大型直播活动时，硬件设备连接示意图如图 2-1-10 所示。

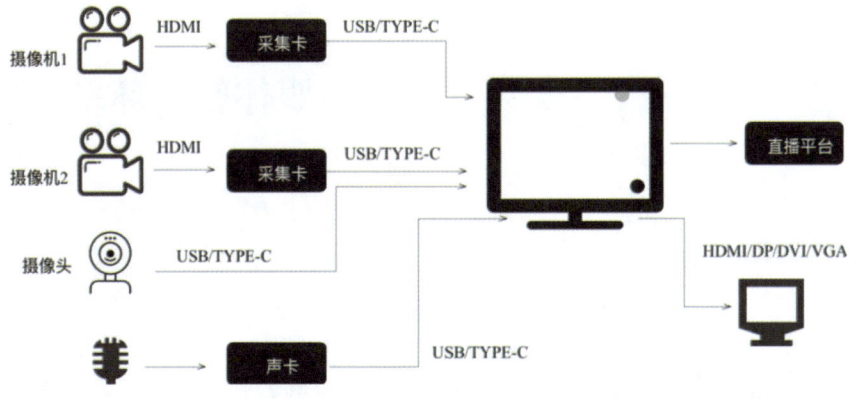

图 2-1-10　大型直播活动硬件设备连接示意图

操作步骤与以上两种场景基本相同，不同的是由于活动现场直播，场地空间大，距离较远，需要多机位配合拍摄，所以视频采集设备换成了摄像机。具体连接步骤可参考上文美妆带货类直播场景中数码相机连接和麦克风连接，知识分享类直播场景中的摄像头连接。

现场直播场景设备连接效果图如图 2-1-11 所示。

图 2-1-11　现场直播场景设备连接效果图

任务思考

在本次学习中，我们分析了美妆带货类、知识分享类、现场直播三种不同情境下的硬件配置。在实际应用中要针对不同直播场景，结合自己的实际需求，选择合适的直播硬件设备，并采取不同的连接方式，以提供高质量的视频和音频体验。

课堂练习

请同学们根据本任务所学知识，选择某一直播场景，找到合适的硬件设备并进行安装与调试，具体要求如下：

（1）画面部分连接成功；
（2）音频部分安装与调试成功；
（3）合理布置灯光设备。

任务 2.2　安装、配置自媒体软件环境

任务描述

抖音达人 @嗨十一入驻抖音成为一名知识分享类达人，在过去半年内，他始终采用一镜到底、无剪辑的拍摄方法，制作并发布 15 秒左右的短视频，但仅仅积累了约一千名粉丝（满足了开通直播的要求）。嗨十一想利用直播＋长视频的方式，吸引更多粉丝，以便售卖自己的系列课程。现需要对该达人的电脑进行软件配置，请完成以下四项任务。

（1）安装电脑软件抖音直播伴侣，并进行配置。
（2）注册与登录巨量百应。

（3）安装与配置图片编辑工具 Photoshop。
（4）安装与配置视频编辑工具剪映 PC 版。

任务实施

抖音自媒体创作者的工作主要包含短视频和直播两大应用场景，本任务的主要内容是配置这两大应用场景所需的主要软件，要点是让软件、网站能协同工作，提高创作效率。

1. 安装与配置抖音直播伴侣

抖音直播伴侣支持多种辅助工具和创新功能，有助于丰富达人的直播内容和形式，具体安装与配置操作如下所示。

（1）下载抖音直播伴侣。用浏览器打开抖音直播伴侣官网，在首页点击"立即下载"（目前仅提供 Windows 版本），保存在本地电脑中。

（2）安装抖音直播伴侣。双击下载好的安装文件，选择安装位置（建议选择除 C 盘以外的目标路径），点击"安装"。

（3）登录抖音直播伴侣。运行安装好的软件，首先要选择开播的平台-抖音，初次使用需要登录（使用抖音 App 扫一扫登录或手机验证码登录），注意务必使用达人 @ 嗨十一账号登录抖音直播伴侣，这样才会配置对应的 @ 嗨十一直播间。

（4）登录后即可进入工作界面，如图 2-2-1 所示。

图 2-2-1　工作界面

区域①：主要有两个操作配置，一是添加和管理场景，用于多机位直播切换机位画面。二是添加素材。

区域②：互动玩法里包含直播间常用的福袋、观众连线、PK 连线等，在直播中点击这里进行互动操作。

区域③：直播工具中包含直播设置（视频、音频等设置）、管理员设置以及经常添加的组件小程序（橱窗、抖店、生活服务团购、游戏推广）等。

区域④：主要有开关直播控制、性能占用情况、直播设置和官方公告，点击对应按钮即可查看或操作设置。

区域⑤：直播榜单，显示点赞和礼物排在最前面的观众，方便主播及时与对直播内容感兴趣的观众互动。

区域⑥：公屏互动窗口，显示本场直播粉丝赠送的礼物和评论，以便主播可以及时感谢和回复粉丝。

区域⑦：直播画面预览，实时显示直播的画面，依此调整各项参数。

（5）开播前配置。

开播前需先配置好相应的素材和参数，以便提升直播效果，给观众带来更好的直播体验。

① 添加素材：在区域①中点击"添加素材"，可以添加"摄像头""游戏进程""全屏""窗口""视频""图片""图像幻灯片""截屏""投屏"等素材，如图 2-2-2 所示，可根据直播需要进行添加。比如讲解软件操作类内容，使用"全屏""窗口"较多；知识分享类多数采用"图片幻灯片"；绿幕直播换背景时，可以选择"图片"或"视频"；使用数码相机直播要用"采集"，从中选择采集设备；使用摄像头直播，应添加"摄像头"，还可以进一步使用美颜、滤镜、特效等美化功能。

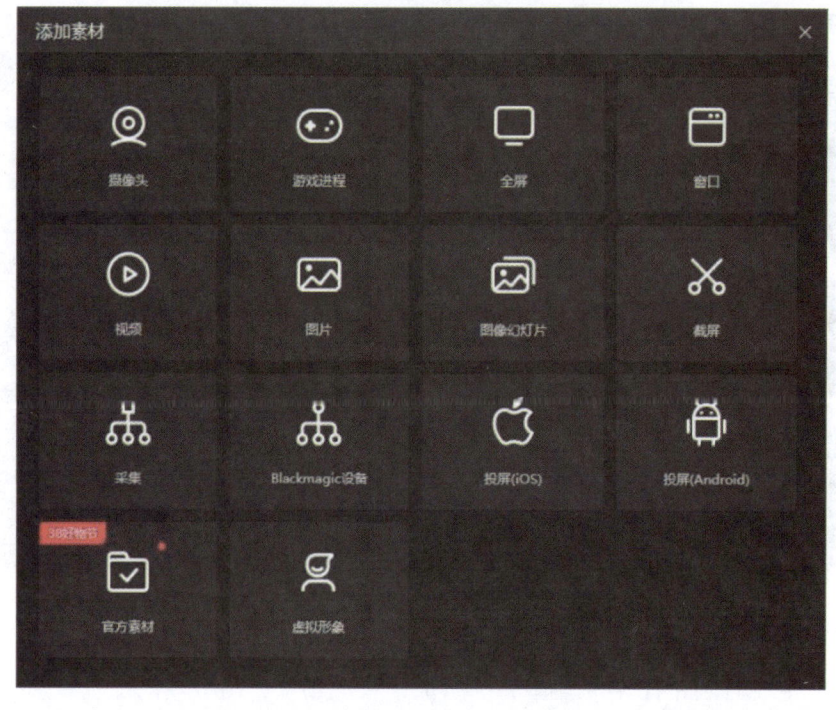

图 2-2-2　添加素材

② 管理场景：默认有三个场景，在不同的场景下可以添加不同素材，点击场景即可进行画面切换。也可以准备一个备用场景，万一直播中间出现问题用来救场。如果场景不够用，可以点击选择栏右侧的"+"添加更多场景。

③ 直播设置：设置直播视频参数。点击底部"直播设置"，如图 2-2-3 所示，进入直播设置界面，默认打开"视频"面板。可以根据当前宽带的速度进行智能推荐设置（测速时长约 1 分钟）。一般情况下，推荐"分辨率"为 1920×1080（像素）、"视频码率"为 6000、"帧率"为 30，如图 2-2-4 所示。这样设置既可以保证直播画面的清晰度，又能避免因网络带宽不足造成卡顿。

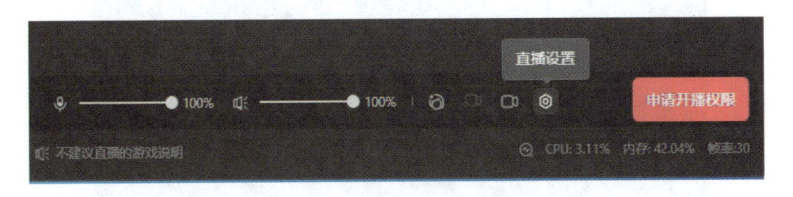

图 2-2-3　直播设置按钮

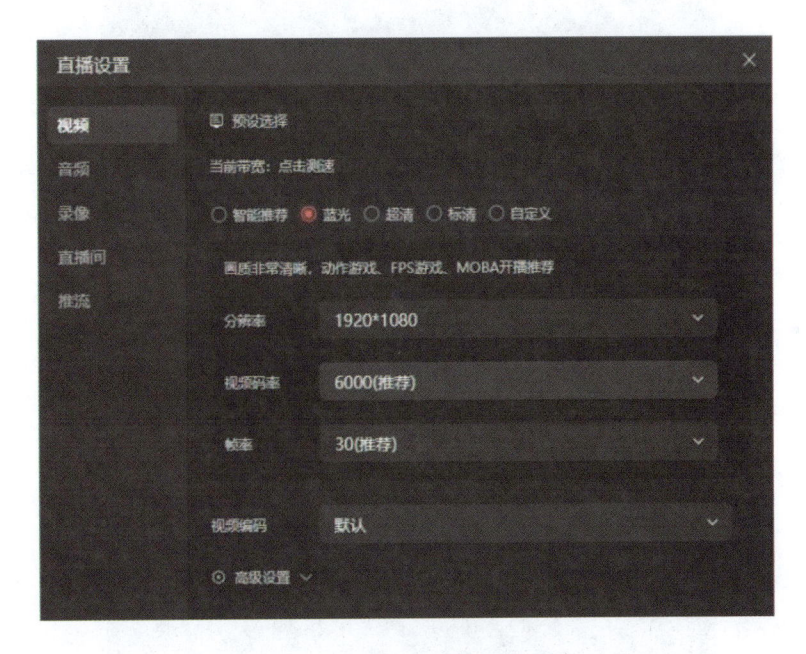

图 2-2-4　"视频"面板参数设置

设置直播音频参数。点击"直播设置"界面的"音频"，切换至"音频"面板。为了保证音频有足够的清晰度、无杂音无延迟，可以进行如下设置。在麦克风的"选择设备"下拉列表中勾选实际接入的麦克风设备（一般选"默认设备"即可），"输入音量"调至 100，"增益"调至 0，"降噪"调至 0。在扬声器的"选择设备"下拉列表中，勾选实际接入的扬声器设备，"输出音量"为 100，"增益"为 0。在高级设置中，"音频码率"设为 160，"音频质量"为低延时（LC-AC），如图 2-2-5 所示。在试播时，可以根据直播间实际环境、降噪等情况进行多次调试。

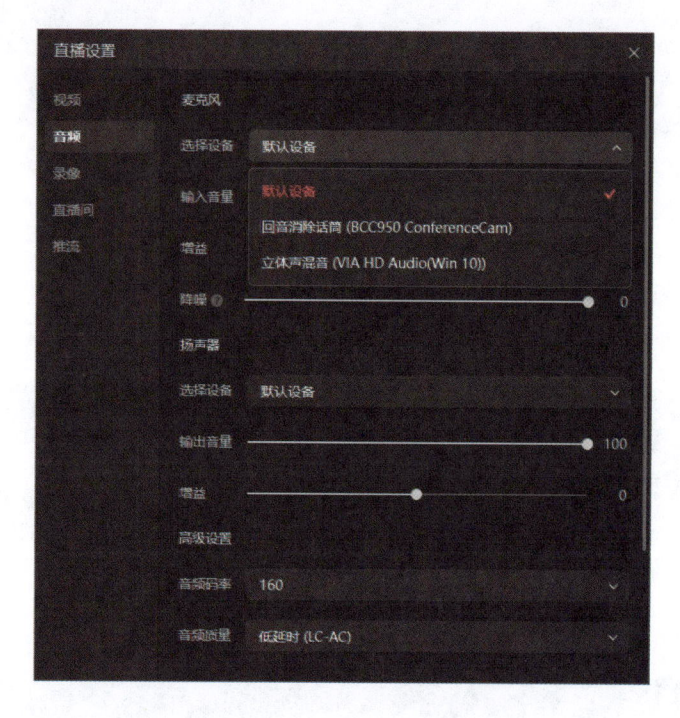

图 2-2-5 "音频"面板参数设置

④ 摄像头设置：在开播前要对摄像头进行设置，添加素材时选择"摄像头"，即可进入"摄像头设置"面板，点击选项卡分别进行基础设置、美颜设置、滤镜设置等多种设置，如图 2-2-6 所示。

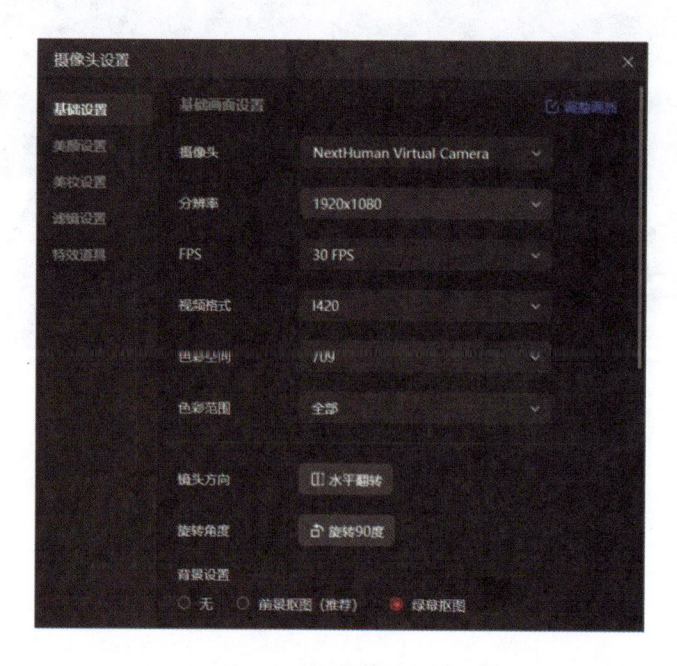

图 2-2-6 摄像头设置

设置时需要注意以下内容。

基础设置中的分辨率、帧率（FPS）等参数，和直播设置中的视频参数要一致，摄像头设置的是实际拍摄的画面参数，直播视频设置的是输出到直播间的画面参数。当两者设置不一致时，最终的画面质量只能达到低数值水平，所以两者设置的数值要一致，比如分辨率都设置为 1920×1080（像素）。

美颜参数要根据主播个人形象和状态多次调整，比如瘦脸效果强度不要超过 40，应追求自然，避免主播脸部变化过大。

做电商直播带货时，不要开启滤镜，以免产品颜色失真，影响用户购买体验。

2．使用巨量百应

巨量百应是基于短视频及直播的内容电商管理平台。以达人身份登录时，可以帮助达人在直播中添加、删除商品，调节商品排序。点击商品"讲解"时，能够触发商品弹窗，节省粉丝寻找的时间，提升直播带货效率。巨量百应实时生成的带货数据，加上次日生成的直播数据，能够方便达人进行数据分析和复盘。巨量百应的登录操作及重要功能介绍如下。

（1）巨量百应登录。在浏览器中输入巨量百应官网网址后按回车键，选择"登录达人工作台"，使用抖音账号登录。用抖音 App 扫码登录时，确保登录的是直播账号 @嗨十一，以便巨量百应后台管理的为同一直播间商品。

（2）巨量百应直播管理。巨量百应支持达人在直播前、直播中通过电脑进行商品的添加、删除、调序和讲解，相关功能可以参考《直播商品上下架》。

（3）查看直播数据。巨量百应支持查看每场直播的详细数据（包括实时数据和复盘数据等），来帮助达人更清楚地分析每次直播的表现。

3．Photoshop 安装与配置

Photoshop 是一款强大的图像处理软件，用于制作短视频和直播的封面、背景和贴片等图片，使画面更加美观，吸引更多的点击。Photoshop 的安装与配置操作如下所示。

（1）安装软件。

运行 Photoshop 安装程序，选择安装位置（默认安装在 C 盘，建议安装到除 C 盘以外的路径），点击"继续"，等待安装完成。

（2）运行 Photoshop 软件。

首先新建画布，画布大小设置需根据制作素材的大小确定，达人 @嗨十一要制作短视频封面和直播间背景，应在"预设详细信息"面板中将画布"宽度"参数设置为 1080 像素，"高度"为 1920 像素，方向选择竖版。分辨率设置为 300 像素/英寸，图片显示会更清晰，质量更高。"颜色模式"为 RGB 颜色和 8 位（RGB 色彩模式适用于电子显示设备，如果图片需要打印输出，则适合用 CMYK 色彩模式），"背景内容"为白色。"高级选项"中的颜色配置文件选择默认即可，不做色彩管理。如图 2-2-7 所示。

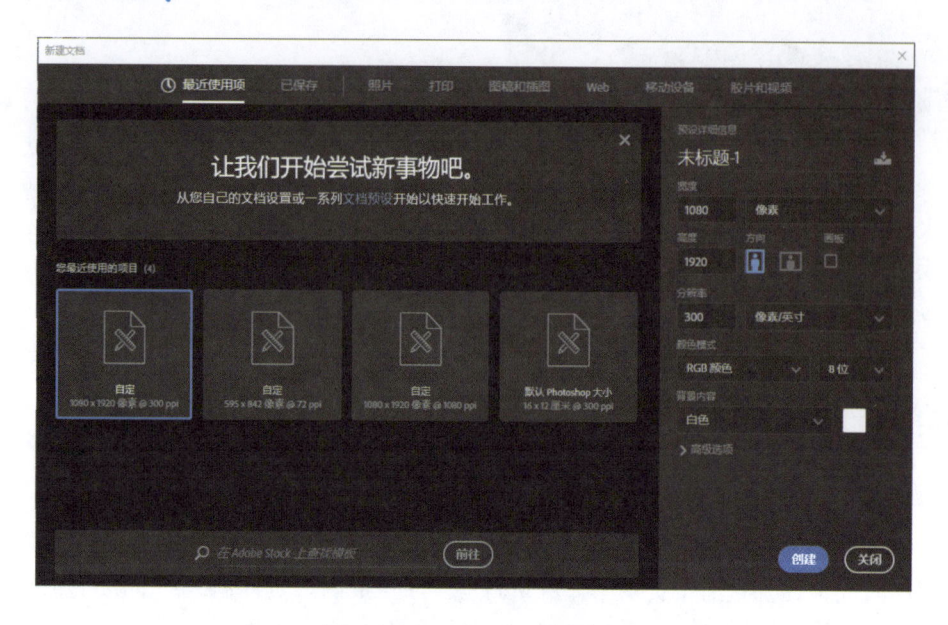

图 2-2-7 Photoshop 配置界面

4. 剪映 PC 版安装与配置

剪映 PC 版是一款全能易用的桌面端剪辑软件，拥有强大的素材库，支持多视频/音频轨道编辑，用 AI 为创作赋能，可满足多种专业剪辑场景的需求。剪映 PC 版的安装与参数设置如下所示。

（1）登录剪映官网。点击"立即下载"并安装软件（建议安装到 C 盘以外的其他路径）。

（2）打开剪映软件，进入工作界面，如图 2-2-8 所示。

图 2-2-8 剪映工作界面

① 素材面板：在这里可以导入素材（图片、视频、音频等），还有丰富的素材库，包括视频、音频、文本、贴纸、特效、转场、滤镜、调节等。

② 播放器：支持剪辑预览、比例调整、时间显示等。

③ 草稿参数：存有最初的草稿基础信息，点击"修改"按钮，可对草稿进行设置。

④ 时间线面板：拖曳即可在时间线上添加和调整片段，支持多视频轨道、无限音频轨道、素材片段编辑。

（3）草稿参数设置。

需先在草稿设置面板修改参数，点击"修改"，修改草稿设置。如图 2-2-9 所示，编辑"草稿名称"，选择"导入素材"为保留在原有位置，"比例"选择自定义，"分辨率"选择自定义，设长为 1080 像素、宽为 1920 像素。"草稿帧率"选择 30.00 帧/秒，"色彩空间"为标准 SDR-Rec.709，开启自由层级，完成后点击"保存"。

草稿参数设置完成之后，就可以导入素材，开始进行音视频创作了。

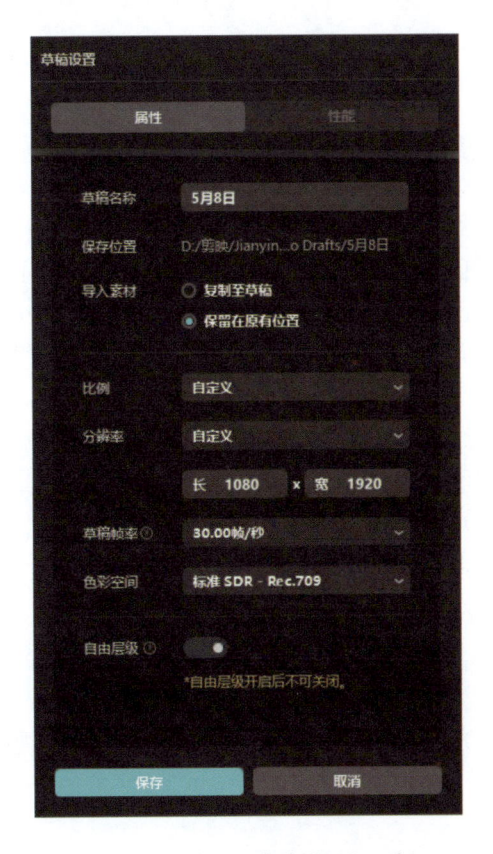

图 2-2-9　剪映"草稿设置"面板

任务思考

在直播场景下，搭建好硬件环境后，还需要用到抖音直播伴侣、巨量百应等工具。注意使用这些工具时，都必须用同一达人账号登录，这样后台数据才可以打通，最大限度地发挥各工具的优势，否则各工具无法协同工作。

当使用同一达人账号登录剪映时，甚至可以打通直播和短视频两大应用场景，如直接调用剪映工具混剪直播片段，在抖音达人账号下分发。

知识分享类达人 @ 嗨十一要开一场直播，销售自己橱窗里的书籍和数码产品，并把直播高光时刻剪辑成视频，为下一场直播引流，硬件设备他选用了摄像头，背景为绿幕，他该如何利用并配置这些软硬件呢？

课堂练习

请同学们根据本任务所学知识，在电脑中安装并配置以下软件。
（1）安装抖音直播伴侣，并在直播前完成配置。
（2）登录巨量百应达人工作台。
（3）下载与安装 Photoshop 与剪映 PC 版，并设置好相关参数。

任务2.3 搭建美食类短视频场景

任务描述

抖音达人 @ 刘磊是烹饪学校的一名学生，学校要求在毕业季最后一个学期内，要将自己日常所学的烹饪技巧、食谱和美食制作方法，制作成随手拍摄的美食教学视频并发布至抖音。刘磊的账号已积累了两万余名粉丝，从学校毕业后他还想继续做美食类博主，于是需要做一些准备工作，请协助刘磊完成以下任务。
（1）在家中的厨房搭建一个拍摄视频的环境，以满足拍摄美食视频的需求。
（2）解决视频拍摄光线的问题，使用合适的布光来避免颜色偏差和阴影过重，形成统一的视频色调，凸显美食的明亮和真实，激发观众的食欲。
（3）优化声音设备，设置背景音乐、同期声、特效声来提升视频的艺术感和吸引力。

任务实施

本任务主要阐述了美食类视频拍摄场景搭建的三个关键方面。在搭建直播间和制作视频时要充分考虑拍摄环境、灯光与声音的互相配合，以使创作出的视频内容具有整体性。

1. 拍摄环境搭建

对于美食教学类视频来说，有些需要室内场景环境，有些需要室外场景环境。达人 @ 刘磊拍摄的第一条视频是菜品"西红柿煎鸡蛋"，他计划在室内场景环境中完成菜品的制作。

室内场景的环境设施固定，光线相对稳定可控，噪声少。为了拍摄出清晰明亮的画面效果，达人 @ 刘磊选择了一个有良好采光的空间，房间朝南，外部无遮挡，有两扇以上的玻璃窗。室内面积在 20 平方米左右，配备有水槽、燃气设备、厨房电器等设备。

为方便开展分场景拍摄，达人 @ 刘磊给室内场景做了区域划分，分别为厨房电器区、食材料理区、中餐爆炒区、西餐冷吃区、成品展示区。其中，成品展示区是 80 厘米 ×80 厘米的台面。区域间的过道预留一米距离，以便架设拍摄器材和灯光设备。

环境搭建成功之后的效果如图 2-3-1 所示。

图 2-3-1　视频拍摄环境搭建效果图

2. 拍摄灯光布置

光线会极大地影响视频质量。根据需要，达人 @ 刘磊决定选择顺侧光结合滤镜光的灯光布置方法。

（1）顺侧光布置。布置顺侧光的主要目的是想让食材、菜品产生明多暗少的效果，较好地表现出立体感和质感。首先确定拍摄主体的位置：食材和厨师在厨房岛台处，把数码相机固定在拍摄主体的正前方 2 米处，将灯光设备放置在摄像机的左侧或右侧 1 米处。调整灯的角度，让灯的照射面与拍摄主体呈 45°夹角。这样既可以保证被摄主体的亮度，又可以使其明暗对比得当。如图 2-3-2 所示。

（2）滤镜光设置。滤镜光可以改变素材的显示效果，使视频更加生动、绚丽多彩。滤镜光要在拍摄过程中灵活选择，使用手机拍摄时，选择"相机设置"→"滤镜"→"鲜暖色滤镜光"即可，如图 2-3-3 所示。暖色调滤镜光会让拍摄的食物看起来更温暖，线条更柔和，有增进食欲的效果。

图 2-3-2　顺侧光布光示意图　　　　图 2-3-3　滤镜光设置

3. 声音处理

应用合适的背景音乐（BGM）、同期声与特效声，使音画配合，可以增强作品感染力。展示制作过程、食材特性、食材原产地等可以使用不同的背景音乐，尽量使音乐的节奏、旋律和歌词与视频内容相呼应（如常说的"卡点"），增强视频的表现力。例如，欢快的音乐适配美食制作过程，增添欢乐氛围；抒情的音乐用于美食解说，增强情绪表达效果。

（1）背景音乐设置。

使用 JBL plus4 蓝牙音响连接手机，如图 2-3-4 所示，外放音量不超过总音量的 50%。在室内拍摄时，音响放在距数码相机 50 厘米内；在室外拍摄时音响放在距数码相机 2 米范围内。

（2）同期声设置。

在制作菜品的过程中，可以全程录制同期声。选择相对安静的室内环境，避免杂音干扰。在不影响画面拍摄的前提下，尽量让麦克风和声源靠近，距离不超过 50 厘米，这样录制出的同期声会更加清晰。

近距离拍摄时，录制同期声可以使用罗德无线领夹麦。设备的电平调节"等同音量"，最高为"0"，最低为"-30"。这个数值越低，降噪效果越明显，应根据录制场景的噪声大小来调节这个参数。例如，如果要捕捉的是食物咕嘟咕嘟冒泡的声音，需要长按接收器底部的"DB"按键，调节参数至 -12～-15。如果在餐厅或市集这类杂音较多的外景，需要长按接收器底部的"DB"按键，调节参数至 -27～-30。

（3）特效声设置。

在视频拍摄时，还可以添加特效声为画面增加冲击力和趣味性。可以使用森然 st60 声卡，如图 2-3-5 所示，在设备控制面板按特效键来达到效果。例如，在菜品完成时，可以按特效声中的"666"、"欢呼"按键，发出相应特效声，增加视频的欢乐气氛。

图 2-3-4　蓝牙音响

图 2-3-5　森然 st60 声卡

任务思考

室外的拍摄场景可以提供更加丰富多彩的背景和环境，但是光线不可控，还可能出现噪声。如果在室外拍摄烧烤类美食视频，需要布置怎样的灯光？你准备如何进行声音的处理？

项目二 / 场景搭建

> 📝 **课堂练习**

请同学们根据本任务所学知识,选择身边的产品进行短视频拍摄,要求视频拍摄环境中包括以下内容:
(1)选择室内或室外拍摄场地,并进行场景划分;
(2)布置拍摄灯光,提高视频质量;
(3)现场使用背景音乐、同期声等,增强作品感染力。

任务 2.4　不同类型直播间搭建与装修

> 📋 **任务描述**

抖音达人 @ 十一通过拍摄与分享有价值的知识视频,短短数月粉丝积累到二十余万,并通过了抖音官方黄 V 认证。他平时也会受邀在官方账号进行直播,直播的音视频效果受到官方高度认可。因此,官方邀请其为对接的某电商直播基地进行直播间的搭建与装修,入驻的直播基地的行业类型主要为服饰鞋包类和农产品,不同类型的直播间搭建与装修风格有所不同,请协助达人 @ 十一完成以下任务。
(1)搭建服饰鞋包类电商直播间,包括线下物理空间的装修、声光设备排布,营造出匹配的环境氛围。
(2)搭建虚拟场景的电商直播间,并执行线上直播间装修。
(3)简单说明农产品特色直播间的装修要点,设计效果图。

> ⏱ **任务实施**

电商直播间搭建应考虑的核心要素是商品品类和目标人群。根据不同的直播需求,直播间搭建与装修风格差异很大,本任务涉及线下物理空间的装修装饰、设备排布等,还要同步考虑线上直播间的装修,目标是支持直播顺利执行,保障用户体验。

1. 服饰鞋包类物理直播间搭建

(1)物理场地。
遵循饱满不拥挤的原则,满足前后纵深、空间能展示移动主播全身的条件下,达人 @ 十一在直播基地中选择了一间 30 平方米的房间作为服饰鞋包类直播间。
(2)空间设计。
服饰鞋包类直播间的空间设计效果如图 2-4-1 所示,下文将从远至近依次说明。

图 2-4-1　服饰鞋包类直播间空间设计效果

① 直播间背景墙。背景墙的设计原则是简洁、大方、明亮，不花哨、杂乱。背景墙设为纯灰色，颜色中立、简约，可以和任何色彩搭配，有利于突出服饰产品，主播妆容的颜色、影像不会曝光，可以使观众视觉舒适。注意尽量不要用白色背景，容易反光。

② 背景装饰。直播间墙壁上装饰了错落有致的格子，基本元素是简单的线条，实用、简单。可以将品牌 Logo 放在背景墙的突出位置，这样既能够增强品牌知名度，又能提高观众记忆度。

③ 场景构图布置。可以在主播的背后摆放一些用来构图的物品（如沙发、衣架、模特），这里放置了乐器和装饰画。大多数鞋服账号的背景会选择对角线构图，这样画面有很好的纵深感和立体效果，看起来更加宽敞，主播作为直播中的主体也更容易凸显出来。

④ 主播展示区域。服饰鞋包类直播以站播形式最普遍，主播一般边走动边展示，让观众方便看清产品各个角度的效果，所以预留空间要大一些。主播需多次尝试和优化站位，一般按"三点一线"法走位，三点指特写点位、半身点位、全景点位，分别对应展示产品细节、上身效果和全身搭配效果，主播走位时，应让三个点在一条线上，这就是"三点一线"法。另外，主播不要太靠近背景墙，至少需要离背景墙 1.5 米的距离，这样可以使直播画面更有层次。

⑤ 地面装饰。要根据所售服装鞋包风格准备地毯，这里采用的是米白色绒布地毯，简单干净，与主播的服装搭配融洽，可以增强正在展示的鞋子的视觉效果。地毯的材质也能有效提升直播间环境档次，利于拉升产品价值。

总之，空间设计的目标是为用户观看直播、在直播间消费创造良好的体验，这是一项系统工程。如有条件，可以请专业设计师设计，但达人应该有一定的审美、判断能力。

（3）设备选择和排布。

① 视听设备。服饰鞋包类直播，要求直播画面高清、通透、有质感，色彩要准确，所以这里使用数码相机直播。对声音没有特别要求，可以直接用数码相机采集声音。数码相机放置在主播斜前方 45°，位置为 30 ~ 40 厘米，以获得较好的语音捕捉效果。机位不要架设过高，可以架设在与主播腰部平齐的高度，选择离镜头 2.5 ~ 3 米的距离，保证让主播占据直播画面的 2/3，这样可以有效提升人物整体的视觉效果。如果用微单相机或摄像机，镜头

建议使用35mm或者50mm定焦镜头，光圈尽可能大一点，以获得适度的背景虚化效果。

② 灯光设备。服饰鞋包类直播通常需要较好的灯光效果，这里选择使用四个柔光灯，从不同方向和位置来照射主播和产品，以获得清晰、立体的画面。直播间灯光摆放如图2-4-2所示：①号灯照射主播头顶，提供顶光和部分环境光；②号灯照射主播左侧，作为产品补光；③号灯照射主播腿部以及手中物品。

服饰鞋包类直播主要选择白色系冷光，但需调整柔光灯上的旋钮，控制灯光亮度和色温，使光线与商品、直播环境达到最佳适配。

通过场地及其空间设计、设备选择和排布等方面的统一规划，将服装鞋包直播间环境氛围打造为简约、实用、自然和舒适的感觉，强调线条简洁、空间通透、色彩素雅。

图 2-4-2 直播间灯光摆放

2．虚拟直播间装修

虚拟场景直播，是运用蓝（或绿）幕抠像技术，将虚拟场景与人、物真实场景完美融合的一种直播技术。

虚拟场景直播间的空间设计十分简单，将主播身后的所有场景替换成绿幕即可。使用虚拟场景简洁高效（场地准备时间短，布光难度低）、灵活易更换（甚至可以做到一场直播多次实时切换背景，不仅支持图片背景，还支持视频背景）、成本低（不用实物搭建，使用虚拟设计的图片或视频即可）、效果好（通过虚拟设计能创设宏大的场面，使观众产生身临其境的沉浸感）。如图 2-4-3 所示。

图 2-4-3 虚拟背景绿幕直播间搭建效果

直播时，摄像机采集主播画面（含纯色绿幕背景），传输到直播伴侣软件中，软件会自动将人物画面保留下来，将纯色绿幕背景置换为透明状态，与软件设置好的背景和贴片素材整合后呈现出来，观众看到的是合成后的画面。在软件中设置背景和贴片，就是虚拟直播间装修需要做的工作。

抖音直播间信息区模块如图 2-4-4 所示，分为上、中、下三个区域设置。

（1）上部信息区。

直播间上部信息区——包含账号名称、关注等多个图标，遮挡较多，不建议放太多重要信息。服饰鞋包类直播间上部信息区装修要点如下。

① 品牌信息，放置品牌 Logo、Slogan，增加品牌记忆点，在 feed 表层形成品牌强曝光。

② 气氛烘托，放置小型趣味 TVC 宣传片；产品功能、功效趣味展示，加深产品功能记忆点；还可放置节日活动或主题活动宣传海报，比如"致爱母亲节"，如图 2-4-5 所示。

③ 品牌代言人，代言人的形象展示，增加粉丝黏性。

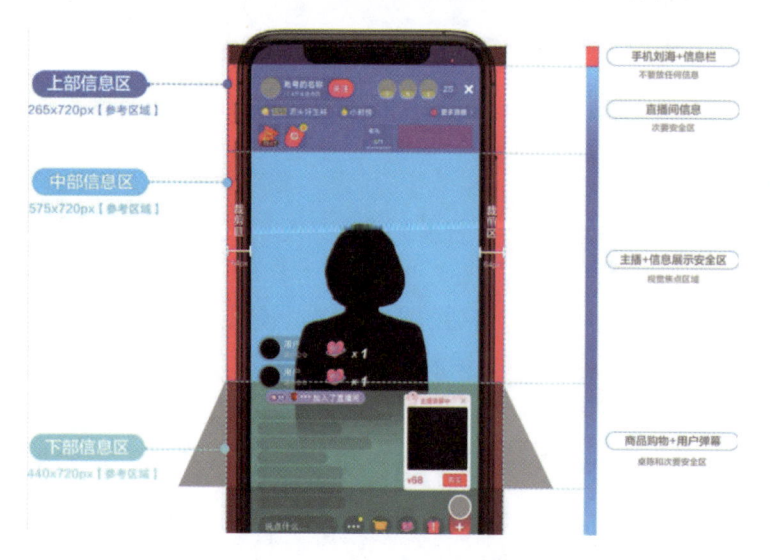

图 2-4-4 直播间信息区模块　　　　图 2-4-5 上部信息区贴片设计

（2）中部信息区。

中部信息区是直播间最大面积的视觉中心，服饰鞋包类直播间中部信息区装修要点如下。

① 主播信息，放置主播名称、身高、体重等基本信息。

② 利益点、促销、卖点信息，商品卖点动态展示；商品促销活动、动态降价信息展示；产品保障信息，如官方正品、七天无理由退换货、提供运费险等展示。

③ 模特上身效果视频，可以制作视频展示不同商品的效果。

（3）下部信息区。

下部信息区也是被图标、评论等遮挡较多的区域，一般情况下不推荐放过多信息，主要为引导区域。服饰鞋包类直播间下部信息区装修要点：可以在图标周围添加用户互动指引，如增加动态的箭头、手指等方向引导点击。如图2-4-6所示。

（4）执行装修。

① 素材的准备，制作上部信息区素材，包括品牌Logo和Slogan、产品优势等信息；中间信息区素材可以是主播的介绍，下部信息区素材为引导点击。所需要的素材利用Photoshop进行制作。

② 素材的添加。将制作好的素材，在直播伴侣中使用"添加素材"功能进行添加。

③ 素材的调整。添加素材后，在直播画面预览区域可以对贴片进行缩放和位置的调整。装修之后的效果图，如图2-4-7所示。

图2-4-6　下部信息区引导点击

图2-4-7　线上执行装修之后的效果

3. 农产品特色直播间搭建

为提升直播间的真实感，可以将农产品直播间装修为实物布景的特色直播间，简单说明如下。

（1）场地大小：由于当地农副产品种类较多，这里将一间50平方米的场地作为农产品直播间。

（2）空间设计：墙面贴纸装饰成土墙，配合木门、木窗等，重点是选择有代表性的农村农业元素作为装饰，如使用玉米、辣椒、大蒜、花布、手写对联等挂件，来增加乡村气息。产品展示区域使用了木桌木椅，和整体环境协调一致。农产品特色直播间装修效果图如图 2-4-8 所示。

图 2-4-8　农产品特色直播间装修效果图

任务思考

实践中，不同类型的直播间搭建和软装风格不同，本任务展示了服饰鞋包、农产品电商直播间的搭建与装修，如果是珠宝首饰类电商直播间，该如何搭建与装修？请从场地大小、空间设计、硬件选择和排布、线上软装四方面思考，尝试写下答案。

课堂练习

请同学们根据本任务所学知识，进行如下练习。

（1）选择一块线下物理直播场地，进行空间设计，并连接音视频硬件设备，布置灯光设备。

（2）制作背景图片及对应贴片信息，进行虚拟直播间装修。

项 目 小 结

本项目共包括四个任务，任务一主要是为三种不同的直播场景，整合并调试以摄像机为中心的硬件设备，不管是何种情境下，都可分成画面连接、音频连接、灯光设备布置三部分，同学们要分情况灵活运用。任务二主要为直播软件、图片软件、剪辑软件的安装与配置，软件与网站协同工作，可以提高创作效率。任务三主要为搭建美食类短视频拍摄场景，并进行布光与声音设置，全面提升视频的丰富度，保持整体的一致性和连贯性。任务四主要为不同类型直播间的搭建与装修，分为线下物理场景搭建、线上虚拟直播场景装修以及搭建农产品特色直播间，好的场景能够延长用户的停留时间，更有效地提升用户转化率。

通过本项目的学习，希望同学们能清楚不同的直播场景对设备的不同要求，要根据实际需求，选择适配的硬件设备，灵活配置与使用各类软件与网站，搭建出各种独具特色的视频及直播场景，提升作品和直播质量，提高用户体验。

项目三

文案创意

▌学习目标

- 了解选题工具的种类,掌握确定选题的基本步骤。
- 熟悉内容创意的类型,掌握提炼内容创意的方法,能编制内容大纲。
- 了解图文内容创作格式和要素要求,熟悉图文内容创作的基本技巧。
- 了解短视频和直播脚本撰写的格式和要素,掌握脚本创作的结构。

思政导入

项目三／文案创意

任务 3.1　用选题辅助工具确定一个美妆选题

💬 任务描述

美妆达人 Grace 刷到一个点赞量破 100 万的仿妆视频，Grace 想要用同一选题仿制黑犬酱 MO 的仿妆视频，请完成以下任务。

（1）运用选题辅助工具分析该选题是否适合 Grace，请给出清晰的分析过程和佐证材料。

（2）如果该选题不适合 Grace，请应用本节学习的选题步骤和辅助工具，帮助 Grace 确定一个美妆类选题。

🕘 任务实施

判断一个爆款视频的选题是否能进行二创（即二次创作），主要应从账号人群画像对比和选题分析两个方面去考虑，那么如何才能找到二创的热点选题呢？可以用第三方 App 工具（如飞瓜数据）或者官方的账号（如创作灵感小助手）。

1. 账号人群画像对比

（1）首先确定美妆达人 Grace 与黑犬酱 MO 的受众喜好是否一致。登录飞瓜数据（抖音版）官网，在主页搜索框输入达人名字"黑犬酱 MO"，进入达人"黑犬酱 MO"主页，如图 3-1-1 所示。

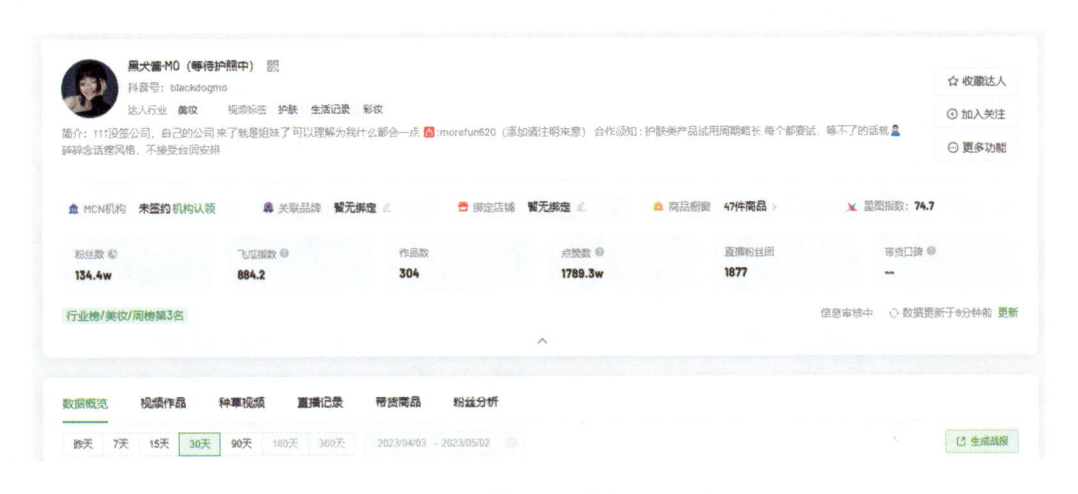

图 3-1-1　飞瓜数据"黑犬酱 MO"主页

（2）依次选择"粉丝分析"→"粉丝列表"→"兴趣标签"，如图 3-1-2 所示。达人"黑犬酱 MO"粉丝兴趣标签的前三名是：追星族、二次元、爱买彩妆党，其中 18—23 岁的粉丝占比最高。

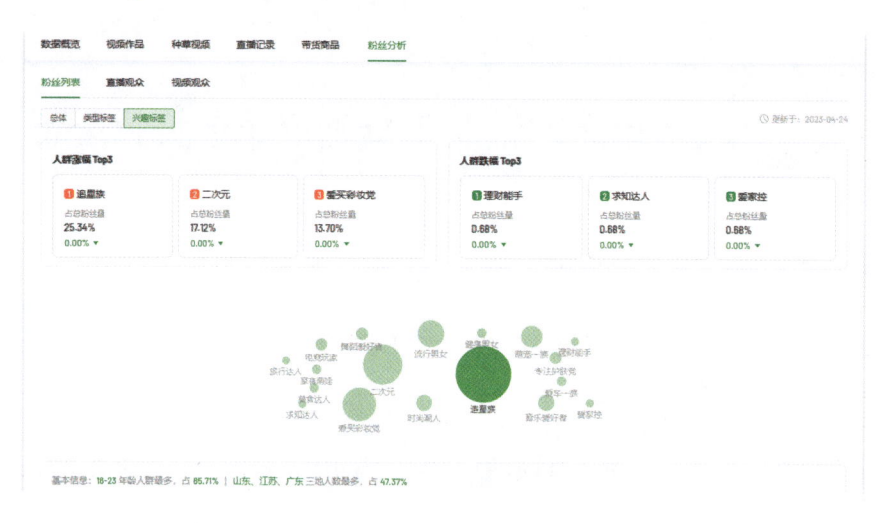

图 3-1-2　"黑犬酱 MO"粉丝兴趣标签前三名

（3）使用相同的步骤，查看美妆达人 Grace 的粉丝分析。粉丝兴趣标签的前三名是：追星族、二次元和爱买彩妆党，其中 18 ~ 23 岁粉丝占比最高。

通过对比发现，美妆达人 Grace 和"黑犬酱 MO"的粉丝年龄层分布及粉丝兴趣重合度较高，仅从受众角度看，该选题适合 Grace。

2．选题分析

（1）返回"黑犬酱 MO"主页，点击"视频作品"，选择"视频列表"，点击"当博主哪有不疯的，希望没有冒犯到路人！！"的视频，进入本条视频的数据界面，如图 3-1-3 所示。找到该视频的话题标签：# 妍珍呐、# 妍珍仿妆。

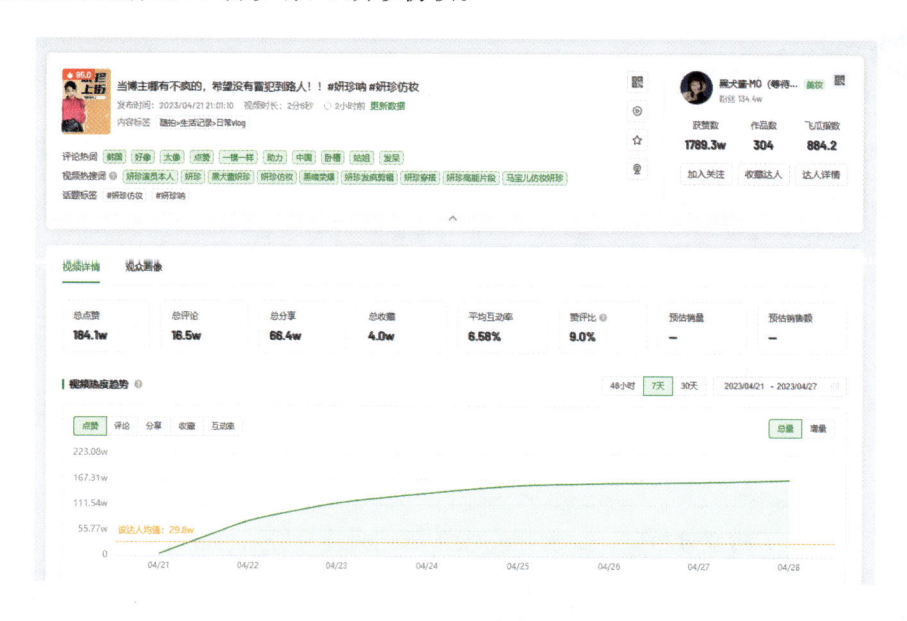

图 3-1-3　视频的数据界面

（2）分析#妍珍仿妆的话题热度。点击第二个话题标签：#妍珍仿妆，进入"热度分析"界面，如图 3-1-4 所示。发现这个话题参与人数较少，暂无数据，即无热度可言。

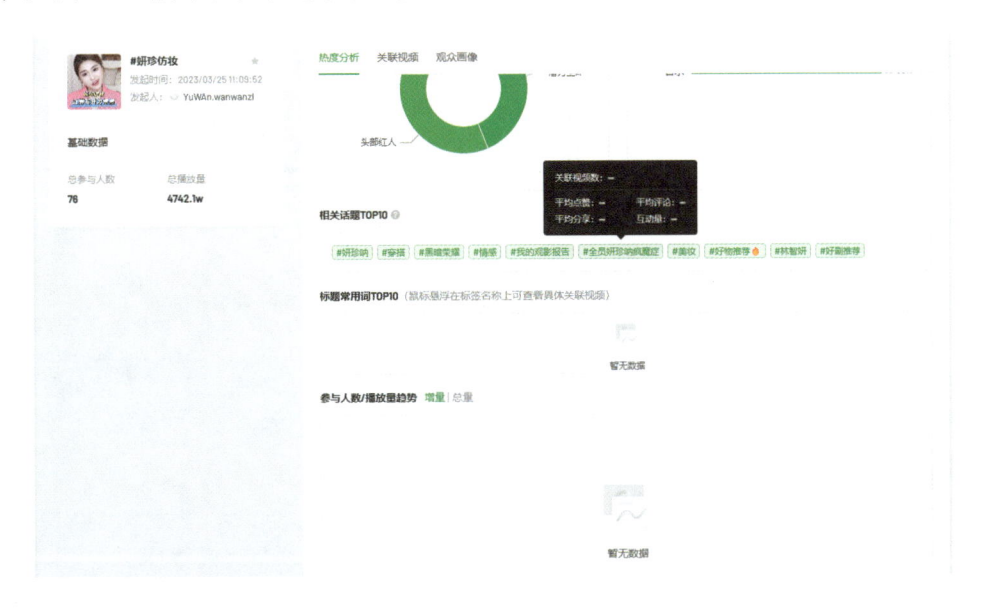

图 3-1-4　#妍珍仿妆话题热度分析

（3）分析#妍珍仿妆的关联视频。点击话题标签：#妍珍仿妆的关联视频，如图 3-1-5 所示。发现同话题标签下，除了达人"黑犬酱MO"的视频以及分析"黑犬酱MO"的视频有较高点赞量，其余视频的数据表现都不佳。

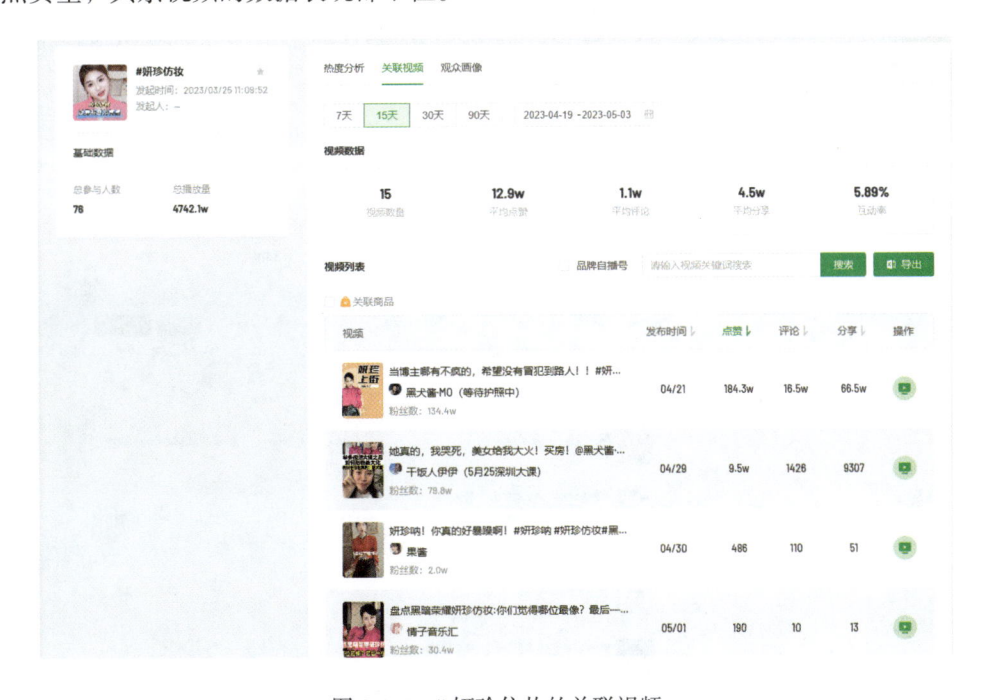

图 3-1-5　#妍珍仿妆的关联视频

（4）分析#妍珍呐的话题热度。点击第一个话题标签：#妍珍呐，进入"热度分析"界面，如图 3-1-6 所示，发现这个话题的参与人数与播放量呈下降趋势。"妍珍"这个名字出自韩剧《黑暗荣耀》，此时该电视剧已播完一个月以上，故话题热度也已经降下来，不再是热点选题。

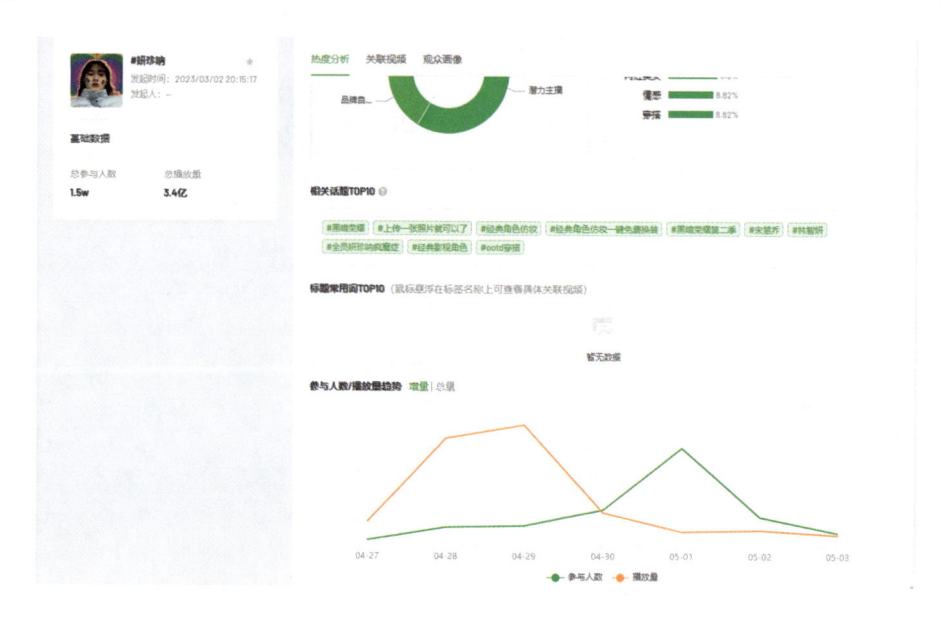

图 3-1-6　#妍珍呐话题热度分析

（5）分析#妍珍呐的关联视频。点击话题标签：#妍珍呐的关联视频，如图 3-1-7 所示。发现同话题标签下，除了达人"黑犬酱MO"的视频以及《黑暗荣耀》演员相关视频有较高点赞量，其余视频的数据表现都不佳。

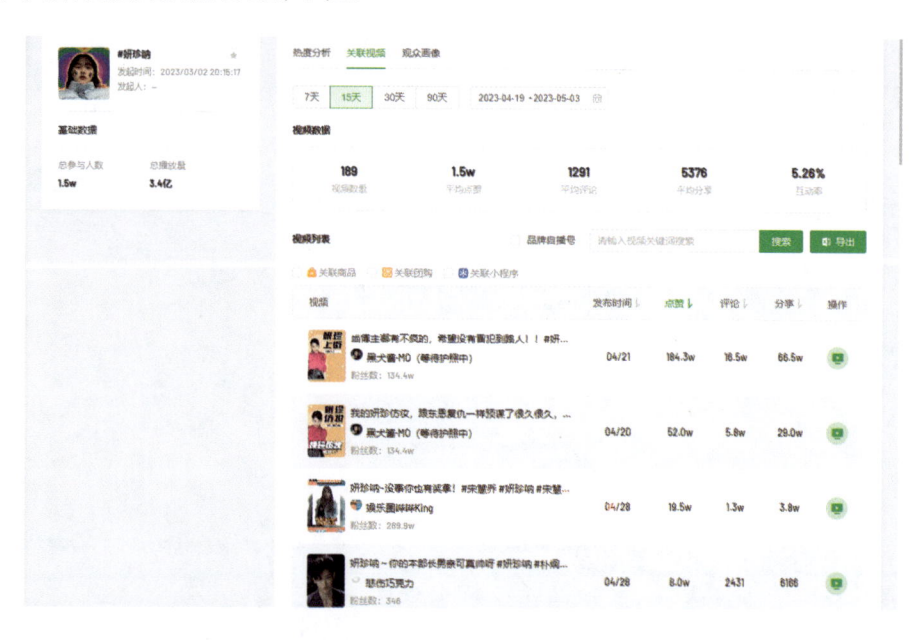

图 3-1-7　#妍珍呐的关联视频

项目三 / 文案创意

回顾话题热度分析，通过评论词云，如图 3-1-8 所示，韩国、好像、太像、点赞、一模一样、助力、姑姐等，分析得出如下结论：这个选题能够取得成功，与达人的个性化 IP 有很大关系，比如达人"黑犬酱 MO"与妍珍外形酷似，这也与达人精湛的化妆技术等有关。

图 3-1-8　评论词云

综上所述，美妆达人 Grace 与"黑犬酱 MO"同为美妆赛道博主，且粉丝兴趣接近，但是"黑犬酱 MO"粉丝更多，产出作品的传播数据更好，可以作为 Grace 的对标账号长期跟踪。

至于对标选题，"黑犬酱 MO"所制作妍珍仿妆视频的传播数据确实相当可观，但因为话题热度不再，对标视频的达人个性化属性太强，跟进仿制获取较大流量的可能性不大，更难以超越，不妨另行寻找选题。

经过分析可知，仿制爆款视频的做法可能无法达成 Grace 的目标，下面尝试应用常规方法来确定选题。

3．应用常规方法确定选题——飞瓜数据

（1）找关键词。登录飞瓜数据，依次选择"视频/素材"→"热门视频榜"→"点赞榜"→"周榜"→"美妆"，通过分析美妆周榜传播指数较高的视频发现，排名前十的视频中除了"黑犬酱 MO"妍珍仿妆系列之外，出现频率较高的选题是"拍照"类，如图 3-1-9 所示。

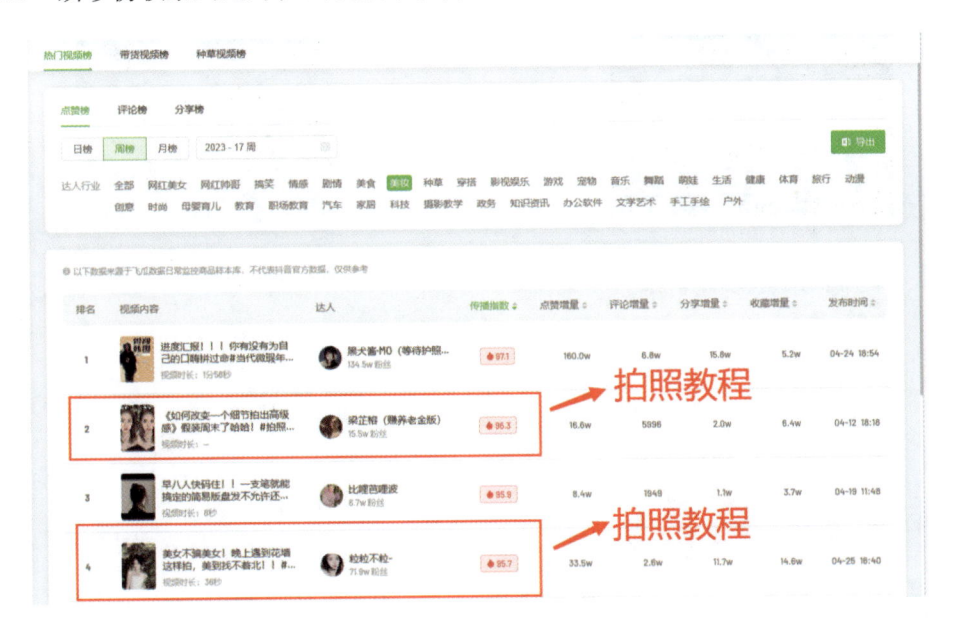

图 3-1-9　飞瓜美妆周榜界面

（2）搜索关键词相关热门话题。回到飞瓜数据首页，在美妆行业搜索关键词"拍照"，选择"近 7 天"，按点赞量从高到低排列搜索结果。分析与关键词"拍照"有关的热榜视频，特别是低粉高赞的视频，发现新手、假期、相机、拍照、技巧等关键词获得了较好的传播热度，并且时长相对较短，在 1 分钟左右，如图 3-1-10 所示，这给了我们一些选题灵感。

（3）除了通过第三方数据平台寻找选题，还可以利用抖音平台的一些工具寻找选题，在抖音创意官方账号上寻找灵感。打开抖音 App，在搜索框输入"抖音创作灵感"，点击进入"创作灵感小助手"，如图 3-1-11 所示。

第一项活动是"心动五一"，点击活动图片，阅读活动规则。点击"官方网站"链接，选择"时尚美妆"，查看近期搜索热度较高的选题，如"五一出游穿搭已经准备好啦"等，如图 3-1-12 所示。

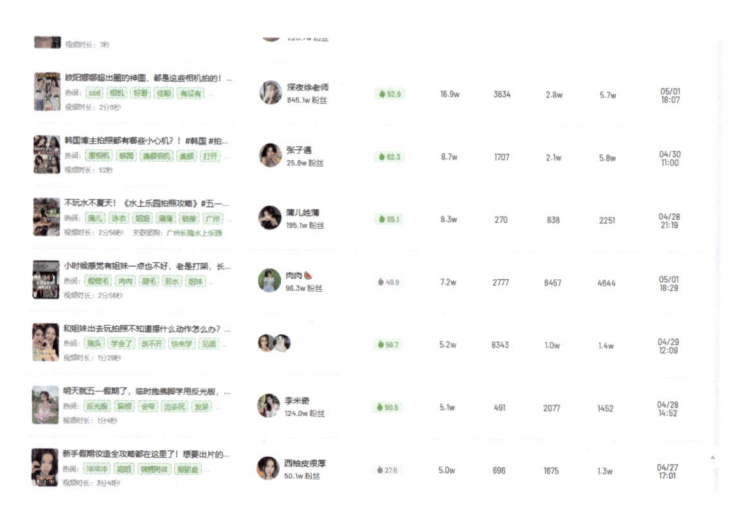

图 3-1-10　关键词"拍照"热榜视频

图 3-1-11　"创作灵感"账号主页 　　　　图 3-1-12　"创作灵感"时尚美妆界面

（4）此外，还可以通过查看抖音热榜寻找创作灵感。

综合上述信息，Grace 最终决定，以"五一假期出游穿搭，新手也能拍出神仙姐姐"为题，创作以"穿搭 + 美妆"为主题的 15 秒短视频，在"心动五一"活动中投稿。

任务思考

在各种平台上我们会发现遍地开花的选题，看到爆款也会心动，但是一定要冷静分析，结合自己账号的优势、调性，以及选题的可落地性，"因地制宜"选择合适的选题。

选题策划的方法和路径很多，达人首先可以寻找对标账号，从选题仿制开始。积累一定经验后，综合运用各种选题工具、榜单数据，尝试多种方法挖掘选题。最后，一定要考虑作品传播的平台，最好能与平台的热卖话题、活动相结合。

在上述过程中，达人应追求尽快找到适合自己的方法，最终形成个人选题的独特风格，为打造账号 IP 奠定坚实的基础，有关打造账号 IP 的相关技能将在"自媒体运营"高级证书课程中深入介绍。

课堂练习

请同学们根据本任务所学知识，结合自己抖音账号调性，完成以下任务：
（1）找到一个低粉爆赞的同赛道爆款视频；
（2）使用第三方数据分析平台，确定是否可进行二创；
（3）最少使用 2 种不同的找选题方法，确定 3 个可以深度二创的选题。

任务 3.2　以某舞蹈账号为例，完成内容创意并制作内容大纲

任务描述

某男性舞蹈账号博主 Grace 刷到"英国男子等公交时在车站跳舞"的视频，觉得非常有趣，于是拟定了"公交站牌跳舞"的选题方向。准备对抖音平台上的相关视频进行调查分析，结合自身特点进行二创，请完成以下任务。
（1）根据选题方向，在抖音上查询优秀视频，选定对标。
（2）从对标视频的画面中提取内容创意。
（3）从对标视频的评论中提取内容创意。
（4）结合自身特点进行内容二创。
（5）编写内容大纲。

任务实施

内容创意的基本思路是：先分析爆款视频，找到引爆的原因；根据分析过程中得到的启发，初步确定内容创意主题；然后验证内容创意主题的合理性；根据验证过程中得到的启发，最终确定内容创意。

1. 根据关键词筛选目标视频

在抖音平台上找到关键词相关的高赞视频，步骤如下所示。

（1）搜索高赞视频。打开抖音，在搜索框输入关键词"公交站牌跳舞"，点击"搜索"按钮，然后点击"筛选"按钮，选择"最多点赞"。查看点赞量排名前十的作品，如图 3-2-1 所示，发现视频内容全部是小朋友公交站跳舞或小朋友公交站斗舞。

（2）分析高赞视频。高赞视频虽然有一定共性，可以作为分析对象，但这次搜索到的高赞视频，其内容和账号定位与达人内容和账号定位差异很大。例如，这次搜到的高赞视频多是小学生舞蹈，而 Grace 的账号是成人舞蹈。或者高赞视频可能是路人账号或传统媒体账号，而 Grace 是专业舞蹈账号。因此，此时可以考虑先找到对标账号，再找对标账号的高赞视频。

（3）寻找对标账号。在搜索框输入关键词"公交站牌 跳舞"之后，会出现一系列的相关搜索，如图 3-2-2 所示，这有助于帮助我们寻找对标账号。通常情况下，出现在相关搜索列表中的是被关注、搜索较多的内容。其中，就有"不齐舞团公交站牌跳舞"，显然"不齐舞团"应该是专业舞蹈账号。

（4）寻找对标账号的高赞视频。选择"不齐舞团公交站牌跳舞"，选择"最多点赞"后搜索，在搜索结果中找到"公交站牌 跳舞"主题的高赞视频，如图 3-2-3 所示。

图 3-2-1　数据从高到低列表　图 3-2-2　搜索框下方搜索热词列表　图 3-2-3　达人 @ 不齐舞团的公交站牌跳舞视频

2. 从画面中提取内容创意

公交站牌跳舞高赞视频如图 3-2-4 所示。

图 3-2-4　公交站牌跳舞高赞视频

（1）"小朋友公交站跳舞／小朋友公交站斗舞"视频的内容创意元素是：公交车站＋马路对面路人视角＋小朋友，见表 3-2-1。

表 3-2-1　"小朋友公交站跳舞／小朋友公交站斗舞"视频的内容创意元素

拍摄场景	人物关系	拍摄视角	BGM	内容结构	视觉效果
偶遇，公交站牌	小朋友＋小朋友	马路对面路人视角	无特别	跳舞／斗舞	校服／常服

（2）"不齐舞团公交站牌跳舞"视频的内容创意元素是：公交车站＋马路对面路人视角＋社牛，结合热门 BGM，见表 3-2-2。

表 3-2-2　"不齐舞团公交站牌跳舞"视频的内容创意元素

拍摄场景	人物关系	拍摄视角	BGM	内容结构	视觉效果
偶遇，公交站牌	舞团成员＋路人反应	马路对面路人视角	热门 BGM	跳舞＋剧情	常服

（3）综合分析："不齐舞团公交站牌跳舞"选题在 2022 年 4 月爆火，"小朋友公交站牌跳舞"选题在 2023 年 4 月爆火，时隔一年同一选题能出爆款，应尝试分析其共性，见表 3-2-3。

表 3-2-3　内容创意元素共性分析表

类别	拍摄场景	人物关系	拍摄视角	BGM	内容结构	视觉效果
小朋友	偶遇，公交站牌	小朋友+小朋友	马路对面路人视角	无特别	跳舞/斗舞	校服/常服
不齐舞团	偶遇，公交站牌	舞团成员+路人反应	马路对面路人视角	热门BGM	跳舞+剧情	常服

3．从评论中提取内容创意

（1）"小朋友公交站跳舞/小朋友公交站斗舞"视频的高赞评论如下：
① 你是怎么做到偶遇自己儿子的；
② 这些动作没三万块是学不到的；
③ 让我想起一部偶像剧，我猜我不说你们也知道；
④ 他们这么小就看了"紫禁之巅"吗；
⑤ 不要打了，你们不要再打了啦；
⑥ 我一直想知道街舞斗舞是怎么判断输赢的；
⑦ 这几个动作至少五万打底。

其中，点赞、回复量最高的评论是"不要打了，你们不要再打了啦"，如图 3-2-5 所示。

"不要打了，你们不要再打了啦"是舞蹈主题电视连续剧《紫禁之巅》中的经典台词，该电视剧的上映时间是 2004 年，古早的偶像剧配合离谱的行为，成为网络热梗。

在这里相似的场景引发了大家的共鸣。

（2）"不齐舞团公交站牌跳舞"视频的高赞评论如下：
① 你好！这种行为持续多久了；
② 哈哈哈，突然间蹦起来会不会把别人吓到；
③ 标题正常，体温正常，人异常，精神失常；
④ 几只单身汪眼巴巴地看着一对情侣走过；
⑤ 旁边两个小姐姐吃了好大的瓜；
⑥ 剧情满分。

其中，点赞量最高的评论是：哈哈哈，突然间蹦起来会不会把别人吓到。

如图 3-2-6 所示，评论中没有明显的高频词，但从中可以得到大家有共鸣的创意点"路人反应"。

项目三 / 文案创意

图 3-2-5 小朋友公交站牌跳舞高赞评论截图　　　图 3-2-6 不齐舞团公交站牌高赞评论截图

4. 结合自身特点进行二创

通过上述分析，内容创意元素汇总见表 3-2-4。

表 3-2-4　内容创意元素汇总

类别	拍摄场景	人物关系	拍摄视角	BGM	内容结构	视觉效果	评论热词
小朋友	公交站牌	小朋友+小朋友	马路对面路人视角	无特别	跳舞/斗舞	校服/常服	紫禁之巅
不齐舞团	公交站牌	舞团成员+路人	马路对面路人视角	热门 BGM	跳舞+剧情	常服	路人反应

（1）将创意元素中共同的内容确定为二创的定量（保持不变的元素）：公交车站跳舞+马路对面路人视角。

（2）将内容创意的其他元素作为变量，如人物关系、BGM、内容结构、视觉效果、评论热词等。

（3）尝试使用以下"定量元素+变量元素"的公式罗列创意要点。

① 公交车站跳舞+马路对面路人视角+孩子和妈妈"人物关系二创"；

② 公交车站跳舞+马路对面路人视角+热门 BGM"BGM 二创"；

③ 公交车站跳舞+马路对面路人视角+变装"内容结构二创"；

④ 公交车站跳舞+马路对面路人视角+古风服装"视觉效果二创"。

（4）如果是系列视频内容创意，则可以将上述创意一一制作成视频，根据 24 小时内传播效果投流加热打爆。如果预算有限，或对策划要求更高，可以继续在变量元素上深入分析。

55

（5）人物关系二创：近期热门人物是"小朋友"，新创意视频中应邀请小朋友舞蹈演员参与。满足评论热词创意点：将"不要打了，你们不要再打了啦"作为首发语，在关键创意点视频中露出路人反应。添加热门BGM（查询热门背景音乐的方法可参考视频配乐任务）。

确定短视频的创意点后，就要撰写内容创意大纲了。

5．编写大纲

内容创意大纲应依次简单描述主要场景，还要包含上述创意元素，一般做成通用表格形式，见表3-2-5。

表 3-2-5　二创大纲

达人昵称	Grace	发布日期	5.10
发布形式	抖音视频（竖版满屏，无边）		
BGM	选择本周热点BGM"在小小的花园里面挖呀挖呀挖"		
时长	20秒		
内容主题	公交站牌旁斗舞		
直发语	不要打了，你们不要再打了啦		
拍摄手法	马路对面路人视角		
拍摄角度：马路对面路人视角			
视频内容大纲（三段式结构）			
（1）开头：Grace戴着耳机旁若无人地边跳舞边等车，排队路人窃窃私语偷笑。（2）发展：一个小朋友也过来排队等车，Grace开始电摇挑衅，小朋友重复Grace的动作进行斗舞。（3）结尾（高潮）：小朋友突然做出新的高难度动作，Grace被嘘后尴尬离开			

任务思考

爆款一旦出现，很多时候表达形式大于内容本身。为什么同一主题的创意视频，传播数据相差甚远？因为复制热门视频不等于一定能做出爆款视频。要想让视频成为爆款，不能单纯地抄袭模仿，至少要在热门视频的基础上进行二创，特别是深度二创，这需要整合、链接能力，把不同的元素结合自身优势累加起来，链接更新的创意点。

需要强调的是，虽然仿制不是出爆款视频的最佳方法，但确是养成一名爆款创作者的必由之路。

课堂练习

请同学们根据本任务所学知识，以"乡村振兴"为选题，完成以下任务。

（1）根据选题方向，在抖音上查询优秀视频，选定对标。
（2）从对标视频的画面中提取内容创意。
（3）从对标视频的评论中提取内容创意。
（4）结合自身特点进行内容二创。
（5）编写内容大纲。

项目三／文案创意

任务 3.3　制作一期美妆图文内容

📋 任务描述

美妆博主 Grace 尝试了网上很火的"面部刮痧"后，觉得效果不错，于是她决定做一期"面部刮痧"的图文内容。

🕘 任务实施

看似简单的图文内容，要想做出优质的作品也需要精心策划，从选题到上传可以分解为四个步骤：策划、拍摄、制作、发布。

1. 策划

按照面部刮痧流程先写一份大纲（文学脚本），见表 3-3-1。

表 3-3-1　面部刮痧图文视频的大纲

标题	原来面部刮痧真的能治垮脸
道具	刮痧板、拨筋棒、时光臻妍精粹油
着装要求	居家
文案	我发现了一个拯救垮脸巨牛的方法！！忍不住想分享给垮脸的姐妹！ 亲测！法令纹真的有变淡！感觉皮肤状态都很精神！ 用到的东西：时光臻妍精粹油，刮痧板，拨筋棒。 （1）洗完脸手心滴几滴时光臻妍精粹油搓热涂抹在脸上以及刮痧板上。 （2）按照步骤进行刮痧，力度一定要轻。 特别适合法令纹深，喜欢熬夜并且垮脸的姐妹！ 话不多说，垮脸的姐妹冲就完事儿了

根据大纲细化为分镜头脚本，见表 3-3-2。

表 3-3-2　面部刮痧图文视频的分镜头脚本

序号	景别	画面	文字
1	特写	左手拿产品，右手用滴管将产品（精粹油）滴在左手虎口处。注意：产品外包装与精粹油同时呈现在画面中，要拍摄出产品的质地	时光臻妍精粹油 清爽不黏腻 易推开好吸收 上脸不厚重
2	特写	把精粹油滴在脸上	挤上一泵精粹油
3	特写	在脸上涂抹精粹油	手搓热后在脸上抹匀

57

续表

序号	景别	画面	文字
4	特写	刮痧板放在脸颊摆拍，留出空白，后期标注眼睛、鼻子、嘴角部分的刮痧走势图	刮痧板从下往上 每个位置按摩 5 组 1 组 5 下
5	特写	拨筋棒放在眼下闭眼摆拍，留出空白，后期标注眼睛、鼻子、嘴角部分的刮痧走势图	拨筋棒沿着箭头按摩到每一个穴位
6	特写	正面俯拍，使用到的道具有刮痧板、拨筋棒、精粹油	刮痧变美 CP 使用到的道具和产品的名字：拨筋棒、弧形刮痧板、时光臻妍精粹油

2. 拍摄

按照脚本拍摄图片，如图 3-3-1 所示，拍摄过程中请注意以下 3 点。

图 3-3-1　按脚本拍摄图片

（1）真实。使用原创、真实拍摄的内容素材。
（2）美观。图片构图端正、主体明确，光线清晰明亮。拍摄背景简约、整洁，宜使用纯色、

项目三／文案创意

白墙等,避免背景杂乱影响画面观感。

(3)多样性。通过增加图片拍摄角度、主体状态/姿势等,来提升整体图片多样性;对用户而言可以从多视角来理解图片的内容表达。

3. 制作

根据脚本要求对图片进行处理,如图 3-3-2 所示。在创作过程中请注意以下几点。

(1)在封面图上体现内容关键词"面部刮痧",以抓住观众眼球。

(2)图片品质高,质感色调真实、和谐、不突兀;画质清晰逼真,光线分布均匀,构图得体。

(3)信息丰富。通过多种效果拼图展示、前后对比展示、多种好物平铺展示等方法,提供更多的内容信息。

(4)图片修饰适度,不失真。

图 3-3-2 画面二次创作

4. 发布

(1)制作图文视频。打开抖音 App,点击正下方"+"按钮,选择菜单左端的"图文",在手机相册(事先将图片保存在这里)中按顺序选择要发的图片,点击"下一步",点击上方背景音乐框,选择"推荐"音乐里的《去有风的地方》(或者搜索其他音乐),如图 3-3-3 所示。

图 3-3-3 制作图文视频

（2）发布图文视频。在"添加标题"栏输入标题（含话题标签等），点击"长文"输入文案部分，完成其他设置后，点击"发布"按钮即可，如图 3-3-4 所示。

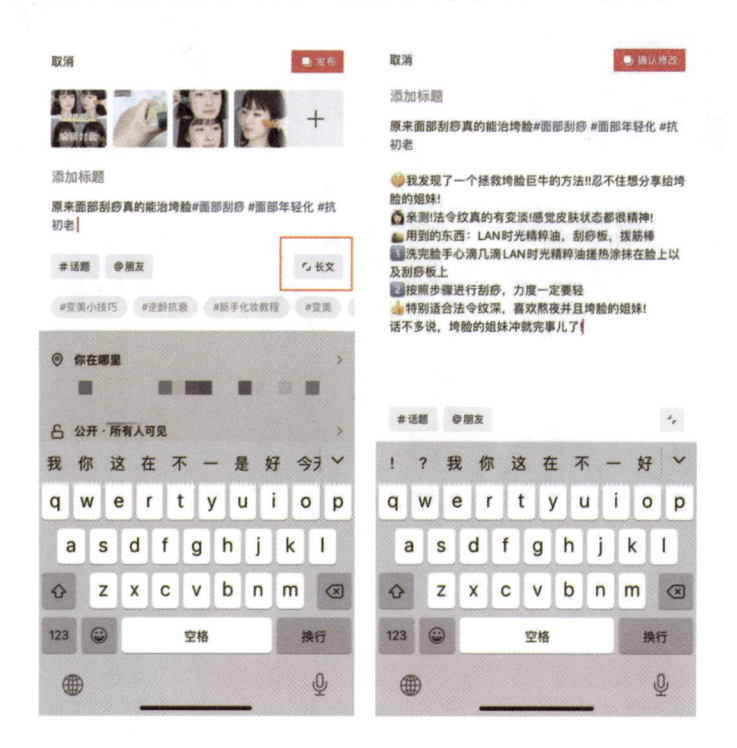

图 3-3-4 发布图文视频

5. 注意事项

（1）背景音乐。要给用户带来更完整、统一的视听体验，在图文配乐的选取上，"紧扣主题"至关重要，比如应尽量选取跟图文内容强相关的曲目，或跟活动主题强相关的曲目。

（2）标题。不管形式如何变化，标题对于媒体内容来说，一直都很重要。好的标题可以快速吸引用户，获得更多的关注、互动。

① 首先要清晰表达作品的内容，主题是美食教程、OOTD（outfit of the day，今天的穿搭）穿搭还是健身小技巧等。

② 多用数字量词，时间、天数等量词或者颜色和感受等。

③ 多用描述性词汇补充信息，让用户在看到标题的瞬间就能抓住具体内容。

④ 在完整、准确表达内容主要信息的基础上，为了让作品更有针对性和指向性，在创作标题时可以加上限定人群，例如新手必备、干敏皮、上班族等词汇，让对应特定人群能最快定位到相关内容。

（3）文案。

① 有用性。文案与图片相关，反映真实体验，详实有用，让用户看完后有收获；可尝试使用有趣、生活化或是有个人特色的文风，这样更加分。

② 可读性。文案呈现样式详略得当、段落分明、重点清晰，有较强的可读性；可尝试使用 emoji 进行分段装饰。

任务思考

看似简单的图文内容，要想得到用户关注，还需要分析用户的关注点和需求点，并结合选题方向进行图文内容创作。这里要提醒大家多分享自己的生活经验和心得，营销、卖货、导流等行为，都会让作品质感打折。

课堂练习

请同学们根据本任务所学知识，以"十一旅行景点推荐"为选题，从策划、拍摄、制作到上传，完成一期完整的图文内容创作。

任务 3.4　撰写催泪纪录片推荐的短视频脚本

任务描述

博主 Grace 刷到一位素人博主的高赞视频，如图 3-4-1 所示。该视频在 16 小时内获得 10 万点赞、1 万评论、2.6 万收藏、1.8 万转发，是毫无争议的爆款。于是，Grace 准备结合自身特点进行二创，请完成以下任务：

（1）内容创意分析与确定。

（2）确立内容大纲。
（3）完成台词脚本。
（4）梳理分镜头画面，补充脚本细节（道具、字幕、表情包、音效等）。

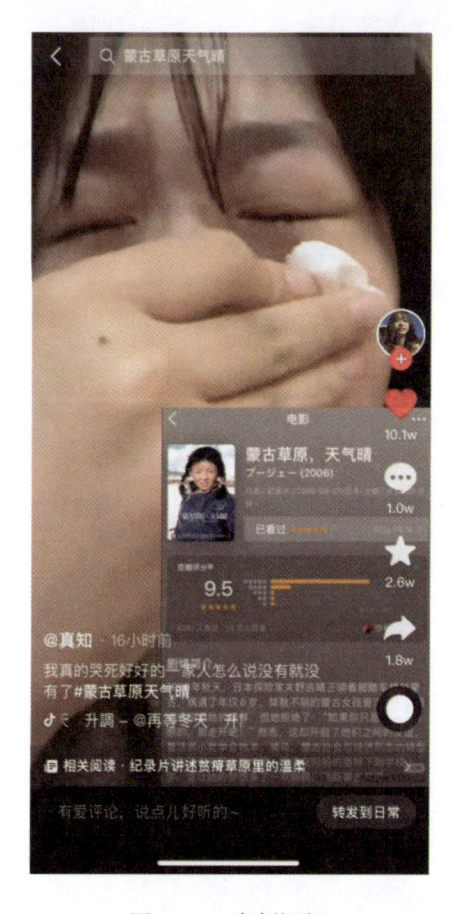

图 3-4-1　案例视频

任务实施

很多自媒体从业者认为没有必要把脚本写得非常详细，有一个大纲就够了。但在实际操作中，尤其当博主、编导、拍摄和剪辑分工合作时，脚本的质量决定着视频拍摄效率和质量。短视频虽短，但每一个画面、每一句台词都需要精雕细琢，包括每一个场景、景别、道具、动作、音乐等，都需要精心设计与编排。只有这样精细化拍摄和剪辑出来的视频，才能给观众最优质的视觉呈现。

1. 内容创意分析与确定

（1）先从爆款视频倒推出一个基础脚本，见表 3-4-1。

表 3-4-1 爆款视频倒推基础脚本

直发语	我真的哭死,好好的一家人怎么说没有就没有了 #蒙古草原天气晴				
时间	画面	景别	台词	字幕	BGM
12s	博主不看镜头,哭泣,擦眼泪,只用了一个镜头。画面右下角呈现《蒙古草原,天气晴》的豆瓣评分	特写	无	无	Hush
高赞评论	● 天堂的张望,从开头哭到结局。 ● 《天堂的张望》《亲爱的不要跨过那条江》《人间世》《蒙古草原,天气晴》这四个我愿称之为爆哭四部曲。 ● 外婆一个人孤独地活了很多年。 ● 没有墓碑,没有名字,只靠至亲们的记忆。 ● 就硬往出挤呗。 ● 我不太理解哭的时候自拍真的不会尴尬吗				

(2) 分析爆款视频:

这条视频只有 12s,元素非常少,没有台词,没有字幕,没有场景和景别的转换。那么,为什么能这么快引爆呢?下面简要分析这条视频的内容创意点。

① 景别

✓ 选择了面部特写,背景处于次要地位,基本看不到。

✓ 特写镜头能细微地表现人物面部表情,比近景更加接近观众,更有冲击力。

✓ 通过面部表情变化把内心活动传达给观众,给观众以强烈的印象。

② 画面

✓ 全程都在哭,引起了受众的好奇心。

✓ 在画面上用一张截图去佐证真的很好看:豆瓣 9.5 分的评价截图。

③ 直发语

✓ 直发语:我真的哭死,好好的一家人怎么说没有就没有了 #蒙古草原天气晴。

✓ 用文字直白配合,进一步勾起受众好奇心:究竟为什么一家人都不在了?究竟怎样的剧情,让人这么伤心?

④ BGM

✓ 用悲伤的 BGM 去渲染气氛,引导受众进入博主的心理状态。

⑤ 评论区

✓ 最后在评论区发现,大家讨论比较多的点有两个:其他催泪电影的推荐和质疑博主"哭"的表现形式。

(3) 验证内容创意主题的合理性。

通过以上分析,用前述任务中讲到的关键词搜索法,搜索"蒙古草原天气晴",查看搜索结果中的若干条记录的相关数据,如图 3-4-2 所示,确认"蒙古草原天气晴"有热度。此时,可以初步确定内容创意主题为:催泪纪录片推荐。

图 3-4-2 "蒙古草原天气晴"搜索结果

继续用关键词搜索"催泪纪录片推荐"的高赞视频，查看高赞搜索结果的相关数据，如图 3-4-3 所示。

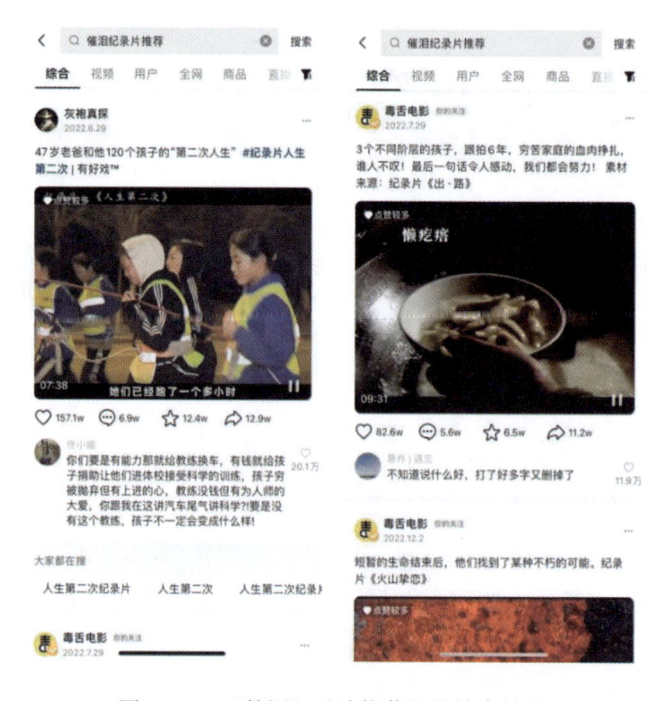

图 3-4-3 "催泪纪录片推荐"的搜索结果

（4）分析评论区。

结合"催泪纪录片推荐"高赞视频评论区的用户反馈，如图3-4-4所示，发现大家比较有共鸣的纪录片有：《人生第一次》《一百年很长吗》《人间世》《生活万岁》《生门》《四个春天》等。

图3-4-4　高赞评论

（5）确定创意内容：结合博主自身情况，因为只看过《人间世》和《人生第一次》，在内容上会更有共鸣，所以最终确定内容创意主题为：催泪纪录片推荐——《蒙古草原，天气晴》《人间世》《人生第一次》。

（6）确定表现形式："催泪纪录片推荐"的高赞视频的内容形式都是电影混剪，无口播出镜博主，制约了内容形式创意，还有其他更好的内容表现形式吗？我们还可以参考更多的内容形式创意，来确定本视频的表现形式。

2. 确立内容大纲

（1）尝试找关键词的近义词搜索创意，把"催泪纪录片推荐"改成受众更多的"催泪电影推荐"，搜索视频，选出点赞量较高的前五条视频，如图3-4-5所示。

图 3-4-5 "催泪电影推荐"搜索结果

（2）整理高赞视频的内容创意因素共性，见表3-4-2。

表 3-4-2　高赞视频的内容创意因素共性

账号	拍摄场景	人物关系	拍摄视角	BGM	内容结构	视觉效果
演员沈玥	居家+暖光	博主+男朋友	第一视角与受众互动	伤感	哭+催泪电影推荐	常服、居家
钱颂亿kiki	居家+暖光	博主+朋友	第一视角与受众互动	伤感	哭+催泪电影推荐	常服、居家
小耳朵妈妈	居家	博主	第一视角与受众互动	伤感	哭+催泪电影推荐	常服、居家
李蛮好	居家+暖光	博主+朋友	第一视角与受众互动	伤感	哭+催泪电影推荐	常服、居家
妮叨叨	居家+暖光	博主+闺蜜	第一视角与受众互动	伤感	哭+催泪电影推荐	常服、居家

（3）取内容创意的共性因素，确定内容创意大纲，见表3-4-3。

表 3-4-3　视频内容创意大纲

达人昵称	Grace	发布日期	5.10	拍摄手法	第一视角
发布形式	抖音视频（竖版满屏，无边）		视频大纲		
BGM	●《蒙古草原，天气晴》片段BGM：《dusk till dawn》降调版 ●《人间世》片段BGM：《父亲》 ●《人生第一次》片段BGM：《面会菜》		● 开头： 哭+戳当代年轻人痛点：压抑，然后找不到发泄口的时候，推荐这三部催泪纪录片。 ● 主题： 第一部《蒙古草原，天气晴》+豆瓣评分+故事梗概+感悟； 第二部纪录片叫《人间世》+豆瓣评分+故事梗概+感悟； 第三部纪录片叫《人生第一次》+豆瓣评分+故事梗概+感悟。 ● 结尾： 引导互动：请大家推荐其他催泪电影		
时长	70s左右				
内容主题	催泪纪录片推荐				
直发语	人间烟火气，最抚凡人心，3部催泪纪录片，按头安利#解压#催泪#纪录片推荐				

3. 完成台词脚本

接下来根据内容大纲撰写台词。

（1）开头：

今天给大家按头安利三部让你爆哭的纪录片。

在你特别压抑，想哭哭不出来的时候，可以帮你找到情绪的发泄口。

（2）主体：

① 第一部《蒙古草原，天气晴》，豆瓣评分9.5，现实版的《活着》。

失踪的马，消失的人，荒野里的孤坟，还有守望的奶奶。

人世间的面见一次少一次，如果有轮回，下辈子请让他们多享享福。

② 第二部纪录片叫《人间世》，它的豆瓣评分高达9.7分。

生老病死，是我们每个人生命中最难但又不得不面对的一刻。

里面有一期我印象很深，不善言辞的儿子陪伴他不善言辞的父亲走完了最后的时光，他说了一句："以后再也没人给我烧骨头汤喝了。"

③ 第三部《人生第一次》，豆瓣评分9.1。

12集，12个主题，从出生到告别。

有的人看到的是春和景明，有的人看到的是人生的艰难与不易，你还记得哪些人生的第一次？

（3）结尾：

这三部纪录片真的都很好哭，情绪积压太久了，都马上去看看吧。如果还有什么更好哭的，请评论区告诉我。

4. 梳理分镜头画面

接下来要将内容创意落实到分镜头脚本，以便拍剪。撰写分镜头脚本时，需补充脚本细节，如道具、字幕、表情包、音效等，见表3-4-4。

表3-4-4 视频分镜头脚本

镜号	时长	台词	画面内容	景别	字幕	配乐
1	10s	今天给大家按头安利三部让你爆哭的纪录片。在你特别压抑，想哭哭不出来的时候，可以帮你找到情绪的发泄口	达人哭着对镜头口播	近景	同台词	《所念皆星河》
2	5s	第一部《蒙古草原，天气晴》，豆瓣评分9.5，现实版的《活着》	达人哭着对镜头口播。插入《蒙古草原，天气晴》豆瓣评分截图	近景	同台词	
3	2s	失踪的马，消失的人	纪录片片段：普洁骑马笑。竖屏插入横屏纪录片片段	/	同台词 右上角加：素材源于网络	
4	1s	荒野里的孤坟	纪录片片段：普洁妈妈笑。竖屏插入横屏纪录片片段	/	同台词 右上角加：素材源于网络	《dusk till dawn》降调版
5	1s	还有守望的奶奶	纪录片片段：普洁奶奶笑。竖屏插入横屏纪录片片段	/	同台词 右上角加：素材源于网络	
6	3s	人世间的面见一次少一次	纪录片片段：普洁一家对着镜头挥手。竖屏插入横屏纪录片片段	/	同台词 右上角加：素材源于网络	
7	1s	如果有轮回	纪录片片段：普洁抬头。竖屏插入横屏纪录片片段	/	同台词 右上角加：素材源于网络	《dusk till dawn》降调版
8	1s	下辈子请让他们多享享福	纪录片片段：普洁和妈妈骑马背影。竖屏插入横屏纪录片片段	/	同台词 右上角加：素材源于网络	

续表

镜号	时长	台词	画面内容	景别	字幕	配乐
9	3s	第二部纪录片叫《人间世》,它的豆瓣评分高达9.7分。	达人哭着对镜头口播。插入《人间世》豆瓣评分截图	近景	同台词	《父亲》
10	8s	生老病死,是我们每个人生命中最难但又不得不面对的一刻。里面有一期我印象很深	达人哭着对镜头口播	近景	同台词	
11	4s	不善言辞的儿子陪伴他不善言辞的父亲走完了最后的时光	纪录片片段:儿子抱着父亲的遗像走向窗外。竖屏插入横屏纪录片片段	/	同台词 右上角加:素材源于网络	
12	5s	他说了一句:"以后再也没人给我烧骨头汤喝了。"(视频原声)	纪录片片段:儿子接受采访。竖屏插入横屏纪录片片段	/	同台词 右上角加:素材源于网络	
13	3s	第三部《人生第一次》豆瓣评分9.1	达人哭着对镜头口播。插入《人生第一次》豆瓣评分截图	近景	同台词	
14	2s	12集,12个主题	12个主题封面合集	图片合集	同台词	
15	2s	从出生到告别	纪录片片段:出生的婴儿。竖屏插入横屏纪录片片段	/	同台词 右上角加:素材源于网络	《面会菜》
16	2s	有的人看到的是春和景明	纪录片片段:结婚。竖屏插入横屏纪录片片段	/	同台词 右上角加:素材源于网络	
17	3s	有的人看到的是人生的艰难与不易,你还记得哪些人生的第一次?	纪录片片段:老奶奶回头看。竖屏插入横屏纪录片片段	/	同台词 右上角加:素材源于网络	
18	10s	这三部纪录片真的都很好哭,情绪积压太久了,都去看看吧。如果还有什么更好哭的,请评论区告诉我	达人哭着对镜头口播	近景	同台词	《所念皆星河》

任务思考

短视频分镜头脚本可以给后续的拍摄、剪辑提供精细的流程指导。拍摄时,只需要顺着流程往下走,就能快速完成拍摄,显著提升效率,节省综合成本。如果在拍摄前没有写短视频分镜头脚本,拍摄时就可能会出现各种差错。例如:

(1)道具不齐全,所有参与拍摄的人员全部停下来等道具。
(2)拍摄进行到一半,发现场景没有代入感,需要换场景重新拍摄。
(3)台词准备不充分,中途演员和编导要重新策划台词。
(4)拍完之后剪辑师一脸懵,不知道应该依据什么思路去剪辑。

如此一来,消耗了人力、物力、财力,期待的优质内容却出不来。所以拍摄前,一定要准备好短视频分镜头脚本。

课堂练习

请同学们根据本任务所学知识,尝试制作一条以电影推荐为主题的短视频,要求:
(1)分析、明确内容创意,梳理内容大纲。
(2)撰写台词脚本和分镜头脚本。

项 目 小 结

当确定选题方向后,就要进行内容创意。

有创意的人才,在繁荣的抖音生态圈尤其稀缺。这是因为创意不仅需要天赋,有时还需要那么一点运气,但这些可遇而不可求。我们能发力的点,往往只能是技法和经验。在一定的方法指引下,持续产出创意、积累经验是达人成长的确定性路径。

建议新手达人最好从二创逐步过渡到原创,切勿好高骛远,奢求命运垂青,自认为能一步做出原创爆款。

项目四

图片拍摄与处理

▎学习目标

- 能熟练使用数码相机拍摄图片。
- 能根据光影、色彩原理,调整亮度、对比度、饱和度等参数,更换背景颜色、调整图像曲线等。
- 能使用图像处理软件,完成创意字体设计。
- 能根据画面构图原理,完成主题海报制作。

思政导入

任务 4.1　用数码相机拍摄图片

任务描述

抖音摄影达人 @ 小满承接了某公司的图片拍摄任务，拍摄要求是展示服装、女鞋等新产品的设计和品质，用于推广宣传。请协助他完成以下工作任务：

（1）准备拍摄器材和产品，并结合场景进行设备调试。

（2）在室内摄影棚完成产品拍摄，需要拍摄出产品的细节和特点，包括不同角度、不同款式和不同颜色等，确保每张照片都能够充分展示产品的设计和品质。

（3）结合人物模特完成产品拍摄，要求能够体现出模特的气质和特点。通过引导模特的表情和姿势，使得产品更加生动和有感染力。

（4）室外拍摄能够充分展现产品和品牌的特色和形象，提升品牌的认知度和销售量，因而需要增加室外拍摄环节。对于不同天气和光线条件下的拍摄，要能够选择合适的背景和构图，达到最佳的拍摄效果。

任务实施

本任务要求用数码相机完成一系列专业的产品拍摄，主要包括不同产品各角度图片、细节图片、模特穿搭图片和室外穿搭效果图片，以便于后续的设计和推广宣传。此任务旨在提高人员的拍摄技能，丰富人员的专业知识，以确保摄影作品能够更好地展现品牌形象和特色，进而提升品牌的竞争力和销售业绩。

1. 产品拍摄

（1）拍摄器材（产品）如图 4-1-1 所示。

（a）单反相机或微单相机　　（b）微距

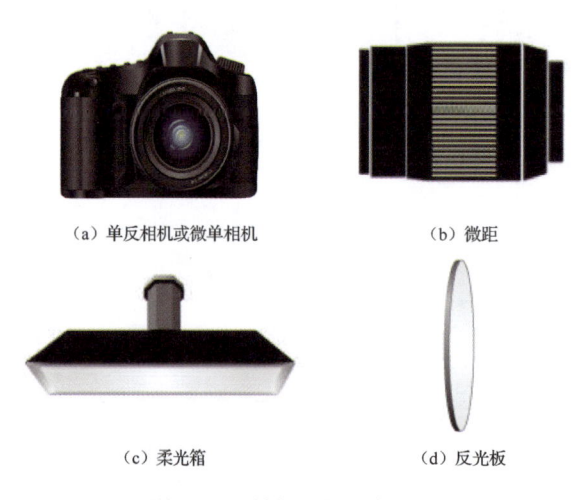

（c）柔光箱　　（d）反光板

图 4-1-1　拍摄器材（产品）

（2）产品拍摄布光示意图如图 4-1-2 所示。

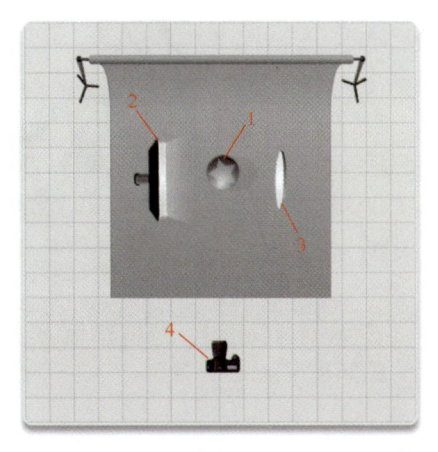

1—被摄主体——女士单鞋；2—主光——柔光箱；
3—辅光——反光板；4—相机的拍摄方向

图 4-1-2　产品拍摄布光示意图

将一盏带有柔光箱的三基色灯光源作为主光，可得到没有色差的白光。为了得到较硬的光质，可选用小尺寸的柔光箱。

银色反光板可以反射较多的光线，通过调整反光板与女士单鞋之间的距离，可以改变反光的强弱。距离越近，反光越强，阴影越淡，细节越多；距离越远，反光越弱，阴影越强，细节越少。

（3）数码相机参数调整见表 4-1-1。

表 4-1-1　数码相机参数表

参数	值
光圈	f/8
快门	1/60s
感光度	ISO100
焦距	135mm
曝光补偿	0.0
白平衡	自动白平衡
测光模式	评价测光

以上参数仅供参考，需结合实际环境进行不断调试优化。在拍摄时，拍摄者应对准摆放好的鞋子进行对焦，以确保鞋子得到清晰的展示。

（4）产品拍摄思路。

① 正面、侧面等多角度、全方位地展现很有必要。

② 装饰设计部分应进行特写。产品拍摄技法解析如图 4-1-3 所示。

翻毛材质的鞋子表面很容易沾染一些灰尘、颗粒或毛发，所以在拍摄前要先对鞋子表面进行清洁，清除表面的灰尘或杂物等

通过反光板来控制光比，获得介于高光和阴影之间的中间光，让鞋子的各细节得到充分的展示

阴影的展现非常重要，因为这款鞋子不能产生明显的高光，所以需依靠阴影来突出立体感。想获得明显的阴影，就需要灯光的光质偏硬一些，即不能使用尺寸过大的柔光箱

图 4-1-3　产品拍摄技法解析

（5）产品拍摄注意事项。

拍摄女士单鞋正面时，可以将鞋子平放、排列整齐或自然摆放，俯视拍摄鞋子，也可以结合一些近距离特写镜头对鞋子特点进行展现，如图 4-1-4 所示。

拍摄鞋子侧面时，应注意拍摄角度。不仅要展现靠近镜头的鞋子的外侧，而且也应充分展现另一只鞋子的内侧，当鞋子表面不止一种颜色时，在拍摄时更要注意这一点，如图 4-1-5 所示。

图 4-1-4　鞋子俯视拍摄　　　　　　　图 4-1-5　女士鞋侧面拍摄

拍摄鞋子设计细节时，可以尝试切换微距镜头，寻找明暗适当且具有明显线条的部分进行对焦，如图 4-1-6 所示。

图 4-1-6　女士鞋设计细节拍摄

拍摄模特试穿的上脚图时，建议不要采用过多的特写，而是尽量让鞋子得到比较完整的展现。除拍摄鞋子穿好的样子外，还可以拍摄一些模特穿着鞋子做出的动作，这样会使拍摄效果显得更加生动，如图 4-1-7 所示。

图 4-1-7　模特试穿效果

2．人物拍摄

（1）拍摄器材（人物）如图 4-1-8 所示。

（a）单反相机或微单相机　　（b）标准变焦镜头　　（c）中号柔光箱

图 4-1-8　拍摄器材（人物）

（2）人物拍摄布光示意图如图 4-1-9 所示。

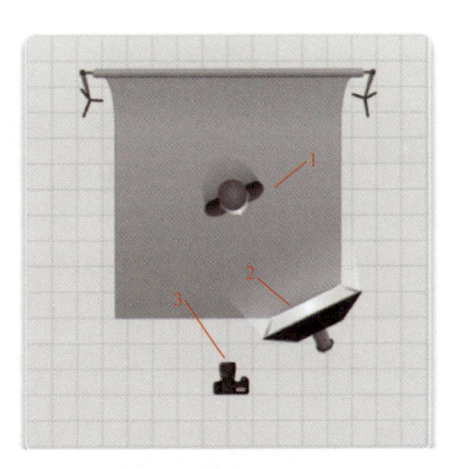

1—被摄主体——身穿亲子装的模特；2—主光——中号柔光箱；
3—相机的拍摄方向

图 4-1-9　人物拍摄布光示意图

在摄影棚中，使用中号柔光箱作为主光源。中号柔光箱可以提供比较充分的照明，平和的灯光能使整个画面显得柔和，因此这里并不需要使用反光板补光。在布置灯光时，要格外注意中号柔光箱与模特之间的距离，尽可能保持较近的距离，这样一方面可以提供充沛的光线，另一方面不会使光照过于强烈。

（3）人物拍摄思路。

① 为保证拍摄效果，建议拍摄者尽量选择在摄影棚中完成拍摄，如图 4-1-10 所示。

图 4-1-10　摄影棚拍摄

② 为了不让照片显得过于单调，在拍摄过程中可以使用一些道具，如图 4-1-11 所示。

图 4-1-11　道具辅助拍摄

（4）人物拍摄注意事项。

在拍摄过程中，为了展示亲子装的各个细节，拍摄者往往会要求模特改变姿势，这时拍摄角度也要随之改变。建议这个过程中，拍摄者不要使用三脚架，要多注意抓拍，这样往往能拍到一些意想不到的好照片，如图 4-1-12 所示。在拍摄过程中，拍摄者要注意抓拍精彩的瞬间，如模特突然的动作、笑容等。

拍摄者在拍摄时可以将相机的感光度设置得高一些，同时打开相机的连拍功能，以便机会来临时即时抓拍。

项目四／图片拍摄与处理

（a）模特常规姿势拍摄　　（b）模特抓拍

图 4-1-12　细节抓拍

3. 室外拍摄

（1）拍摄器材（室外）如图 4-1-13 所示。

（a）单反相机或微单相机　　（b）大光圈标准镜头

（c）闪光灯　　（d）白色或银色反光板

图 4-1-13　拍摄器材（室外）

（2）室外人物拍摄布光示意图如图 4-1-14 所示。

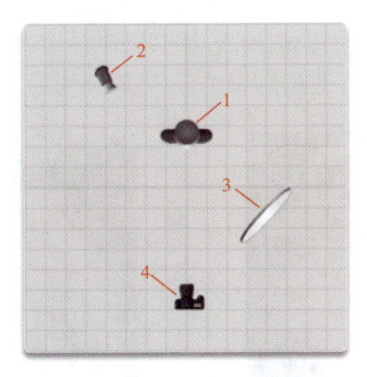

1—被摄主体——身穿毛衫的模特；2—主光——闪光灯；
3—辅光——反光板；4—相机的拍摄方向

图 4-1-14　室外人物拍摄布光示意图

77

其中，有一个没有在示意图中标注出的光源——外界环境中的自然光，这才是场景中真正的主光。闪光灯的作用是从模特后方照亮服装的边缘，起到勾勒轮廓的作用；反光板的作用主要是补充光线，让服装的细节浮现出来。

（3）室外拍摄思路。

① 拍摄女式毛衫时，除了突出毛衫本身的特点外，还要注意画面整体氛围的营造。

② 有时服装虽然好，但如果人物、配饰等做得不到位的话，也会直接影响拍摄的效果。室外拍摄思路如图 4-1-15 所示。

图 4-1-15　室外拍摄思路

（4）室外拍摄注意事项。

在预设相机的白平衡时，应该根据主光的特性做出调整，可以选择自动、室外、晴天模式，注意不能设置为室内模式。

在设置相机的曝光参数时，应先安排助手到合适的位置手持反光板，再将测光模式切换到中央重点测光或点测光，将测光区域对准服装进行测光，获得一个准确的曝光参数组合。然后切换到手动模式，按照之前测定的参数设置进行下一步的拍摄。

拍摄者应选取不同的方位进行拍摄，如侧面拍摄、背面拍摄等。在变换角度时，一方面要控制好景深，另一方面焦点的位置也可以直接对准服装。拍摄过程中，建议让模特来回转动，而不是让拍摄者自己调整位置。当模特侧身时，服装的纵深增大，因此拍摄者需要调节景深，缩小光圈扩大景深后再拍摄，收缩光圈后增加感光度能够补偿曝光，如图 4-1-16 和图 4-1-17 所示。

图 4-1-16　室外常规姿势拍摄　　　　图 4-1-17　室外侧面抓拍

采用大光圈镜头拍摄时，取景时建议留出一定的画面空间，没有必要让服装充满整个画面，如图 4-1-18 所示。

任务思考

本任务主要针对服装、鞋类目的产品拍摄进行讲解，但企业的产品类型各式各样，不同的产品需要应用不同的拍摄技巧，例如，反光类产品、玻璃制品等应该如何拍摄，这是需要同学们去仔细思考的问题。

图 4-1-18　室外细节拍摄

课堂练习

请自选一款产品，拍摄在室内、人物、室外三类场景的照片，要求与本任务描述相同，每类场景照片不少于 5 张。

任务 4.2　用 Photoshop 还原图像色彩

任务描述

抖音达人 @Re 拍摄了一条和自家小狗一起外出游玩的 Vlog，并准备了一张视频封面，如图 4-2-1 所示。负责上传视频的运营小万认为视频封面明度较暗，色调还有些"冷"，请你协助他使用 Photoshop 软件调整图像的整体色彩和局部细节，优化效果如图 4-2-2 所示。

图 4-2-1　视频封面原图　　　　图 4-2-2　视频封面优化图

任务实施

（1）使用 Photoshop 中的亮度 / 对比度、曲线、色相饱和度工具，调整图片明度。
（2）使用 Camera Raw 滤镜调整图片色调，使图片整体感觉更"暖"。
（3）用晴朗的天空素材局部替换灰暗的天空，使图片色彩更丰富。

1. 亮度/对比度、曲线、色相饱和度调整

（1）打开 Photoshop，新建文档，宽度设置为 1280 像素，高度设置为 1700 像素，分辨率设置为 72，点击"确定"。

（2）点击"文件"→"存储为"，选择一个除 C 盘外的位置，将源文件存储为"图片处理 .psd"。

（3）将封面原图拖入 Photoshop 中，按 Ctrl+J 组合键复制图层，如图 4-2-3 所示。

（4）调整亮度。点击"图像"→"调整"→"亮度/对比度"，在弹出的对话框中，将亮度值设为 20，如图 4-2-4 所示。

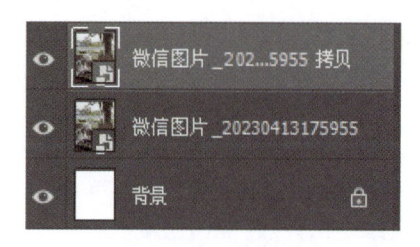

图 4-2-3　复制封面原图图层

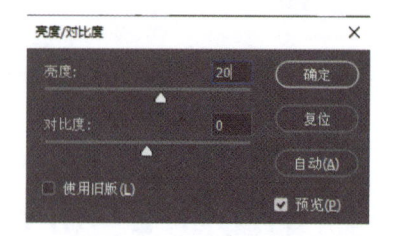

图 4-2-4　亮度参数设置

（5）调整对比度。点击"图像"→"调整"→"曲线"，在弹出的曲线对话框中的暗部建立一个点，将其向下调整一点，如图 4-2-5 所示。点击"图像"→"调整"→"亮度/对比度"，在弹出的对话框中，将对比度设置为 -15，如图 4-2-6 所示。

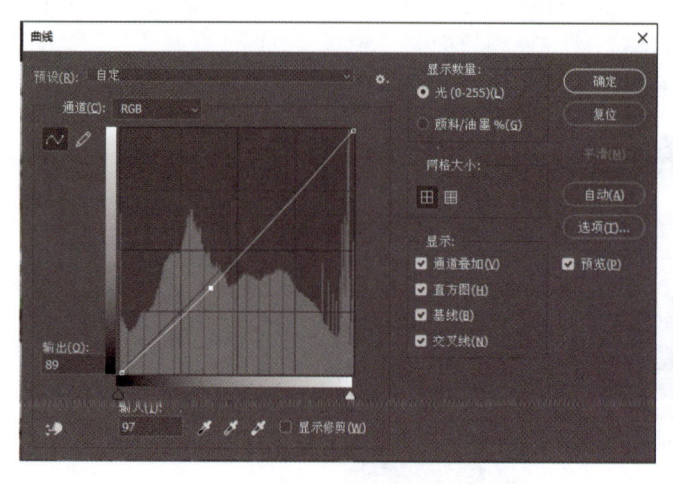

图 4-2-5　曲线调整

图 4-2-6　对比度参数设置

2. 色调调整

（1）整体色调调整。按 Ctrl+J 组合键，复制第二个图层，这样做的目的是为了方便后面进行修改，因为每增加一种效果便会覆盖原来的图层。打开 Camera Raw 滤镜，调节白平衡一栏的参数，将画面调整为暖色调，具体参数设置如图 4-2-7 所示。

（2）进一步加深颜色。按 Ctrl+J 组合键，复制第三个图层。再打开 Camera Raw 滤镜，

调节色温和白平衡的参数，具体参数设置如图 4-2-8 所示。

（3）再次调整对比度。按 Ctrl+J 组合键，复制第四个图层。点击"图像"→"调整"→"亮度/对比度"，在弹出的对话框中，将对比度参数设置为 12，如图 4-2-9 所示。

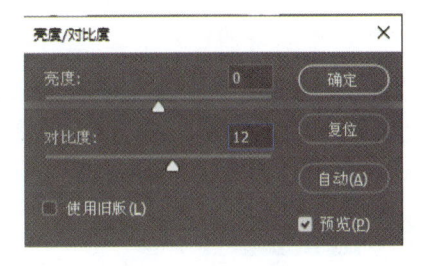

图 4-2-7　白平衡参数设置　　　图 4-2-8　色温和白平衡参数设置　　　图 4-2-9　对比度参数设置

3. 局部调整天空色彩

（1）打开一张晴朗天空的素材，如图 4-2-10 所示。

图 4-2-10　晴朗天空的素材

（2）选择天空。使用快速选择工具将天空部分选择出来，按 Ctrl+J 组合键，复制到新图层。点击"图像"→"调整"→"亮度/对比度"，在弹出的对话框中，将亮度设置为 12，对比度设置为 20，如图 4-2-11 所示。

（3）替换天空。将天空素材拖入到"图像处理.psd"中，用橡皮工具擦去多余的部分，在界面右侧图层面板中，更改图层模式为变暗，填充为 63%，如图 4-2-12 所示。

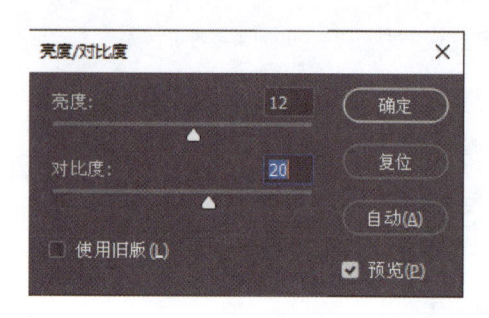

图 4-2-11　天空素材的亮度/对比度参数设置 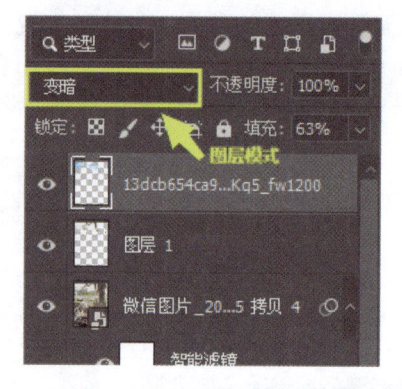　　　图 4-2-12　替换天空时的图层模式设置

通过以上调整，运营小万认为达到了想要的效果，调整前后的图片见图 4-2-1 和图 4-2-2。

任务思考

色调调整常常不能一步到位，需要反复调整才能达到想要的效果。图片色调的调整方法有很多，本任务所讲的方法只是其中一种，比如调整图片的亮度，既可以使用亮度/对比度命令，也可以使用曲线工具或者色阶工具。同样，将图片的色调修改为偏暖色调，也不止 Camera Raw 滤镜这一种方法，请同学们思考还有什么方法。

课堂练习

请应用所学知识，对图 4-2-13 进行处理优化。要求：
（1）亮度和对比度：调整亮度和对比度，确保图像明亮、清晰。
（2）色彩校正：校正色彩以提高图像的真实性和吸引力。
（3）最终输出：以所需格式和质量导出图像。
（4）比较和评估：比较原始图像和优化后的图像，说明优化的步骤，评估效果。

图 4-2-13　图片优化练习素材

任务4.3 设计一款大促活动主题字体

任务描述

抖音自媒体达人@小班接到创作任务,为某品牌店铺6周年庆直播大促活动设计符合品牌风格的主题创意字,以提高品牌识别度和用户参与度。任务要求如下:

(1)确定主题和风格,选择适合的字体类型,进行基础排版。根据字距、行距、对齐等排版原理,确保字体排版规范整齐。

(2)根据字体设计主题和配色方案,收集、制作符合直播主题的图形元素,如背景图案、边框、点缀元素等,保证与其他设计元素协调一致,形成统一的视觉效果。

(3)根据字体设计主题和效果要求,添加文字效果,如投影、描边、阴影等,增强文字的视觉效果。

任务实施

本任务的目标是设计符合品牌风格的字体,提高直播活动的品牌识别度和用户参与度。任务范围包含基础排版、图形绘制、文字效果添加、创意字体设计等,需要提供多个版本的字体设计。任务要求设计师掌握排版原理、相关工具的使用,制作符合直播主题的图形元素、增强文字的视觉效果,与其他设计元素协调一致,形成统一的视觉效果。可细分为三个步骤:确定字体类型、设计素材收集、创意字设计。

1. 确定字体类型

在大促活动中,中文字体的选择和运用可以对品牌形象和活动效果产生重要影响。几种常见的大促活动字体类型及其特点见表4-3-1。

表4-3-1 常见大促活动字体类型及其特点

字体类型	特点
楷体	优美、端庄、规整的中文书法字体,适用于传递正式、稳重、高端的品牌形象,具有很高的可读性和可识别性
黑体	粗壮、刚毅、有力的字体,适用于强调品牌信息、突出活动口号、强化宣传效果等场合,具有强烈的视觉冲击力和较高的视觉吸引力
行楷	楷书与行书结合的字体,字形间距较大,具有较好的阅读性和视觉效果。适用于塑造具有亲和力、人情味的品牌形象和轻松愉悦的活动氛围
仿宋体	仿古风格的字体,字形较为古朴、笔画温润、通俗易懂,适用于传递历史、文化、传统等品牌元素和活动主题

由于本次活动的主要目的是提高直播活动的品牌识别度和用户参与度,突出周年庆活

动，最终确定主字体类型为黑体。

　　黑体的字体类型各式各样，需要进一步确定一种较为合适的。除需要考虑不同黑体字体类型的差异外，在使用时还需要注意版权问题，确保使用的字体为商用授权版本。

　　考虑到版权问题及本次主题的设计风格，最终确定选用的字体类型为"优设标题黑"（也可根据实际情况自行挑选字体），字体样式如图 4-3-1 所示。

图 4-3-1　优设标题黑

2. 设计素材收集

　　（1）登录花瓣网，搜索关键词"大促素材"，切换至画板界面，可以看到许多设计师所提供的素材，如图 4-3-2 所示。

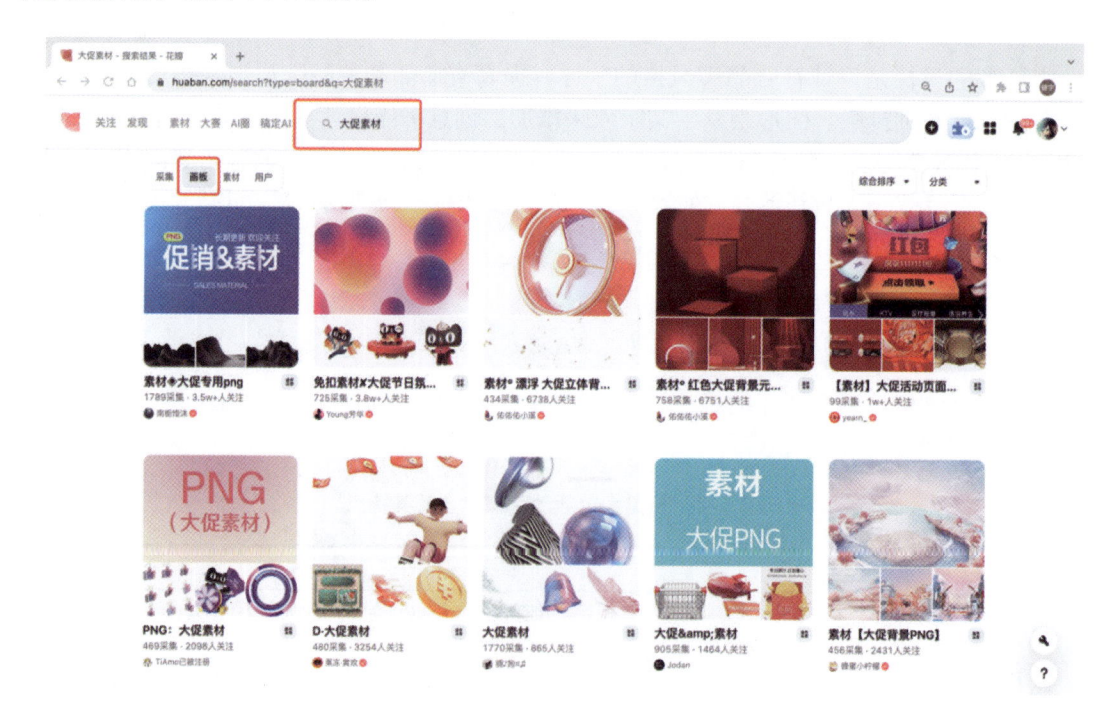

图 4-3-2　花瓣网"大促素材"展示界面

　　（2）素材采集，建立素材库。点击进入某个画板，可以看到各式各样的大促素材，如红包、优惠券、金币等，当鼠标悬停在某个图片素材上时，点击"采集"，即可将该素材收集到自己的画板，如图 4-3-3 所示。反复采集后，就可以在花瓣网形成自己的素材库，方便后续字体及海报设计时调用。

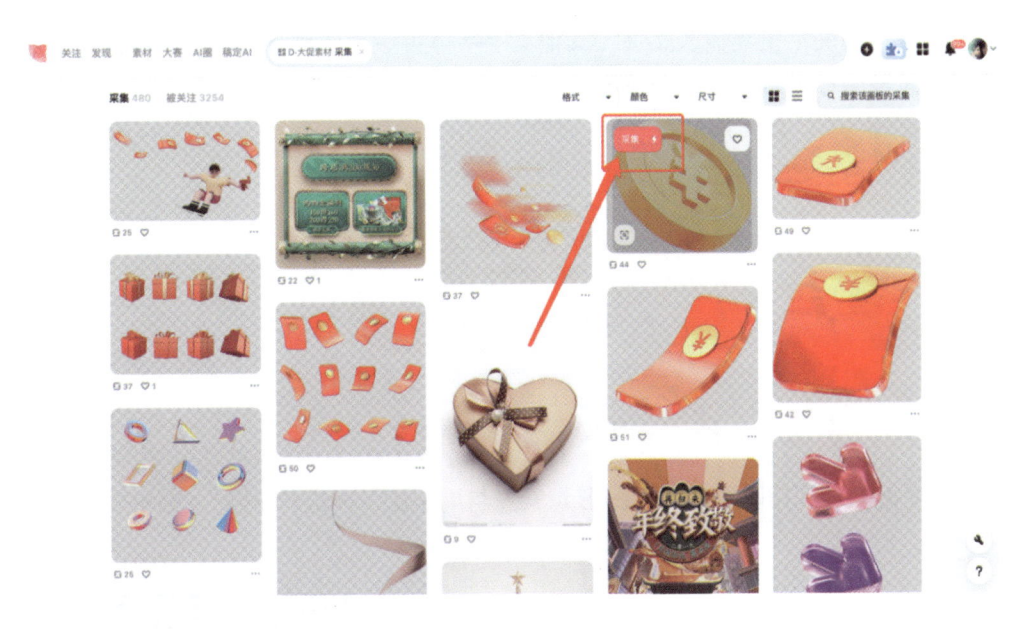

图 4-3-3　素材采集

3. 创意字设计

（1）字体安装，建立常用字体库。将选定的字体文件下载后，根据提示完成安装，就可以在 Photoshop、Office 等软件使用了。

（2）打开 Photoshop 软件，新建画布 1200×1200 像素，分辨率默认为 72dpi，颜色模式选择 RGB。注意：如制作的字体后续需要印刷，分辨率应设置为 300dpi，颜色模式选择 CMYK。

（3）点击文字工具，选择"优设标题黑"字体，字号设置为 164 点，在画布中逐字输入"周、年、庆"三个字（一个字一个图层），并排列整齐。文本输入设置如图 4-3-4 所示。

图 4-3-4　文本输入设置

（4）继续使用文字工具输入文字（其他文字字体可参考样例自行选择）并排版，考虑是店庆活动，文字颜色定为红色，参考色值：#ff4c4c，如图 4-3-5 所示。

图 4-3-5　文字颜色调整

（5）图文融合。利用图层蒙版将图形元素 6 与周年庆字样进行融合，操作方法如图 4-3-6 所示。

图 4-3-6　图文融合

（6）图文重组排版。可添加参考线进行对齐，将文字进行重组排版，如图 4-3-7 所示。

图 4-3-7　排版优化

（7）文字转图形。将"周、年、庆"三个图层选中，点击右键，选择将"文字转化为形状"。

（8）文字基础变形。使用直接选择工具，对文字形状进行调整。首先将"周"字边角（第一笔）延长，使"周年庆"与英文字连接呼应，字体变形如图 4-3-8 所示。继续做基础变形，达到如图 4-3-9 所示的最终效果。

图 4-3-8　字体变形

图 4-3-9　最终效果

（9）字体特效：

① 添加投影。选中全部图层，打开"图层样式"，在面板中设置投影参数。

混合模式：正片叠底；色值：#9d0000；角度 120°；距离：9；扩展：13；大小：7。

点击"确定"。

投影参数设置及效果如图 4-3-10 所示。

② 鼠标右键点击"6"图层，载入选区，点击菜单"选择"→"修改"→"收缩"，设置收缩值为 5，点击"确定"。

③ 新建一个图层，鼠标右击选区，进行描边，描边宽度设置为 5，颜色为白色，位置为居中，其他默认不变，点击"确定"。效果如图 4-3-11 所示。注意：描边后，之前挖空的部分同样要进行隐藏。

图 4-3-10　投影参数设置及效果

图 4-3-11　字体描边

（10）保存导出。将文件保存为 PSD 文档，后续如有修改需求，可打开工程文件继续操作。添加背景色后，导出 PNG 格式文件，即可交付给品牌商家，如图 4-3-12 所示。

图 4-3-12　文件导出

任务思考

本任务主要是针对大促字体设计进行讲解的。作为运营达人，经常会遇到各式各样的活动，针对不同的活动主题，字体设计类型也相应有所不同。乡村主题、美妆护肤主题、节日主题等应该如何选择合适的字体进行设计，这是需要同学们去仔细思考的问题。

课堂练习

请同学们尝试自拟主题（如端午、中秋、乡村振兴等），搜集主题相关的字体、图案素材，完成一款主题字体设计，以用于后续的学习素材。

任务 4.4 设计一款直播大促预热海报

任务描述

抖音自媒体达人 @ 小班已经完成了大促字体设计，现需要进一步设计店铺 6 周年庆直播大促活动海报。海报设计需考虑主题、文案、画面构图、字体及配色等综合性问题。请结合前文所述知识及素材积累，制作出符合周年庆直播大促主题视觉效果的海报，用于直播预热，以提高直播活动的吸引力和用户参与度。

任务实施

该设计任务可以分为以下步骤：

（1）确定海报主题和风格，选择适合的字体类型，搜集海报背景、促销元素、产品/模特图片等素材。

（2）编写海报主题相关文案，如活动主题、营销信息等，用于海报设计。

（3）结合构图及设计原则，在图片处理软件中对搜集的素材及整理的文案进行设计，完成海报制作。

1. 确定海报风格及素材搜集

（1）确定字体类型和大促素材搜集（参考任务 4.3，在此不赘述）。

（2）确定产品：根据直播活动中主推的几款产品进行整理，如图 4-4-1 所示，提前通过 PS 软件对产品图进行优化（参考任务二中"图片处理优化的技巧"），并保存为 png 模式，方便后续海报设计。

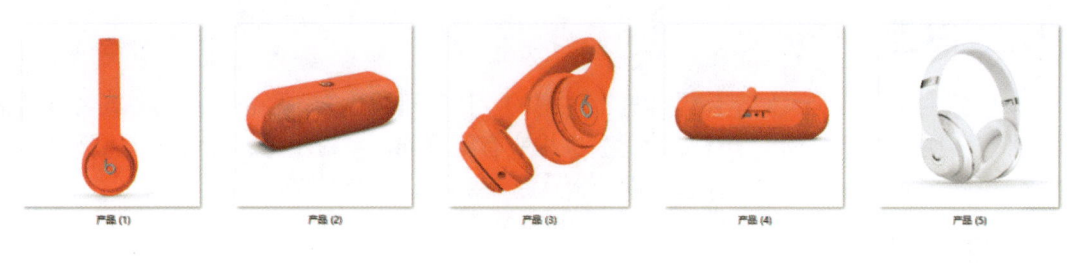

图 4-4-1　素材收集

（3）直播元素搜集：为了凸显直播主题，除了促销元素外还需要搜集一些直播、短视频相关元素，如图 4-4-2 所示。这些素材同样可通过花瓣网进行收集（使用人物模特素材时，需考虑肖像权问题）。

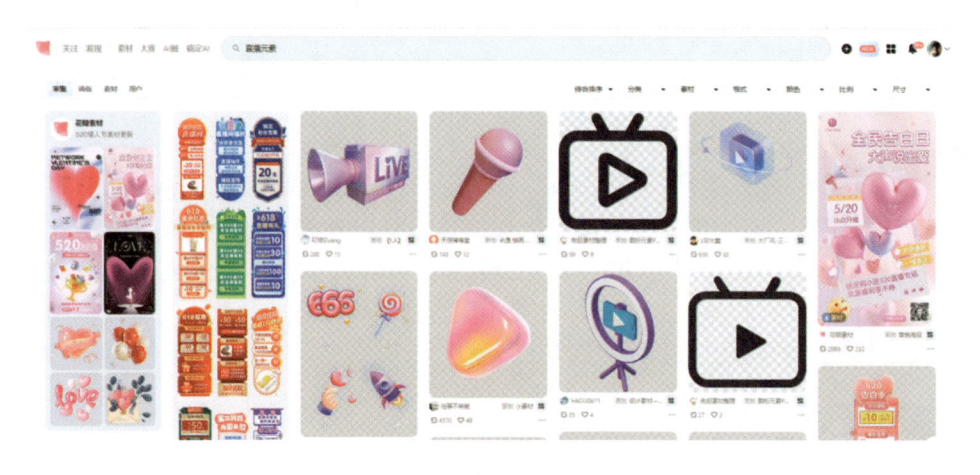

图 4-4-2　直播元素搜集

2．海报文案编写

直播海报的内容除了包含图片、相关商品信息外，还可以添加一些互动环节说明。在梳理编写阶段，文案内容可以全面、丰富一些，如主题、时间、直播平台、促销信息、直播内容等均需明确，如表 4-4-1 所示，但在海报中需对文案内容进行精简，以便阅读。

表 4-4-1　直播文案策划

主题	6 周年店庆直播盛典，狂欢不止，数码电子产品促销大放送！
时间	2024 年 05 月 20 日 18 时 00 分
直播平台	抖音直播平台（链接地址/关注二维码）
促销信息	精选数码电子产品，包括耳机、音箱等，低至 5 折；购买任意商品即可参与抽奖活动，奖品包括但不限于：AirPods Pro、小米 AI 音箱等数码电子产品，更有机会获得神秘大奖！（抽奖活动仅限于直播当天购买商品的用户）
直播内容	专业主持人带领大家了解数码电子产品的选购技巧、分享音乐资讯、与大家互动等；还有有趣的互动环节，让你在购物的同时，享受更多的乐趣和收获

3. 海报设计

（1）新建海报文档：打开 PS 软件，考虑到海报主要用于手机上传播推广，新建画布 1242×2208 像素，分辨率默认为 72dpi，颜色模式选择 RGB，其他设置项保持默认不变。大家可根据实际应用场景进行海报文档的参数设置，设置完成后点击"确定"，完成创建。

（2）将收集的背景素材拖曳到新建的文档内，通过编辑器调整背景图片大小，使其覆盖整个界面，调整完按回车键进行确认（或点击工具栏中的"对钩"确认），置入背景图片。素材置入如图 4-4-3 所示。

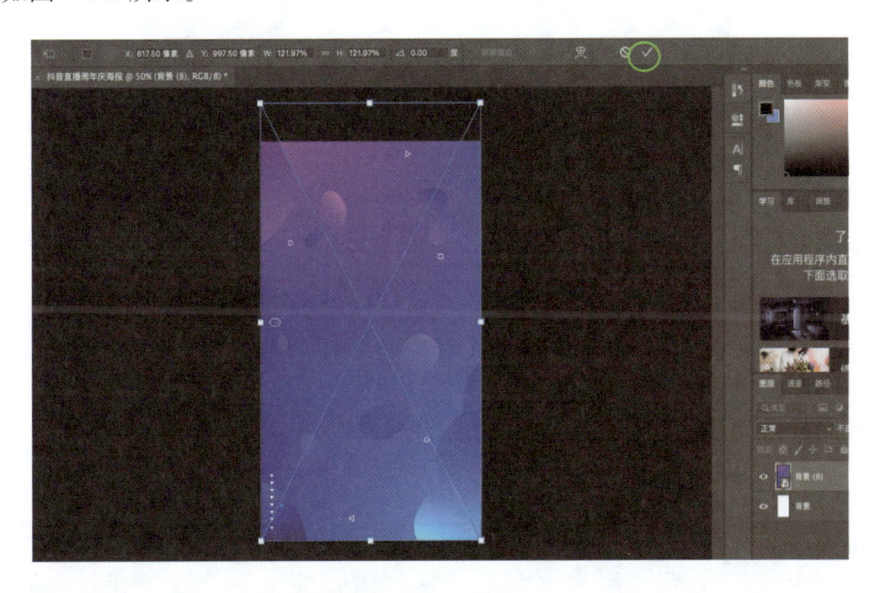

图 4-4-3　素材置入

（3）主标题置入：上一任务主标题字体为红色，而本任务抖音直播主题色选了蓝色，故主标题使用红色不合适，需要在原字体设计文档中将主标题修改为白色，并导出 png 格式。将更新后的主标题拖曳置入文档，调整大小并放置于合适的位置，设置完成后按回车键确认，如图 4-4-4 所示。

（4）装饰元素添加（增加主题氛围感）：将提前收集好的修饰素材用同样的方式置入文档中，并调整大小位置。新增的两个修饰素材的大小及位置如图 4-4-5 所示。

图 4-4-4　主标题置入　　　　　　　　图 4-4-5　装饰元素添加

（5）产品添加：考虑本次直播活动的推广产品主要为 3C 数码产品，应适当地添加一些产品元素以贴近主题。根据画面需要选择合适的产品，将提前准备好的产品素材置入文档，并调整位置及大小，如图 4-4-6 所示。

图 4-4-6　产品添加

（6）产品摆放效果优化：由于耳机为红色，在此主题中过于显眼，影响主题表现效果，因此需要对产品图片进行调整。耳机图片遮挡主标题的画面过多，需要在图层管理面板中将产品图层的位置调整至主标题图层的下方，并将图层样式效果调整为"明度"，如图 4-4-7 所示。

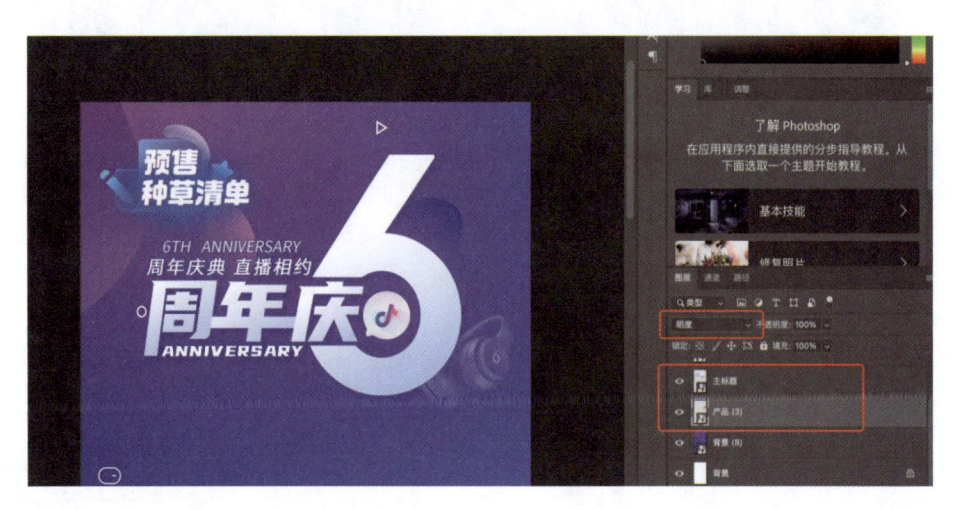

图 4-4-7　图层样式修改

（7）文本框添加：画面主题基本确定后，接下来需要添加具体活动介绍。适当地添加文本框可以更好地修饰活动文案，让用户更有耐心去阅读信息。将提前收集好的边框根据前文所述的方式置入文档，并将边框图层的图层样式修改为颜色减淡，让其与背景实现更好地融合，如图 4-4-8 所示。

项目四／图片拍摄与处理

图 4-4-8　文本框添加

（8）文字输入：选择横排文字工具，字体选择思源黑体，字号大小为 48，颜色为白色，文字对齐方式选择居中对齐，然后在文本框内中间位置点击输入主文案（文案可自行缩减优化），输入完成后切换移动工具，将主文案调整至文本框上方，如图 4-4-9 所示。

图 4-4-9　主文案输入

继续切换回横排文字工具，进行段落文本框设置。使用文字工具画出文本框，字号为 24，颜色选择白色，文字对齐方式选择左对齐，将活动文案粘贴复制至段落文本框，如图 4-4-10 所示。

93

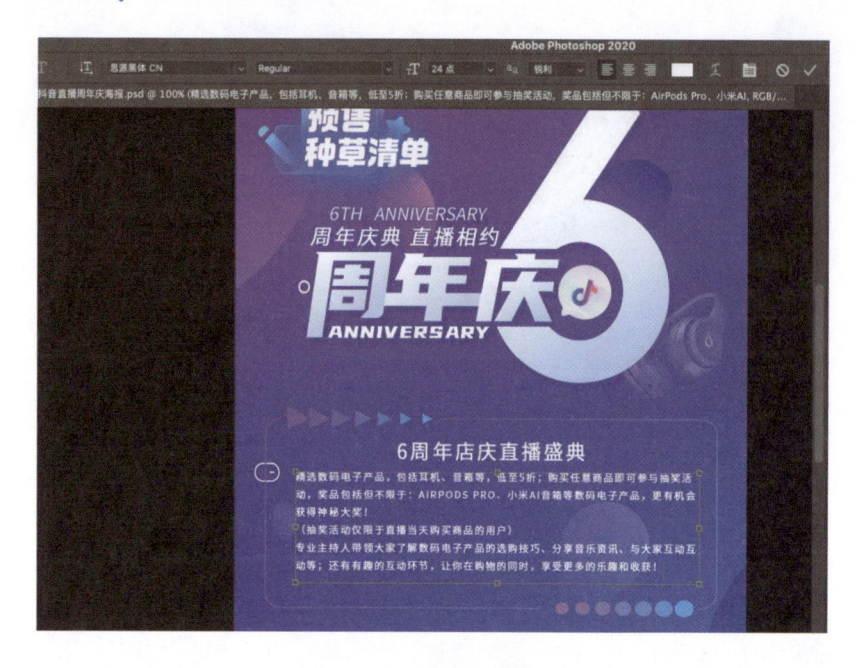

图 4-4-10　活动文案输入

（9）文字背景添加：画面背景已有的装饰元素有可能影响文案信息阅读，故应该给文案添加背景，让文案信息更加清晰显眼。选中圆角矩形形状工具，填充颜色设置为黑色，取消描边，半径设置为 10 像素，对文案位置进行绘画（注意圆角矩形图层需在文案图层下方）。绘制完成后将圆角矩形图层透明度调整为 30%，如图 4-4-11 所示。

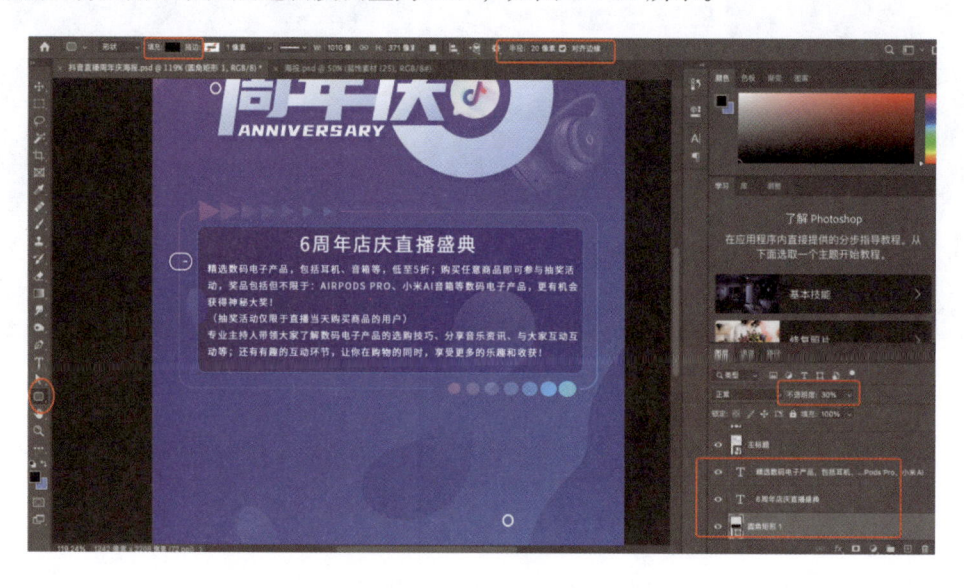

图 4-4-11　文字背景添加

（10）文字排版与对齐：为了让文字排版看起来更规整统一，使用移动工具，将主文案标题、活动文案及圆角矩形图层通过长按 Shift 键进行加选，将三个图层选中，使用居中对齐的方式将其对齐，如图 4-4-12 所示。

项目四／图片拍摄与处理

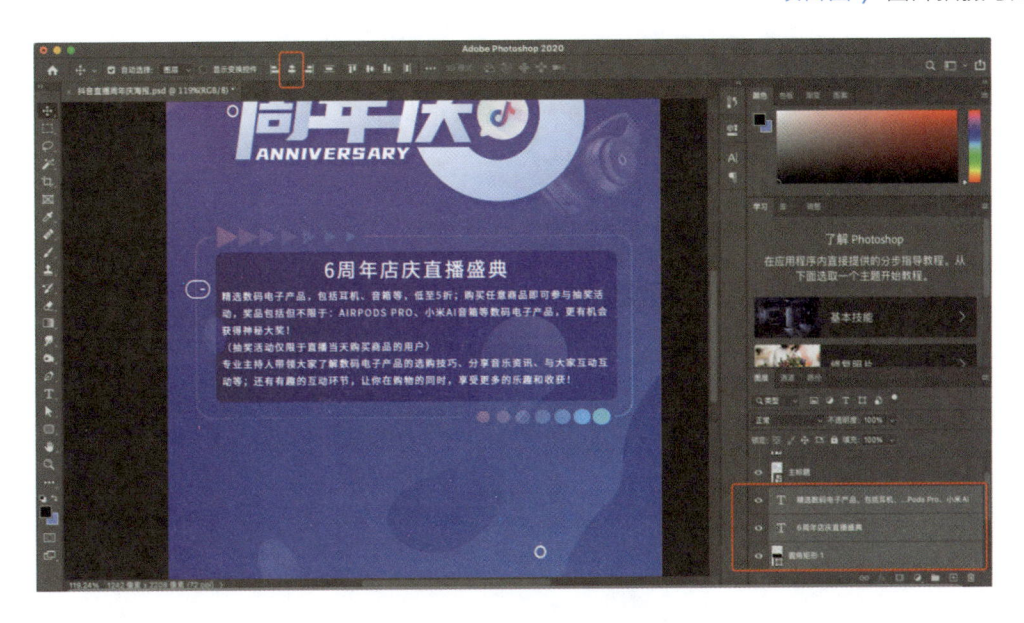

图 4-4-12　文字排版与对齐

（11）直播元素添加：直播海报设计中，可以适当添加模特、卡通人物图像增加画面效果。同时考虑本直播海报的画面排版构图问题，下方过于空旷，需要增补内容，故考虑添加卡通人物图像及二维码至画面中。

① 卡通人物图像添加：使用前面所学方式，将提前准备好的素材置入文档，并调整大小及位置。需注意图层的顺序，将卡通人物置于文案图层上方，如图 4-4-13 所示。

图 4-4-13　卡通人物添加

② 二维码添加：使用前面所学方式，将提前准备好的二维码边框及二维码置入文档，并调整大小及位置。同时使用文字工具输入引导关注信息，大体效果如图 4-4-14 所示。

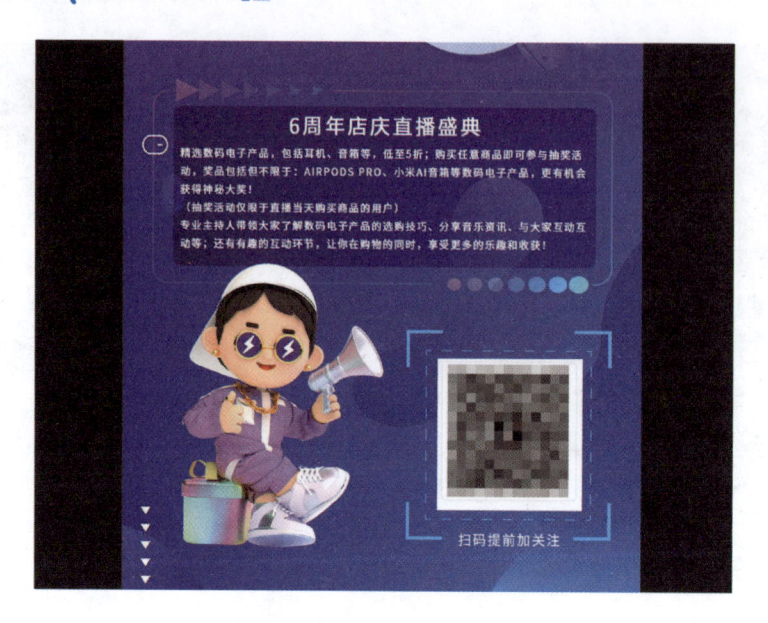

图 4-4-14　二维码添加

（12）细节优化与处理：在完成海报主要信息的排版设置后，可以针对画面的不足之处进行优化和完善。

① 主标题优化：主标题只有白色，文字颜色过于单调，可以使用点缀元素进行组合设计。将闪电元素置入文档，调整其大小及位置，与主标题中的数字"6"进行组合，如图 4-4-15 所示。

图 4-4-15　主标题优化

组合后的图形中，"6"多出来的白色部分使得画面不和谐，可以选择主标题图层进行图层蒙版创建，在图层蒙版中使用选区工具选择多余的白色部分，填充黑色进行掩藏，如图 4-4-16 所示。

项目四／图片拍摄与处理

图 4-4-16　蒙版创建设置

② 投影添加：主标题下方排版过空，画面显得中心不稳，可以增加投影补充画面，让主标题显得更立体。在主标题图层下方创建一个新的透明图层，使用椭圆选区工具进行阴影绘制，前景色色值调整为 #080471，按住 Alt+Delete 键进行前景色填充，如图 4-4-17 所示。

图 4-4-17　投影添加

为了让阴影显得更加自然，在滤镜中选择高斯模糊，设置模糊度为 40，点击确定完成设置，如图 4-4-18 所示。

图 4-4-18 高斯模糊

继续在滤镜中找到动感模糊,角度设置为 -40 度,距离为 31 像素,完成设置后点击确定,并将图层样式改为线性光,可使阴影显得更加模糊自然,效果如图 4-4-19 所示。

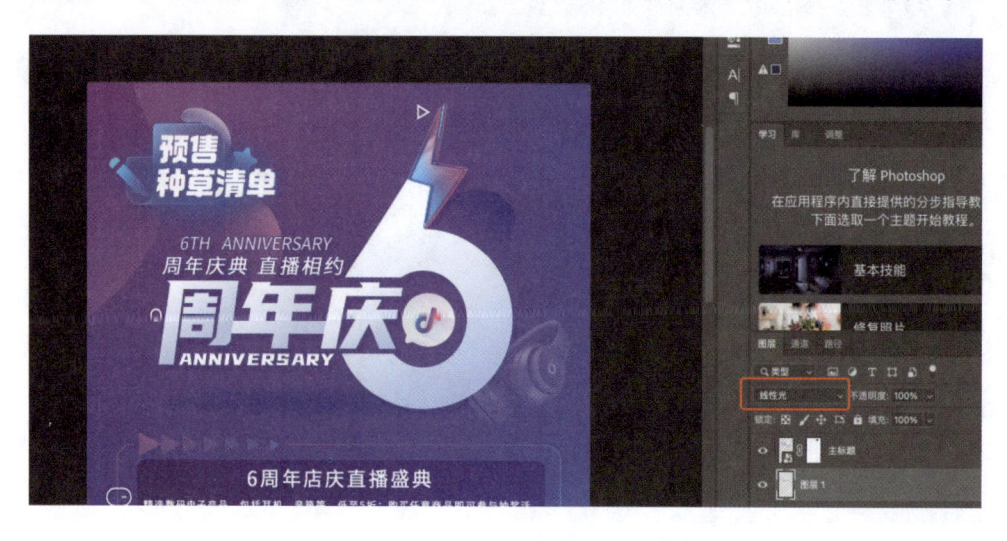

图 4-4-19 动感模糊

③ 背景细节处理:可以通过添加聚焦光,让视觉中心更加明确。在背景图层上方创建一个新的图层,选择渐变工具,渐变颜色设置为从白至黑渐变,渐变方式为径向渐变。针对整个画面由内向外进行绘制,如图 4-4-20 所示。

图 4-4-20　径向渐变

渐变光图层的样式修改为"叠加"，前后效果对比如图 4-4-21 所示。可以看到，对比之前，画面更加聚焦主题（具体光的位置及效果强弱，可通过调整不透明度进行弱化）。

剩余细节可以根据实际情况进行调整优化。设计海报时，须注意各部分之间的排版对齐关系。完成设置后保存好 PSD 文档及导出图片，方便用于后续推广引流转化。

图 4-4-21　效果对比

任务思考

本任务主要针对大促海报制作进行讲解。但作为运营达人，经常会遇到各式各样的活动，不同的活动主题海报类型也相应有所不同。本次活动主要针对抖音主题，所以选用蓝紫色作为主色，促销海报中也常组合使用红、橙、黄之类的颜色。针对这类配色主题，应该如何选择合适的装饰元素进行排版设计，需要同学们仔细思考。

课堂练习

请同学们尝试自拟主题（如端午、中秋、乡村振兴等），根据主题搜集相关图案素材和背景素材，结合产品完成一款主题海报设计。

项目小结

在内容创作中，图片拍摄、图片处理、字体设计、海报主题文案等方面都是至关重要的。在海报设计中，主题的选择和文案的撰写都需要考虑目标受众的定位和想要传达的信息。同时，在图片处理和字体设计方面也需要注重细节，如色彩还原、字体大小和间距等。这些细节如果处理得当，可以提高内容的可读性和吸引力。总而言之，在内容创作中，精心设计和制作是至关重要的，它们能够有效提升内容的质量和价值，为用户带来更好的阅读体验和视觉享受。

项目五

视频拍摄与剪辑

学习目标

- 能根据视听语言知识,在各景别使用不同的运镜技巧,从不同角度拍摄视频素材。
- 能根据角色特点,进行视频配音,并进行简单的声音优化。
- 能根据视频需要,采集和构建音频素材库,为视频作品配乐。
- 能完成视频转场、特效、片头片尾、字幕等后期包装工作,产出视频成品。

思政导入

任务 5.1 拍摄一组情绪短片视频素材

任务描述

抖音达人 @ 王松傲寒发布了数百条旅拍及拍摄剪辑教学短视频,受到了视频创作者们的喜爱。近日收到粉丝反馈,希望他可以示范拍摄一条,教人们如何用手机快速拍摄反映人物情绪的氛围感短视频,请一起完成下面的任务。

(1)从不同角度拍摄模特,展现模特的形象。

(2)拍摄模特特写镜头体现人物情绪,拍摄中、近景镜头,展现模特动作;拍摄远、全景镜头,体现模特与环境的关系。

(3)拍摄过程中使用运镜技巧,加入运动镜头展现模特与环境关系、拓展展示空间、突出表达主体,并增强视频画面感染力、提升节奏感。

任务实施

在视频拍摄前,一般要先了解视频拍摄的需求和注意事项,确认拍摄工作符合要求。之后根据需求,撰写分镜头脚本并做好拍摄前的准备,按流程拍摄视频素材。完成素材拍摄后,要及时对视频素材进行整理储存,以便后期处理。本任务可以分为 4 个步骤:拍摄准备、撰写分镜头脚本、视频拍摄和素材整理。

1. 拍摄准备

(1)场景准备。根据本次任务要求,需选择一个较为开阔的餐厅以便摄影师运镜。在道具方面,需要一杯饮品用于模特手持拍摄。具体场景可参考后文的图片。

(2)人员准备。模特需提前准备与餐厅氛围相匹配的服装。根据实践经验,建议准备浅色或纯色服装,以便于搭配餐厅等室内场景。摄影师需与模特沟通拍摄内容,并在正式拍摄前进行彩排,确定机位及模特走位动线。

(3)设备准备。检查拍摄手机,调整基本参数,将视频分辨率设置为 1920×1080,拍摄 16:9 的横屏视频素材。如具备条件也可使用数码相机,拍摄效果更佳。

2. 撰写分镜头脚本

在示范视频(见本任务的配套素材)中挑选具有代表性的 8 个镜头进行拍摄。首先撰写分镜头脚本,见表 5-1-1。

表 5-1-1　分镜头脚本

镜号	景别	镜头运动	拍摄角度	画面内容	时长
1	特写	摇移镜头，低角度拍摄跟随模特移动拍摄	平视	模特走路脚步画面，展现模特步态形象	2秒
2	近景	拉镜头，模特迎面走来，面对模特后拉拍	平视	模特向前走向餐厅正门，展现模特整体形象	2秒
3	中景	摇镜头，镜头从左至右摇镜头拍摄	平视	玻璃门上倒映出模特的身影，模特走进餐厅	2秒
4	中景	固定镜头	平视	模特走向吧台	2秒
5	近景	推镜头，镜头沿吧台向前推	俯视转平视	模特趴在吧台上等待取饮品，展现其发型特征	1秒
6	全景	固定镜头	俯视	模特走上楼梯，从上至下拍摄模特整体穿着	2秒
7	特写	固定镜头	俯视	模特喝饮品画面，表达人物惬意、放松的情绪	2秒
8	远景	固定镜头	仰视	模特品尝饮品远景画面，交代餐厅环境	2秒

3. 视频拍摄

摄影师需按照分镜头脚本逐一对每条素材进行拍摄。为确保素材的可用性，增加后期的创作空间，如模特表现力不佳时应重复拍摄，直至达到理想效果。下面给出每个镜头的拍摄要点，每个镜头的左侧图片展示摄影师操作画面（拍摄画面），右侧图片展示作品画面（视频画面）。

（1）镜头 1。

镜头 1 为低角度平视镜头，拍摄模特脚步运动的特写画面，展现模特优雅的步态形象。需从侧面使用摇移镜头，跟随模特运动方向进行拍摄。为确保镜头稳定，建议摄影师降低重心下蹲拍摄，如图 5-1-1 所示。拍摄运动特写镜头时，需提前与模特进行动线预演，以免模特出画。

图 5-1-1　低角度平视拍摄运动特写镜头

（2）镜头 2。

拍摄模特的平视近景镜头，模特面向镜头走来，进入餐厅，拍摄模特侧脸，展现其甜美的外貌特征。拍摄时，近景对准模特胸部以上部位，镜头后拉，以制造跟随感，并为模特创造更多的运动空间，如图 5-1-2 所示。

图 5-1-2　平视拉镜头拍摄

（3）镜头 3。

使用平视摇镜头，拍摄模特进入餐厅的中景画面。中景镜头一般拍摄模特膝盖以上部位，展现环境与人物的关系。镜头从门外由左至右摇动，由店外转至店内，交代店外与店内温馨舒适的场景环境，同时为店外至店内转场进行衔接。拍摄时，摄影师需提前给模特前进指令，待模特走进店内时同步摇动镜头拍摄模特，如图 5-1-3 所示。

图 5-1-3　平视摇镜头拍摄

（4）镜头 4。

使用平视固定镜头从侧面拍摄模特走向吧台的画面，交代模特在环境中的行进路线，展示吧台环境的精致布置，如图 5-1-4 所示。

图 5-1-4　平视固定镜头拍摄

（5）镜头 5。

使用运动镜头，拍摄模特在吧台等待饮品的画面。模特位置保持不变，镜头先俯视拍摄吧台上的菜单，沿着吧台向前推进过程中由俯视转为平视。通过推镜头平视拍摄，从侧后方突出展现模特的发型特征。由于使用固定镜头拍摄静态主体容易导致影片节奏拖沓，所以拍摄模特静态动作时，通常使用运动镜头制造动态效果，提升影片节奏感，如图5-1-5所示。

图 5-1-5　平视固定镜头拍摄

（6）镜头6。

使用全景俯视拍摄模特上楼梯画面，由上至下俯拍展现模特整体穿搭，体现模特淑女气质及场景环境。调度模特沿楼梯向上走，从上至下俯拍模特全身画面，如图5-1-6所示。

图 5-1-6　俯视拍摄全景镜头

（7）镜头7。

拍摄模特饮用饮品的特写画面，通过拍摄模特精致的面部妆容，展示其惬意、愉悦的情绪状态。拍摄时，调度模特将饮品放置在嘴边，做好摆拍准备，俯视拍摄完成，如图5-1-7所示。

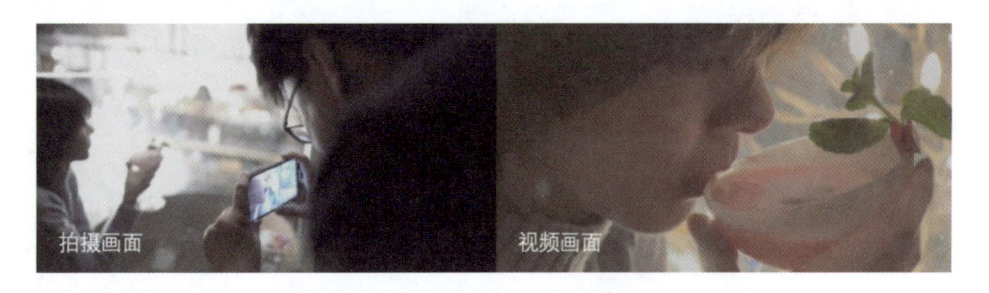

图 5-1-7　俯视拍摄特写镜头

（8）镜头 8。

仰拍模特饮用饮品的远景镜头。使用固定镜头仰拍广角画面，展现模特与场景之间的关系，营造视频画面整体舒适放松的氛围，如图 5-1-8 所示。

图 5-1-8 仰视拍摄远景镜头

以上 8 个镜头是从示范短视频中选取的具有代表性的镜头。使用不同运镜技巧进行不同景别、角度的拍摄，展现模特乖甜淑女的形象，展示餐厅优雅精致的环境，交代人物与环境的关系，对事件进行了完整展示，同时表达了惬意、愉悦的人物情绪，营造了舒适放松的整体氛围。

此种拍摄方法常用于记录事件、展示场景、表达情绪、营造氛围等，素材适合用于剪辑制作生活记录类短视频、旅拍短视频、店铺展示类短视频及 MV 短视频等。

4．素材整理

在完成拍摄后，需及时将素材复制到电脑中，建议保存在以"拍摄日期→手机拍摄的视频素材"命名的文件夹中，慎重去掉废弃的素材，将可用素材用镜头号重命名，以便移交给后期人员剪辑。

任务思考

除拍摄技术外，摄影师对镜头语言的理解尤为重要。不同主题的视频要表达的侧重点不同，在视频拍摄过程中，要根据拍摄方案，调度场景、道具、演员等资源，选择最适合表达主题创意的拍摄方法。

本次任务使用手机拍摄，创作者也可以尝试使用专业数码相机拍摄，对比两者的效果。

课堂练习

请同学们根据本任务所学知识，拍摄一组记录日常生活的镜头，要求：
（1）策划完整分镜头脚本。
（2）使用不同景别和角度拍摄。
（3）拍摄过程中需使用运镜技巧。
（4）拍摄完成后对素材进行存储归档。

任务 5.2　使用剪映专业版为视频素材配音

任务描述

抖音达人 @ 王松傲寒作为视频创作知识分享达人已在其抖音账号中更新数百条知识分享类作品，他计划对一条剪辑完成的工作室聚会花絮视频进行配音，制作一条团建视频拍摄教程，请与他一起完成以下任务。

（1）使用剪映专业版导入视频片段，根据配音稿为该条知识分享视频进行配音。
（2）优化配音效果，统一音量大小，并进行人声增强。

任务实施

为视频进行配音工作，首先需要确认配音稿件内容，然后根据视频风格提前确定配音的语速及配音风格。之后使用剪辑软件进行声音的录制，再对录制的配音进行调整处理使之与视频相匹配。最后对音频进行统一的优化处理，使其与视频的匹配达到最佳效果。该任务可以分解为 4 个步骤：稿件的熟悉与风格确认，使用剪映专业版进行配音，调整配音，音频效果优化。

1. 稿件的熟悉与风格确认

根据视频策划方案确定配音稿（见本任务的配套素材），提前规划配音语速及节奏，进行配音练习，熟悉稿件。一般长视频配音语速为 250 字 / 分钟左右，但为快速吸引观众注意力，短视频配音一般语速较快，大多为 250～300 字 / 分钟。注意，视频风格、达人人设不同，配音语速也不尽相同。本次配音短视频内容为知识分享类，为提高知识点密度，提高完播率，配音节奏较快，语速约 300 字 / 分钟。

2. 使用剪映专业版进行配音

（1）导入需要配音的视频素材。打开剪映专业版，点击"开始创作"建立新项目，如图 5-2-1 所示。

图 5-2-1　点击"开始创作"建立新项目

在新建项目中点击"导入",选择配音的视频《工作室聚会视频素材》(见本任务的配套素材),点击"+"将其添加至视频剪辑轨道,如图5-2-2所示。

图5-2-2　点击"导入"按钮导入视频素材

(2)使用录音工具录制音频。导入需配音的视频素材后,将剪辑轨道中的时间线拖曳至最左端00:00位置,点击"录音",进入录音操作界面,如图5-2-3所示。

图5-2-3　拖曳时间线后找到"录音"并点击

开启录音界面后会显示"播放器"及录音工具设置。"播放器"中所展示的画面为已在剪辑轨道中添加的视频素材,点击"录音",3秒倒计时结束后将开始录音。

录制音频时,播放器会同步播放视频素材,以便进行音画对照,如图5-2-4所示。

图 5-2-4　音频录制画面

录音结束后,点击"停止",配音素材将显示在音频轨道上。

3．调整配音

配音过程中会有一些停顿或语速问题,最终轨道上的音频时长一般会长于视频,可进行后续调整,使声画同步。注意:如果音频时长短于视频,进行降速调整会损失音频质量,此时建议重新配音。

(1)音频粗剪。首先播放一遍刚刚录制好的音频文件,整体了解录制错误、停顿等问题的大致位置,然后选中音频轨道,使用"分割"工具将其中错误、停顿部分分割出来,如图 5-2-5所示。使用"选择"工具选中要删除的素材,按键盘上的退格或 Delete 键删除,只保留可用音频素材,如图 5-2-6 所示。注意:如有错录的部分,需记录好删除的配音内容,以便补录。

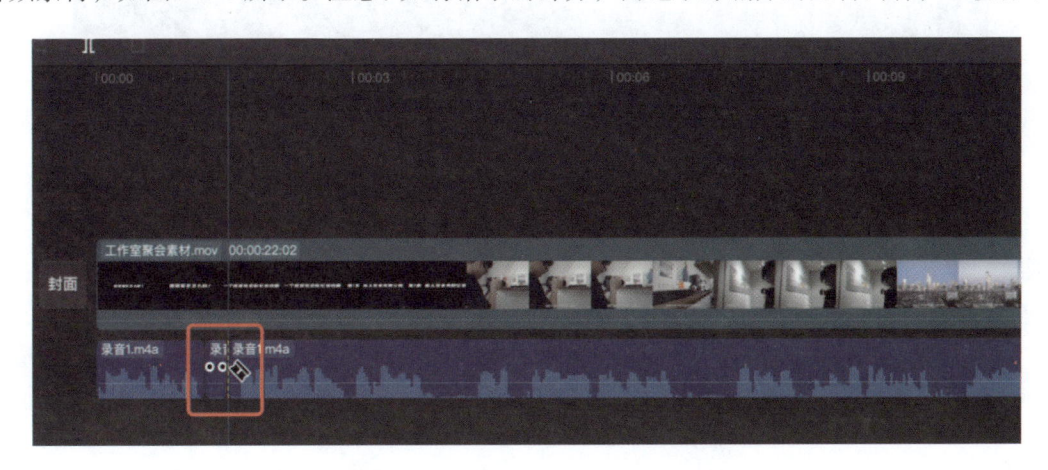

图 5-2-5　使用"分割"工具分割音频素材

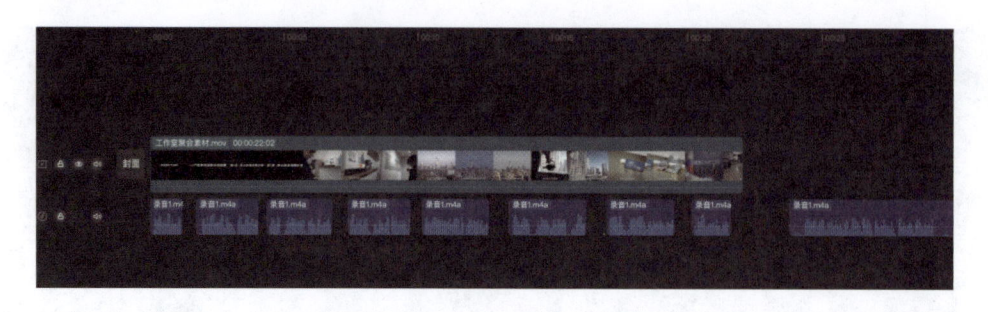

图 5-2-6　完成粗剪后的音频轨道

（2）素材补录。可将所有需要补录的片段一次性录制在一条音频轨道上，录制完成后再进行分割调整。补录的音频素材会显示在新的音频轨道上，如图 5-2-7 所示。

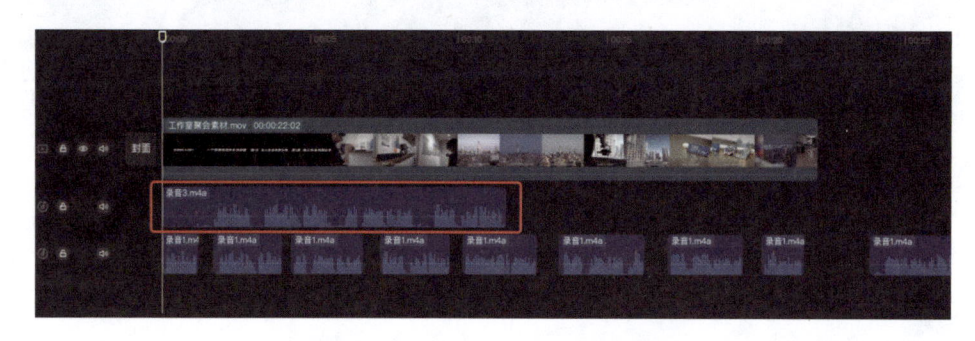

图 5-2-7　补录的音频素材会显示在新的音频轨道上

使用"分割"工具对补录的配音片段进行分割，删除多余的部分。使用"选择"工具将补录的配音片段拖曳至主音频轨道的相应位置，使配音保持正确顺序，如图 5-2-8 所示。

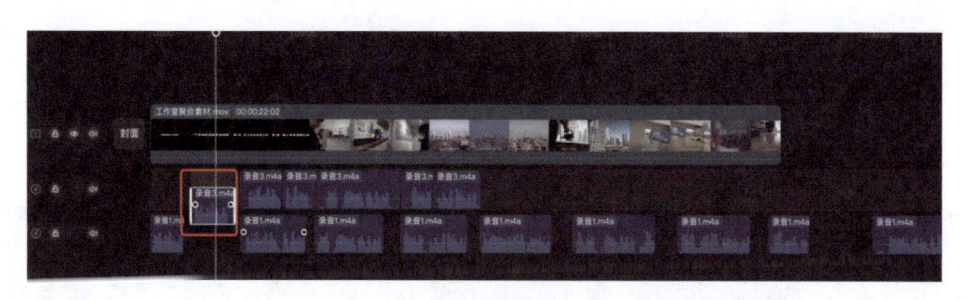

图 5-2-8　使用"选择"工具将补录的配音片段拖曳至正确位置

如果主音频轨道中素材片段的间隔较短，无法直接将其他素材片段拖曳至中间位置，则需要先对主音频轨道上的素材片段进行位置调整。用"选择"工具框选多段音频素材，拖曳选中素材调整间隔。

（3）素材调整。在主音频轨道上插入补录素材后，需细致调整各配音片段的位置，完成素材首尾拼接。拼接完成后需观察音频素材的整体时长，一般情况下，音轨与视轨时长差异不应太大。本任务中字幕已经确定，下面将配音与字幕进行匹配。

首先，以视频画面中一条字幕为一个单位，使用"分割"工具将配音素材"剪碎"。

接下来拖曳轨道上的"时间线",逐帧检查画面中的字幕与音频的对应程度,做到字幕出现到消失与其对应的配音时长一致,如图 5-2-9 所示。

图 5-2-9　通过拖曳"时间线"工具检查字幕与其配音的一致性

发现不一致,如配音语速较慢,可以通过音频调整菜单中的"变速"工具将该条配音提速,使之与字幕相匹配,如图 5-2-10 所示。注意:如果对某配音片段进行了变速处理,则对其他片段一般也需要进行相同的变速处理,否则会感觉突然变声,影响作品效果。所以一般对配音进行变速处理要谨慎,即使变速,也不要使用大倍数。声画同步主要还是要靠高质量的配音录制配合停顿裁剪实现。

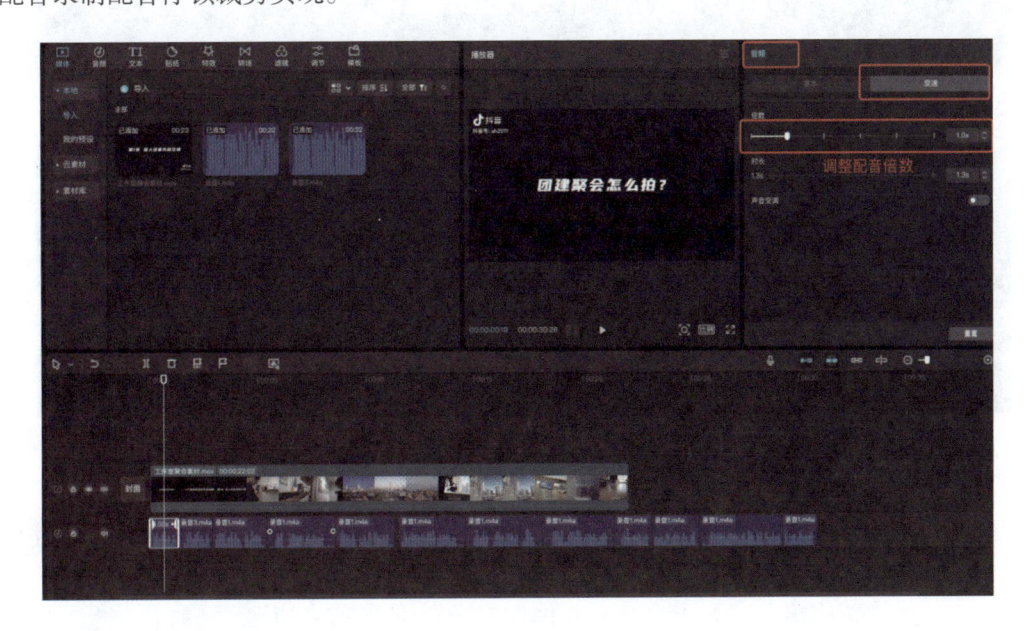

图 5-2-10　选中音频轨道上的片段,用"变速"工具进行调节

交替使用"补录""变速""拖曳"等工具,可以实现音频与视频画面的完美匹配,匹配完成后的音轨视轨等长。

4. 音频效果优化

配音话筒型号不同、话筒远近不同、电脑声卡不同等都会影响配音质量。

(1)音量调节。为优化配音效果,有时需要对声音大小进行调整。

整体观察音频轨道中的波形,当波形高度控制在轨道中间时,音量适中。如果整体波形低于中间高度,则音量偏低;高于中间高度,则音量偏高。也可以观察波形图中是否有红色波形柱提示,红色部分表示音量超过舒适阈值,应予处理,如图5-2-11所示。

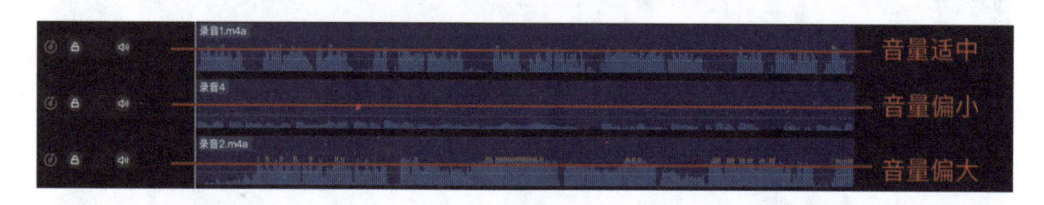

图 5-2-11　音频素材音量大小判断

如需调整音量,可选中该段素材,在音频调整菜单中选择"基本"功能,在音频调节面板中,通过左右拖动音量增益滑块来调节音量大小,优化配音音量,如图5-2-12所示。

图 5-2-12　在音频调节面板中左右拖动音量增益滑块调节音量大小

(2)人声增强。如果配音时没有使用专业话筒,容易出现配音音色不够明亮、发闷等问题。此时,可以选中音频素材,在音频调节面板中使用"变声"效果中的"人声增强"功能,对配音进行一键智能优化,使配音音色更立体、饱满,如图5-2-13所示。

项目五 / 视频拍摄与剪辑

图 5-2-13 在"变声"效果中选"人声增强"功能优化配音音色

任务思考

视频配音的关键点在于能否做到画面与声音相匹配,视频配音完成后,通常都要用剪辑工具进行声画匹配调整。在配音过程中,语言表现力很重要,可以多次反复录制后,再选取最佳效果片段进行剪辑。

不同风格、不同类型的视频,配音也应有所差别,配音本身是一项需要不断练习的技能,建议创作者有计划地进行训练。

配音与音效、背景音乐的结合可以使视频更具感染力,下一个任务将讲解背景音乐和音效的应用。创作者也要坚持剪辑练习,才能创作出更优秀的视频作品。

课堂练习

请同学们根据本任务所学知识,对一条视频进行配音,要求:
(1)使用剪映专业版进行配音录制。
(2)调整音频与视频节奏/字幕相匹配。
(3)优化音频音量大小,使全部音频波形控制在中间位置。

任务 5.3 结合剪映工具进行视频配乐

任务描述

抖音新手萌宠达人 @ 酸奶的 Miko 在刷抖音时,刷到了一个点赞量破 60 万的萌宠视频,视频使用的配乐很棒。视频跟进的热点"属于小猫的特效"已经登上热榜,热度超过 950 万。@ 酸奶的 Miko 也想跟进这个热点,使用相同的配乐制作一段萌宠视频。请使用剪映完成以下任务。

(1)使用不同的方式将音乐导入到剪映,并对音乐轨道进行编辑,使之与视频画面合理适配。

(2)添加合理的音效,打造与同类视频的差异化。

(3)总结、收藏和丰富自己喜欢的音乐/音效素材的方法,构建达人特色音频素材库。

任务实施

本任务要求产出一条带有配乐的视频,需使用剪映添加、制作视频配乐,任务中需要添加的音乐名称为《烦恼进入我的耳朵里(剪辑版 2)》。

1. 将音乐素材导入视频

添加音乐的方法有以下四种:

(1)在剪映工程界面的主工具栏中点击"音频"→"音乐",在搜索框中搜索音乐名称"烦恼进入我的耳朵里(剪辑版 2)",在搜索结果中找到想要的音乐,点击"下载"→"使用"。

(2)在抖音 App 端点击目标视频右下角的音乐封面图标,点击"收藏音乐"。退出抖音,打开剪映,在剪映工程界面的主工具栏中点击"音频"→"音乐",选择"抖音收藏",在这里可以看到刚刚收藏的音乐,点击下载使用。

(3)在抖音 App 端点击目标视频的分享按钮,点击"保存至相册"。退出抖音,打开剪映,在剪映工程界面的主工具栏中点击"音频"→"提取音乐",进入到相册界面,选择刚刚保存好的视频,点击"仅导入视频的声音"。注意:如果视频作者没有打开下载功能,则此方法不可用。

(4)在抖音 App 端点击目标音乐视频的分享按钮,点击"复制链接"。退出抖音,打开剪映,点击"音频"→"音乐"→"导入音乐",将链接粘贴进文本框,点击下载按钮,下载完成后,剪映软件自动解析,解析完成后点击"使用"即可。

音乐导入成功后,在视频素材轨道的下方,会生成蓝色波形的音乐轨道,如图 5-3-1 所示,可以点击这个轨道对音乐的长短、音量等进行编辑。

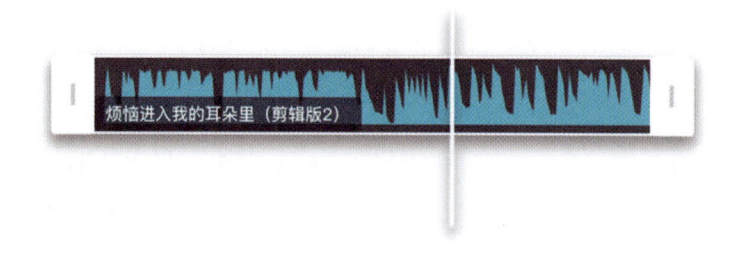

图 5-3-1 音乐轨道

2. 视频适配背景音乐

使用上述方法都可以进行音频导入，若使用第1、2、4种方法导入音频，导入的音乐为完整版（即在导入时显示音乐的全部时长），音乐轨道长度会大幅超出视频素材时长，如图5-3-2所示，则需要手动对音乐轨道进行编辑，使音乐轨道合理适配视频素材。如果没有合理适配，最终导出的视频会出现多余的黑屏等问题。编辑步骤如下所示。

（1）点击蓝色的音乐轨道，找到音乐轨道最后的白色把手，点击选中白色的把手，将其向左拖曳，如图5-3-3所示。

图 5-3-2　音乐轨道长度大幅超过视频素材 　　　图 5-3-3　拖曳音乐轨道右侧把手

（2）将音乐轨道和视频轨道对齐，剪映软件会辅助对齐，有明显的震动反馈，如图5-3-4所示。这样，视频素材和音乐素材就完成了适配。

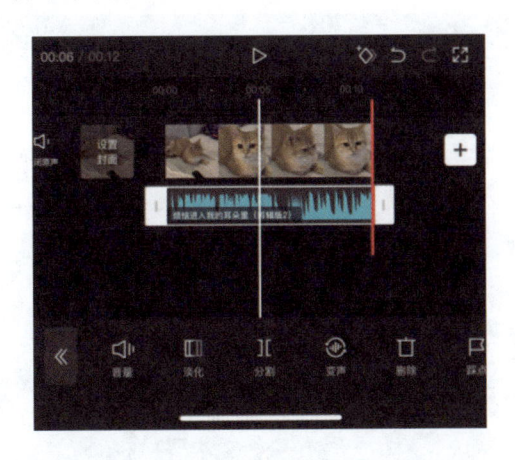

图 5-3-4　将音乐轨道和视频轨道对齐

当使用第3种方法导入音乐时，因保存来自抖音的视频时，会同时保存抖音的音频水印，故在导入音频后需要删除音频水印，操作如下。

① 点击蓝色的音乐轨道，找出音频水印部分，将时间线对齐到水印开始的位置，点击下方工具栏中的"分割"，如图5-3-5所示。

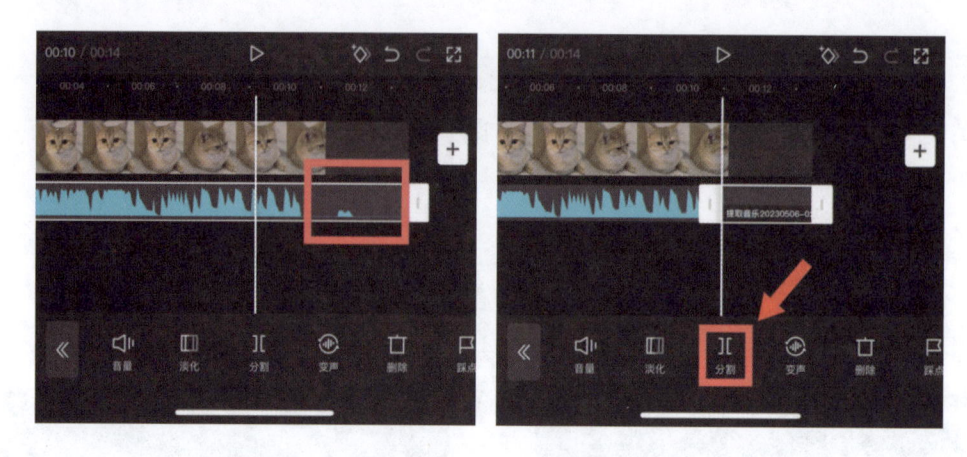

图 5-3-5　分割音乐与音频水印

② 音乐轨道被分割成两段，选中水印片段，点击"删除"即可。

3. 添加音效打造差异化

在使用高热度音乐时，为避免和其他作品同质化，可以添加一些差异化音效。剪映的音效素材库支持添加多样的音效，注意音效要符合视频的整体风格，萌宠类视频可选择可爱风格的音效。

（1）点击主工具栏中的"音频"→"音效"，进入音效素材库。

（2）快速精准地寻找合适的音效。在搜索框中输入关键词"可爱"（类似关键词有：萌宠、萌等）进行搜索，在搜索结果中选择合适的音效添加即可，如图 5-3-6 所示。

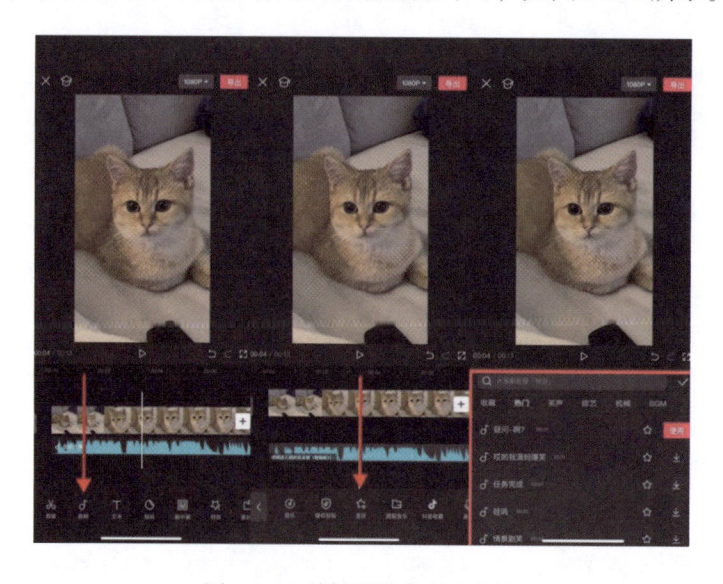

图 5-3-6　关键词搜索合适音效

（3）添加音效后，出现蓝色音效轨道，如图 5-3-7 所示，点击音效素材拖曳到合适的位置即可。对于音效轨道，还可以进行一些细节参数调整，在此不赘述。

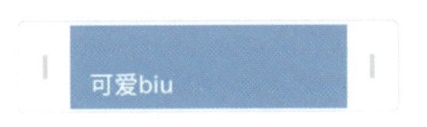

图 5-3-7　音效轨道

4．音频音效的采集和收藏整理

抖音达人如果有自己的音乐音效素材库，可以使创作效率倍增。下面介绍一些收集和管理音频素材库的方法，需要注意的是，为了规避音频侵权风险，在发布作品时应养成链接原声的习惯。

（1）日常刷抖音遇到心仪的音乐/音效时进行收藏，用相同的抖音账号登录剪映，就可以使用上述第 2 种方法，查看和使用在抖音收藏的音乐。

（2）很多视频内的音频不完整，或视频内的音乐中添加了音效，影响原声音乐的使用效果，此时，采用第 2 种方法进行收藏操作就不太合适。可以使用上文第 3 种方法，将视频保存到相册，在相册中新建一个文件夹，命名为"音频收藏"，将喜欢的音频下载收集在这里，需要时从本地文件中抽取音乐。如果视频原作者关闭了下载功能，可以使用录屏工具录制保存。

（3）在剪映"音频"→"音乐"界面中收藏剪映推荐的音乐，收藏的音乐可以在剪映的音乐界面收藏中查看和使用，如图 5-3-8 所示。

图 5-3-8　剪映内收藏音频的方法

（4）音效的收集。在剪映音效库界面，点击心仪音效右边的收藏按钮，即可收藏选定的音效。收藏成功后，可以在音效库上方的"收藏"分类中进行查看和使用。

任务思考

音乐，是视频作品的重要要素，创作者应学会所有导入音频的方式。导入音频后，要识别音乐轨道，选出可用部分，对音频进行分割，删除无效片段，并严格适配音乐长度。

使用音效可以打造出作品听觉上的差异化，或可让视频脱颖而出，应注意音效与视频风格的匹配。

最后，养成收藏、采集、整理音乐、音效的习惯，可以大幅提升创作效率，创作者可使用多种方法管理音频素材库。

课堂练习

请同学们根据本任务所学知识，用剪映对一条视频进行以下操作：
（1）给视频配置背景音乐，音乐风格需与内容匹配。
（2）给视频配置两处音效，增强表现力。
（3）确定自己的音乐素材管理方法，并与小组同学分享心得。

任务 5.4　猫粮广告视频的后期制作

任务描述

抖音萌宠达人 @酸奶的 Miko 收到了后台的一条推广合作信息，合作内容需要达人 @酸奶的 Miko 在视频中宣传产品，并且进行口播，@酸奶的 Miko 当即制作出了一份视频制作的脚本，如表 5-4-1 所示。请使用剪映和 @酸奶的 Miko 一起根据脚本完成以下任务：
（1）为视频片段之间添加有效的转场，让视频看起来过渡得更加自然。
（2）添加合理的特效，增强视频的整体质感。
（3）使用剪映的自动识别字幕功能为口播添加字幕，并且设计字幕的样式。
（4）利用剪映的动画工具制作一个开幕闭幕的片头片尾。

表 5-4-1　猫粮广告的视频制作脚本

镜号	拍摄方法	画面内容	解说词以及字幕	音乐	时长
1	—	产品提供片头开幕	—		0.5s
2	猫咪远景	猫咪跑向镜头	猫咪的营养健康，要每个主人精心呵护	版权音乐	2s
3	猫咪中景/过渡到产品中景	猫咪站立，然后镜头平移到产品	吃就得吃好喽	版权音乐	2.5s
4	近景	猫咪吃猫条特写	营养均衡—茁壮成长	版权音乐	2s
5	远景	猫咪玩耍	出现品牌字幕	版权音乐	1.5s
6	—	片尾闭幕	品牌字幕延续	版权音乐	1s

项目五 / 视频拍摄与剪辑

任务实施

本任务要求参照制作脚本产出一条完整的视频，需要使用剪映工具进行视频的编辑制作。在拍摄完需要的素材后，制作完视频的脚本，就要进入到后期制作的工序。使用剪映工具进行剪辑，可以大大地提升效率，并且保证剪辑成片的质量。想提高视频的后期剪辑的水平，需要积年累月地练习，很多达人有着天马行空的想法，但是在想法落地的时候却无从下手。本任务从视频剪辑的基础操作入手，带创作者了解剪辑工具，完成简单的视频创作。

1. 添加视频片段到剪映并为其添加转场

视频素材拍摄完后，达人首先需要将素材添加到剪映的工程界面中。

（1）打开剪映，点击上方的"开始创作"，进入手机的相册界面，在这里选择想使用的素材，随后点击右下角的"导入"。

（2）添加完素材后，达人需要为视频添加转场，依次点击素材和素材之间的"转场工具"，在这里选择合适的转场，如图5-4-1所示。

（3）根据不同的视频类型，需要选择不同风格分类下的转场预设，这里达人@酸奶的Miko制作的视频是萌宠类目的，所以需要选择一些可爱风格的转场，可以在"MG动画"中进行选择，如图5-4-2所示。

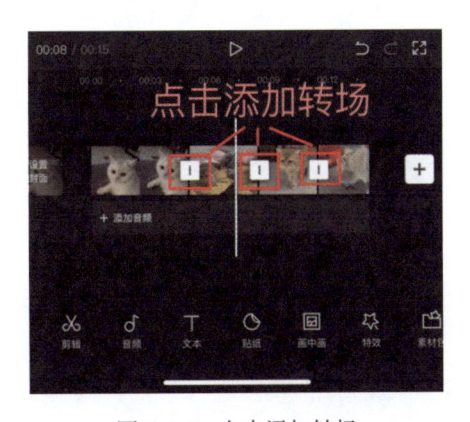

图5-4-1　点击添加转场　　　　　图5-4-2　添加MG动画转场

（4）添加完一个转场后，可以点击左下角的"全局应用"对剩余的转场区域进行快速的转场添加，如图5-4-3所示。

（5）转场按钮从原始样式变形成沙漏状，就表明转场添加完成了，如图5-4-4所示。

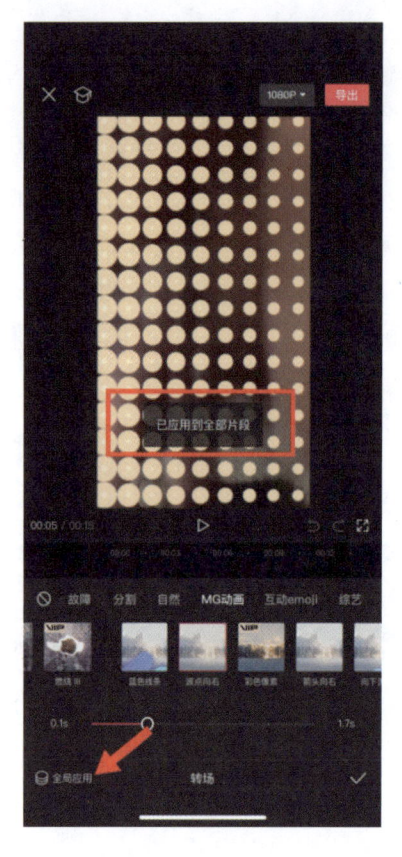

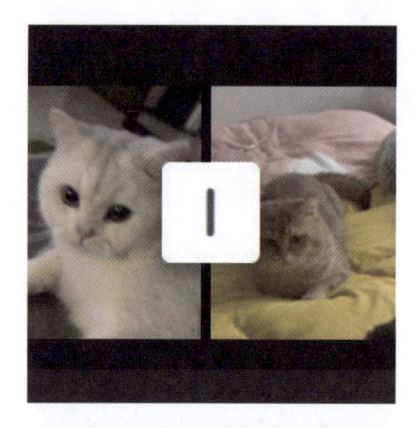

图 5-4-3　全局应用　　　　　　　图 5-4-4　添加转场前后

2．添加特效增加视频的风格质感

视频风格的统一也是非常重要的，原素材比较贴近生活，在整体视频里看起来会略显单调。达人可以使用剪映的特效工具进行特效的添加，从而改变整体素材的质感。

（1）在主工具菜单栏，找到特效工具的入口，点击"特效工具"，再点击"画面特效"，进入到特效工具。

（2）和添加转场的逻辑一样，添加特效也需要选择合适的风格进行添加，同样提取出整体视频风格关键词"可爱"，然后在众多的特效分类中进行选择。一些特效分类比较百搭，例如基础、氛围、边框、纹理、漫画等，达人可以优先在这里进行选择。

（3）选择"边框"分类里的"手绘拍摄器"特效，如图 5-4-5 所示。

（4）在添加完特效后，会在下面的轨道上生成一个紫色的特效编辑轨道，特效的作用范围就是特效轨道的长度范围。达人需要在添加完特效后，进行对特效轨道长度的调整，从而让特效作用在达人想让特效生成的地方。点击特效前后的小把手，可以拉动特效轨道的长度，如图 5-4-6 所示。

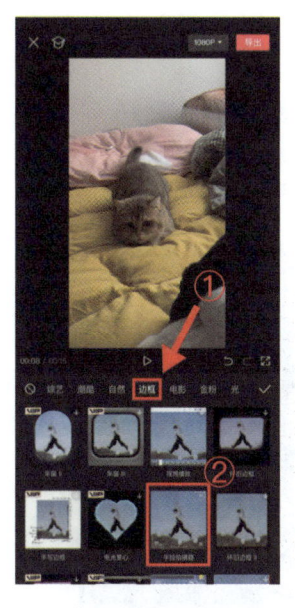

图 5-4-5　添加边框特效　　　　　图 5-4-6　编辑特效轨道长度

3. 为视频添加口播字幕，并修改字幕样式

字幕可以帮达人表达得更清晰、直观，也可以帮助观众清晰地理解视频中的内容。达人可以使用剪映的自动识别字幕工具，进行快速字幕匹配和校对。

（1）首先导入口播的音频素材，根据任务 5.3 视频配乐，进行音频的添加，如图 5-4-7 所示。

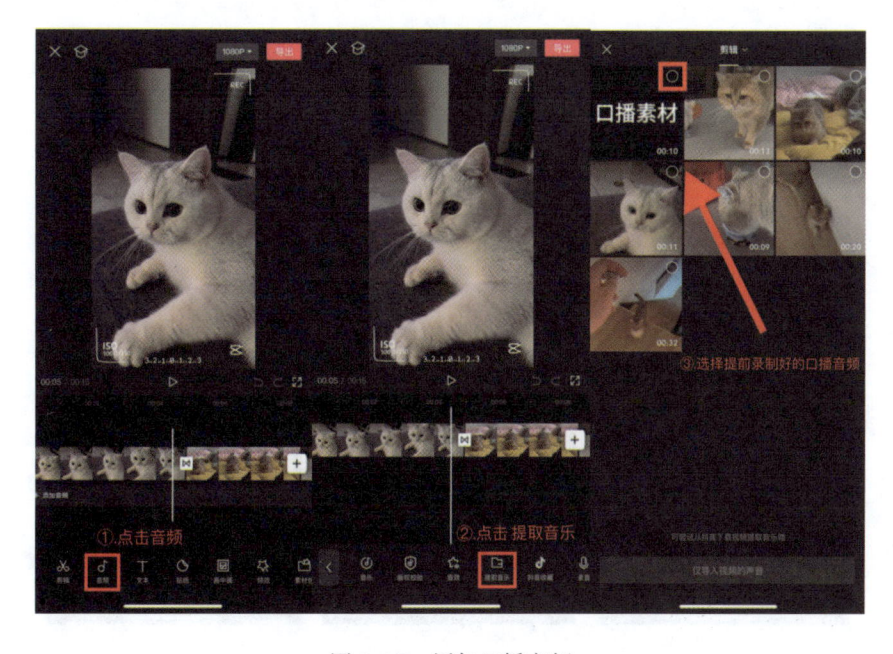

图 5-4-7　添加口播音频

（2）添加完音频后，点击主工具菜单栏中的"文本"→"识别字幕"，剪映就会自动识别音频中的口播内容。

（3）识别完成后，在主轨道的下方就会自动生成若干个字幕轨道，这些字幕轨道都是相关联的，编辑其中的任意轨道，其他的轨道也会跟着一起改变。了解了这一特性，达人就可以点击其中任意一个字幕轨道，进行文本样式的编辑了，如图5-4-8所示。

图 5-4-8　添加字幕

（4）点击任意字幕轨道，在文本工具菜单栏点击"编辑"，在这里可以进行修改"字体"、设置字体"样式"、添加"花字"等操作，这里还有丰富的"文字模板"。达人可以直接选择"花字"及"文字模板"里面的文字预设，快速完成字幕的设计，如图5-4-9所示。

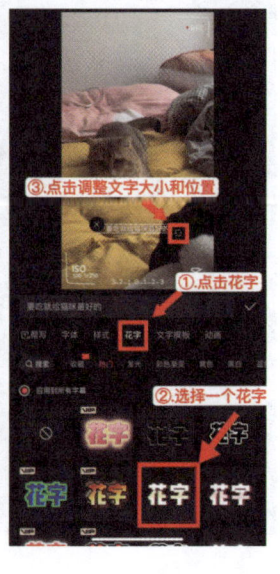

图 5-4-9　字幕样式编辑

4．使用动画工具添加片头片尾

添加一个开幕闭幕的效果，可以使视频看起来更加完整，达人可以使用剪映的动画工具，快速实现视频的渐显和渐隐的开幕闭幕的效果。

（1）点击第一段素材，在下方的二级工具菜单栏中，选择"动画"工具，在"入场动画"中选择"渐显"动画效果，如图 5-4-10 所示。

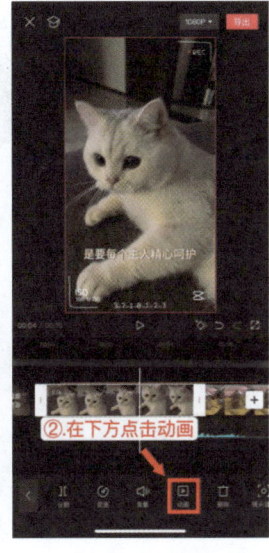

图 5-4-10　添加开幕动画

（2）点击最后一段素材，在下方的二级工具菜单栏中，选择"动画"工具，在"出场动画中"选择"渐隐"动画效果，如图 5-4-11 所示。

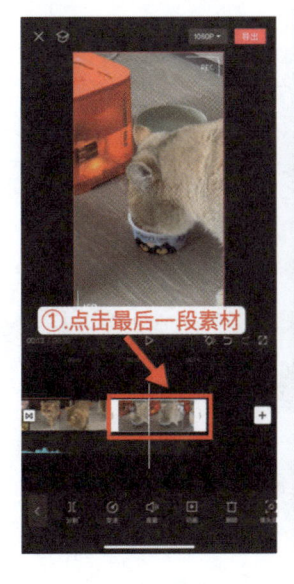

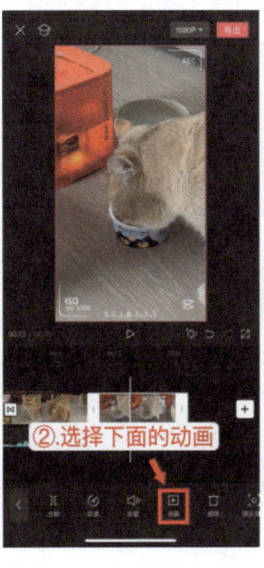

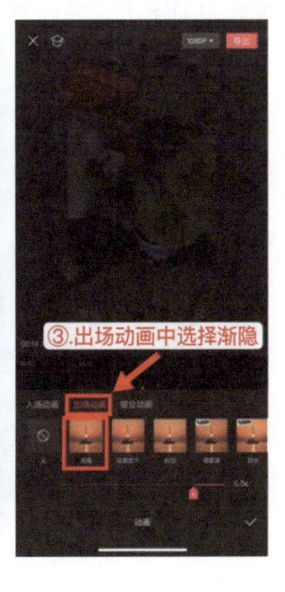

图 5-4-11　添加闭幕动画

（3）添加完动画后，需要适当调整动画的作用时长，拖曳动画工具下方的滑轨，即可调整作用时长。如图 5-4-12 所示。

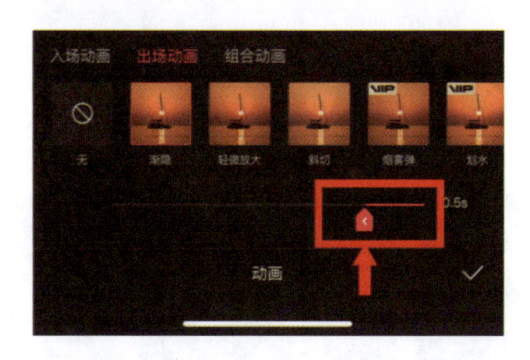

图 5-4-12　调整动画作用时长

任务思考

视频剪辑是自媒体运营必修的一门课程，通过使用现如今的主流轻量剪辑软件"剪映"，去进行视频剪辑的落地操作，并不需要很复杂的操作流程和工具，一些简单的工具应用就可以帮助达人快速产出质量上乘的视频。

遇到不同的视频制作需求，碰到时效性较强的热点，学会灵活使用不同的剪辑工具进行视频的快速剪辑落地，才可以做到事半功倍，提升效率。

课堂练习

请同学们根据本任务所学知识，用剪映对一条视频进行以下操作：
（1）添加两处转场特效。
（2）给视频添加字幕，并设置字幕字体。
（3）根据自身账号定位，设计个性化片尾，并添加至该视频中。

项 目 小 结

本项目包含四个任务，分别是视频拍摄、配音、配乐和后期制作。第一个任务说明了在视频拍摄中如何应用不同景别、角度和运镜技巧等镜头语言表达场景和情绪，第二个任务详细讲述了给视频配音的方法，录音、声画同步是难点，第三个任务说明了给视频配置背景音乐和音响的方法，风格适配、卡点是关键，第四个任务介绍了一些其他后期制作方法，如转场特效、添加修改字幕、添加片头片尾等。

通过这些任务训练，创作者应能根据分镜头脚本产出视频素材，并能使用剪映完成后期制作，产出合格的最终作品。

项目六

口播技术

学习目标

- 熟悉语言表达技巧，如对象感表达、情感情绪表达、肢体语言表达等。
- 熟练撰写并练习口播话术，如产品话术、促单话术、留人话术等。
- 掌握营销互动的方法，如连麦、发红包、抽奖、发优惠券等。
- 掌握直播带货的基本流程，能独立执行完整的直播带货流程。

思政导入

任务 6.1　美妆主播自我素养提升

📋 任务描述

艾米是一位有 6 年营销经验、面容姣好、工作热情、细致的线下门店美妆导购员，在抖音平台运维着一个两万粉丝的美妆教学视频账号。现在想开启直播带货，为花花美妆店销售美妆产品。该店商品主打性价比，在各大电商平台和线下实体店同步销售。花花美妆店的经理要求将艾米塑造成精通美妆实用技巧的达人，艾米坚信"你若盛开，蝴蝶自来"，她准备通过提升自我素养，持续成长为受人尊敬、喜爱的主播。艾米计划从五方面入手管理自己的线上形象，打造人设，请跟达人@艾米一起完成以下任务。

（1）人设定位。"做真实的自己"，通过自我分析，发现真实的自己，统一线下线上人物设定，初步明确人设定位。将自己线下推销的状态拍摄下来，通过视频内容对主播人设、人物形象设计、主播镜头感三方面形象进行着重管理。

（2）形象管理。根据人设设计主播的人物形象，进而上镜，训练主播的镜头感。

（3）心态情绪管理。作为一名线上主播，会面对很多评论与用户互动，艾米要训练提升自己的心理素质、情感情绪表达能力，同时用专业的压力管理方法提前演习，疏导自己可能出现的压力。

（4）肢体语言管理。面对镜头时，艾米的肢体动作，包括手势管理、表情管理也是重点训练提升的内容。

（5）数字化人设定位。将人设在抖音平台数字化。

⏱ 任务实施

本任务从人设定位开始，进而从形象、心态、肢体语言三方面提升主播素养，然后初步尝试将人设数字化。达人人设是其内外素质、作品创作和传播互动行为的综合体现，是账号 IP 的灵魂，也是达人在抖音平台获得成功的基础。创作者初步接触本任务，可能会觉得"空洞""虚"，但随着经验的增长，会越来越觉得本任务涉及的知识与技能内涵非常丰富而务实。请达人们务必根据本任务示范，定期进行自我评估，不断改进自己的形象、心态、肢体语言等，保持最佳的播出状态。这是一个艰苦而漫长的过程。

1. 人设定位

哲学家说"认识你自己"时，年轻人往往嗤之以鼻：谁不认识自己呢？但当你真诚地自问"我是一个什么样的人，我想成为一个什么样的人"时，恐怕答案并不能呼之欲出。心理学家可以用各种复杂的量表通过测试告诉你答案，网络上流行用血型、星座、属相、八字等方法测算性格，但往往被质疑"不准"。现实生活中，并没有一种可以让人准确发现"自我"

的方法,但以下简易方法已被证明有一定作用。

(1) 关键因素对比法。人设定位的关键因素对比表如表 6-1-1 所示。

表 6-1-1　人设定位的关键因素对比表

关键因素	说明	以艾米为例	我的回答
外在形象	形象特征(面容、身材、穿着风格)	面容姣好、身材苗条、穿搭时尚,落落大方	
内在性格	心态(对自身和现实的态度特征) 情绪(稳定、表达) 意志(品质) 思维(形象型、逻辑型) 倾向(内倾、外倾)	心态积极 情绪稳定、善于表达情绪 思维灵活,决策果断 形象思维突出,有一定逻辑推理能力 热情的外向型,有内视自我的能力	
兴趣偏好	喜欢做的事情 在多个事情中更喜欢做的事情	化妆、十字绣、画画	
专业知识与技能	所学的专业知识 长期训练所得的技能	服装设计专业(擅长穿搭) 美妆技能	
经验经历	生活、工作等以往经历 在经历中沉淀的经验	6年线下美妆门店导购、营销经历,美妆、营销经验 1年美妆教学视频账号运营经历,线上教学经验	

关键因素对比法只能对一些关键因素进行粗略描述,后文将会有细化的训练方法。

请你根据表格中的说明和艾米的示例,在表中填写描述自己的信息。通过填写信息,我们发现这种方法还是"模糊",不太能找到一个人精确、突出的特点。事实上,应用这种方法的一个重要条件是寻找到对标达人,即通过对比你与一个和你比较"像"的人,在"像"的基础上寻找差异点,这样才能更好地发现自我。

(2) 关键问题法。

人设定位的关键问题法见表 6-1-2。

表 6-1-2　人设定位的关键问题法

关键问题	说明	以艾米为例	我的回答
我是谁	确定身份,如发起人、创始人、传播者等; 确定形象,使形象统一,提高辨识度	一名美妆达人,销售经验丰富,待人热情诚恳,落落大方,喜欢使用各种美妆产品,让自己更有精神和活力	
面对谁	观众群体的年龄、性别、地域、内容偏好、消费能力等	追求改善气色、喜欢时尚的三四线城市中产、年轻、女性观众	
提供什么	突出自己的核心竞争力,如质优价廉,提供品质好货	提供美妆店内的畅销美妆产品,性价比高	
解决什么问题	解决用户痛点	满足年轻女性对美的追求	

请你根据表格中的说明和艾米的示例,在表中填写描述自己的信息。通过填写信息我们发现,这种方法与关键因素对比法并没有在相同的因素上有很多重叠。关键因素对比法更多立足于认识"自己",解决"我是谁"的问题;而关键问题法则关注面向谁,是站在粉丝(消

费者）视角看"自己"。事实上，这两种方法可以互为补充。

综上，艾米将自己的人设大致确定为：一个懂得美妆教学，具有亲和力的、精致热情的女生，拥有丰富的美妆知识储备，可以帮助用户了解美妆、购买美妆的主播。

通过使用上述两种方法，相信你对自己心目中的"自己"和别人眼中的"自己"相对比较清晰了。

2．形象管理

主播形象是观众对直播间的第一印象，对观众信任度的建立至关重要。形象应围绕人设而设计，好的形象设计能强化人设，为人设打造锦上添花。

美妆主播需要良好的仪表形象，但很多新手主播在形象认知上存在一个误区，那就是过分在意自己的容貌。其实主播不一定要有多漂亮或帅气，而是要大方展现出自信的一面，让别人看到自己的闪光点，通过自身优势来吸引粉丝。

对于主播形象，艾米主要从着装、发型、妆容3个方面展开了设计。

（1）着装设计。

着装的关键在于搭配得体，运用好着装的色彩搭配，不仅可以修正和掩饰身材的不足，还能强调和突出主播的优点。着装又有多种考虑因素，如款式、服饰等，这里重点说明色彩搭配。主播着装的颜色搭配可以分为4种：同类色搭配、近似色搭配、强烈对比色搭配、补色搭配，见表6-1-3。

表6-1-3 主播着装的颜色搭配

颜色搭配类型	说明	举例	效果
同类色搭配	深浅、明暗中，同一类的颜色相配	青色配天蓝色、墨绿色配浅绿色、咖啡色配米色	显得柔和文雅
近似色搭配	两种比较接近的颜色相配	红色与橙红色或紫红色相配、黄色与草绿色或橙黄色相配	整体感觉清晰
强烈对比色搭配	两种相隔较远的颜色相配	黑色、白色、红色与其他颜色搭配	白色搭配显得明亮，黑色搭配显得精神
补色搭配	两种相对的颜色相配	红色与绿色、青色与橙色、黑色与白色等搭配	形成鲜明对比，黑白搭配是永远的经典，庄重大气

艾米希望展示清新自然的形象，因此选择近似色搭配，选用浅色系的服装，服饰上添加蕾丝边、荷叶边、娃娃领等元素，给人以温柔飘逸的感觉。

（2）发型设计。

主播发型设计要与自己的脸型相称，体现整体的协调美，不同脸型、特点及其搭配的发型见表6-1-4。

表 6-1-4　不同脸型、特点及其搭配的发型

脸型		特点	搭配的发型
圆形脸		线条圆润，额部的发际线较低，下颌不长，脸面的长与宽几乎相等，两颧之间是最宽的部分	头顶蓬松，稍微拉长脸型，侧分头发，梳理垂直向下的发型，直发的纵向线条可以在视觉上减小圆脸的宽度
三角形脸	正三角形脸	额头窄，两腮宽，上小下大	顶部收紧和圆润，稍微遮盖略窄的额头，两侧头发蓬松一些，线条要柔和，遮住过宽的两腮
	倒三角形脸	额头宽，两腮窄，脸部轮廓呈倒三角	头发应长及肩部，若两颊过宽，两侧的头发可以自然垂下，稍微遮盖两颊，使两颊不至于太明显。顶部头发略加高并收紧，前额可以采用中分方式略遮住额角，两侧头发略蓬松
方形脸		前额较方，与颧骨和腮边一样宽，且有腮骨，线条较生硬，缺少柔和感	适合"包脸"的发型，用头发修饰和遮盖两颊
长形脸		脸部过长，前额发际线较高，下颌较宽、较长	适合剪刘海，如空气刘海、齐刘海、偏分刘海等，可使额头看起来短得多，减小脸部线条的长度，留蓬松一点的发型，略带波浪形，使脸部轮廓有椭圆感
椭圆形脸		又称"鸭蛋脸"，属于标准脸型，前额宽于下颚，并从颧骨位置适度的收窄为微尖的卵形下颌	留长发和短发均可。发型不宜过于复杂，应自然简单，尽可能把脸部呈现出来，突出脸型的协调

达人艾米配合清新自然的形象，结合自己的椭圆脸型，搭配了轻盈简单的发型，如低马尾、丸子头等。

（3）妆容打造。

适当化妆不仅可以修正脸部缺陷，美化自己，也是一种对观众的尊重。

主播妆容的打造原则有两点，一是应选择突出自己特点、适合直播风格的妆容；二是避免过于夸张的妆容，如过重的眼影、腮红颜色。

目前，化妆的技法花样百出，是一项相当专业的技术。新手达人如果难以掌握专业的化妆技术，不妨采取以下三种处理策略：

① 化淡妆，甚至素颜上镜，适用于面部无明显缺陷的主播。

② 请化妆师负责妆容，需要一定的成本，适用于变现能力强的主播。

③ 虚拟化妆，即适度开启美颜功能，使上镜效果更好，普遍适用。

达人艾米天生丽质，直播中常常要展示不同产品的妆容效果，故一般在直播前不化妆，净面素颜开播，直播中按需妆容。

3. 心态与情绪管理

线上直播很考验主播的心态，主播不仅要提高自己的心理素质，还要掌握管理压力的方法，以及情感情绪表达的技巧。

（1）心理素质。

强大的心理素质是支撑职场人从容应对各种冲突与挑战的前提。主播是直播间的主导者，决定着直播间的直播内容和发展方向，更应该具备过硬的心理素质。

主播的心理素质可以用以下方法进行训练。

① 说话练习。找朋友、同学、同事或家人作为自己的听众，主播站在高于听众之处，目视听众，进行说话训练。说话练习在内容和形式上没有任何限制，要随心所欲，讲自己最熟悉的话。

说话练习每次时长以 3～5 分钟为宜，每天坚持，直到主播能坦然面对众人的注视，不觉得紧张，可以流利表达为止。

② 命题练习。主要练习主播的表达能力，在命题练习中要给出具体的产品，要求主播先查询和了解产品，充分准备之后再练习介绍产品。过程中，要推敲主播的语音和肢体语言，关注其说话力度、速度、表情等。练习的时间和周期较长，可以每周三次，执行四周，直到主播能够清晰讲解给定产品为止。

③ 即兴练习。主要练习主播的临场发挥能力，通过在命题练习时临场提问，或者现场制造一些状况，锻炼主播的反应能力。还可以现场抽取产品让主播即兴讲解，来提高主播的临场发挥能力。

请你拟订提升心理素质的训练计划。

（2）压力管理。

高强度的工作状态，难免会给主播带来各种各样的压力，所以压力管理是每一名主播的必修课，可以用以下几种方法来缓解压力。

① 与自己交流。当主播感到紧张时，可以尝试与自己交流，自问自答，分析压力来源，或给自己加油鼓劲。如果是因为缺乏经验，那么可以多加练习，或者观摩其他主播的直播，学习他人身上的优点。如果是因为仓促上场导致紧张，那么以后要注意提前准备。

② 主动与他人交流。当主播感到紧张且与自己交流效果不佳时，可以尝试主动与他人交流。如可以与助理、运营人员交流，也可以与其他主播，特别是比自己经验丰富的主播交流，尝试说出自己的问题和想法，或可以直接听取他人的意见。

③ 多运动。在运动时，人的大脑会分泌一些肽类物质，其中内啡肽被科学家称为"快乐素"，可以使人产生愉悦感。主播可以培养一些运动爱好，这对缓解压力非常有效。

④ 充足的休息和睡眠。良好的睡眠，上镜前短时间的冥想或呼吸练习等，都可以有效缓解压力。

请你练习压力管理的各种方法。

（3）情感情绪表达技巧。

人是情绪动物，情绪对直播效果的影响很大。优秀的主播能利用好情绪，合理表达情绪情感，从而获得良好的直播效果。这里主要谈谈负面情绪。

首先，主播要察觉自己的情绪。

主播要知道自己的情绪是什么，不管是难过、悲伤、愤怒，还是委屈，这些都没有错，不需要压抑它，而要正视它、接受它，合理地表达它。

其次，分析情绪产生的原因。

问自己"我为什么会有这样的情绪？"例如，直播间没有观众，主播觉得很委屈、失落，认为自己做的这件事没有价值，那么主播为什么会有这样的情绪？这个问题的根源到底在哪里？主播可以和团队其他成员一起查看后台数据并进行分析，找到原因，有针对性地改善。如此一来就能减少负面情绪的出现，或更快速地消除负面情绪。

最后，调整情绪。

找到情绪产生的原因和针对性解决方案是解决负面情绪的根本方法，但如果做不到这两点，主播也必须尝试调整情绪。如果是太累，可以给自己放一天假，或者好好地睡一觉；如果觉得缺乏价值感，要尝试坦诚接纳，并鼓励自己：这个阶段我必须熬过去，我的直播内容没有问题，我的表达没有问题，我只是需要更长的时间来成长等。

深呼吸也是调整情绪的有效方法。在遇到过激言论时，要学会控制自己的情绪，维持自己的直播状态，不要受到过多影响。如遇到了各种情绪波动，如紧张、兴奋、急躁时，要学会平缓心情，冷静后再表达自己的观点。

请你练习情绪管理的各种方法，尝试在口播时表达情绪情感。

4．肢体语言管理

肢体语言可以帮助主播更好地表达情绪，还可以传递更多信息，增强语言的表达效果。美妆达人只有熟练地利用肢体语言，才能更好地展开和观众的交流。拥有优秀的肢体语言表达能力，对于主播专业、高端、优雅形象的塑造，往往会有很大的加分。

（1）手势管理。

很多美妆产品都很小巧，在展示时可以用手作为背景，帮助镜头对焦到产品，微距展示细节时尤其需要这个动作，否则观众很难看清楚，如图6-1-1所示。在拍摄或直播美妆教程的过程中，要注意减少手部对面部化妆区域的遮挡，如图6-1-2所示。在切换动作时手部要稳定，减少晃动。

图6-1-1　微距拍摄化妆工具时用手作背景　　　　图6-1-2　化妆时减少手部遮挡

（2）表情管理。

在面对镜头时，可以利用眼神凝视、保持微笑、适当的点头等表情或动作增强主播表现力。主播常见的表情问题有：因紧张而表情僵硬，因疲惫而"扑克脸"，因失落而愁眉苦脸，因分心而眼神失焦等。主要解决办法是：及时调整情绪，给自己打气，将注意力转移到产品上，强制自己做出微笑表情等。保持微笑表情会显著影响直播效果，主播可以尝试每天对镜练习十分钟，观察自己的微笑是否自然、真诚，坚持不到一个月就会有明显效果。

5．自我训练，提升主播镜头感

提升自我素质无非是勤学苦练，不过勤学苦练也要讲究科学方法，如"小步快跑"，即每次设置一个容易达成的目标，实现目标后，给自己预设一定的奖励。具体的自我训练方法主要有两类：对镜训练和拍摄后回看训练。训练的目的都是提升主播在镜头前的表现力，这就涉及镜头感。训练镜头感还需要注意以下 3 点。

（1）善用目光。

眼睛是心灵的窗户。直播时，很多主播不知道应该看向哪里，导致目光闪烁、游移不定。其实，主播应该看向你希望观众看的地方。例如，看镜头，表示你希望观众注意你，把镜头当作你说话对象的眼睛；看手机屏幕，表示希望观众看手机，便于和粉丝互动；看产品，则希望观众注意产品。所以主播的目光一定程度上是观众视线的引导工具，在直播中，要善用目光。新手主播可能觉得很难，其实非常简单：顺其自然，该干什么就专注地去干就好了。

（2）巧用道具。

如果主播刚开始直播时有些紧张、不自然，两只手不知道该放在哪里，可以借助一些道具，如书、饮料、抱枕、产品、教鞭、笔等，这样不仅可以缓解紧张感，还有可能让道具的使用成为直播间的一个记忆点。

（3）勤练习，多直播。

熟能生巧，当完成了第一次、第二次……第 N 次直播后，主播就会逐渐习惯和适应，发挥越来越稳定，直播也会变得越来越流畅，主播也就知道该如何处理遇到的问题了。

6．数字化主播人设

人设最终要在抖音平台通过各种方式呈现出来，包括昵称、简介、标签等多种工具可实现主播人设的数字化。

（1）合适的昵称。

合适的昵称有助于主播获得关注，被用户记住。昵称应首先强调差异化，可以使用真实姓名或乳名，举例来说，"小明"就不是一个好的昵称。其次昵称应朗朗上口、简单易记，如很长的、加上小语种文字的，或包含生僻字的昵称，往往也不是好昵称。

（2）简介。

合理的达人简介有助于粉丝快速了解你，具体内容请参考账号设置的有关说明。

（3）标签。

抖音提供了丰富的标签，有利于抖音平台识别达人，吸引粉丝。特别是兴趣偏好标签，对于打造人设、匹配粉丝非常有帮助。具体内容请参考账号设置的有关说明。这里主要尝试在更广泛的内涵上应用"标签"思维，即人设标签化。

主播的外表、性格、兴趣、职业、语言风格、带货品类、作品等，都可以标签化，见表 6-1-5。

表 6-1-5 人设细分维度的标签化举例

人设维度	说明	标签化举例
外表	形象特征、穿着风格	总穿橘黄色上衣，穿衣风格固定（如潮流时尚、运动、休闲等），形成特定的粉丝记忆点
性格	语言风格、情绪状态	阳光热情、积极乐观、活泼开朗、沉着冷静、谦虚谨慎、情绪激烈等
兴趣	兴趣特长、特殊偏好	读书、跑步、唱歌、跳舞、化妆等

续表

人设维度	说明	标签化举例
职业	个人专业、工作行业	化妆师、装修设计师、服装设计师、专业讲师等
语言风格	口头禅、语调语速	具有个人特色的直播话术，视频开头或结尾的金句等都可以在粉丝心里增加语言记忆点
带货品类	产品偏好、产品价格	合适的商品对主播人设的塑造具有强化的作用，如专注美妆领域、性价比高

主播人设标签化是主播 IP 植入粉丝心智的有效方法，也是 KOL 们寻求转型突破时的掣肘。但在有这一烦恼前，主播们都在努力推进人设标签化。因为大家都在追求属于自己的鲜明人设，力争成为真正有影响力的"达人"，甚至"KOL"。这需要投入大量的时间、精力，甚至金钱，但"没有白走的路，每一步都算数"，你的一切努力，终将铸就独特的你。

任务思考

本任务中主播艾米通过不断自我提升，从门店导购成功转型为美妆达人。她通过在形象管理、心态与情绪管理、肢体语言管理等多方面，持续自我训练，具备了良好的镜头感，并及时在抖音平台打造数字化人设，终于赢得了"精通美妆""女神""高性价比"等标签。

课堂练习

你想成为什么样的主播，赢得什么标签？请根据本任务所学内容，尝试给自己立人设、贴标签，并拟订自我素养提升的行动计划。

任务 6.2　拆解对标直播间单品直播话术

任务描述

新手达人@小 A 准备从模仿开始学习直播带货，她通过搜索和对比，确定把@李宁速恒专卖店作为对标直播间，准备拆解学习直播间单品的讲解话术，请完成以下任务。

（1）录制直播间单品讲解视频片段。
（2）用工具把视频转成文字。
（3）把转写后的话术进行归类整理。
（4）提炼可复用的服装类单品话术。
（5）试从用户心理、卖点讲解方面对话术的逻辑结构进行思考分析，总结优化建议。

任务实施

研究对标直播间，学习别人的优秀话术结构，是新人主播快速成长的途径之一。对于新手主播而言，建议先模仿，再创新。在拆解对标直播间话术时，要留意对标主播的风格是否与自己相近，不能盲目照搬话术。对主播风格的模仿要注意抓住两个重点，一是说话的语气与语速，二是肢体语言。

1. 屏幕录制

在手机上点击抖音App，进入默认主页，点击右上角放大镜图标，在搜索框中输入"李宁速恒专卖店"，开始搜索。点击画面进入直播间，如图6-2-1所示。利用手机自带的录屏功能，点击录屏按钮，开始录屏（以iOS系统为例），如图6-2-2所示。在主播讲解完单件商品以后，再次点击录屏按钮，结束直播片段录制。

图6-2-1　点击画面进入直播间　　　　图6-2-2　点击录屏按钮开始录制

2. 视频转文字处理

（1）打开手机，点击微信App，在最上方搜索框内输入"视频语音转文字神器"，点击进入小程序界面，如图6-2-3所示。

（2）点击"开始转文字"，选择"本地音视频"，点击"上传本地音视频"，如图6-2-4所示，选取本地相册中刚才录制好的视频文件，上传结束后点击"违禁词检测"按钮，对话术中违禁词进行初步筛选，如图6-2-5所示。

（3）查看检测结果并点击"复制文案"，如图6-2-6所示，将方案复制粘贴到手机备忘录中保存。

项目六 / 口播技术

图 6-2-3　进入"视频语音转文字神器"小程序界面

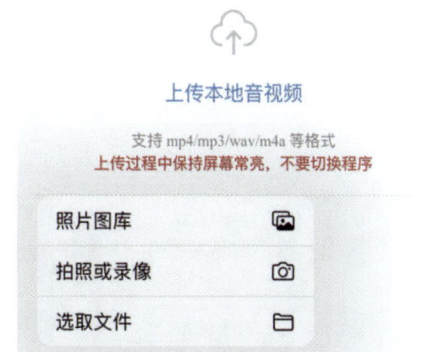

图 6-2-4　上传本地音视频

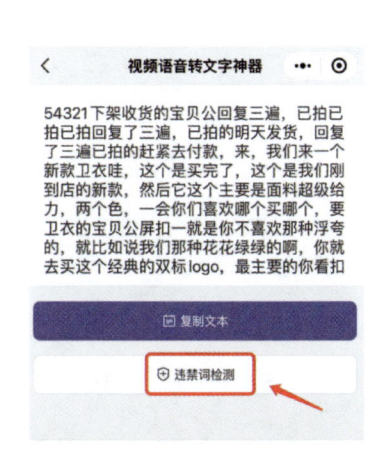

图 6-2-5　点击"违禁词检测"

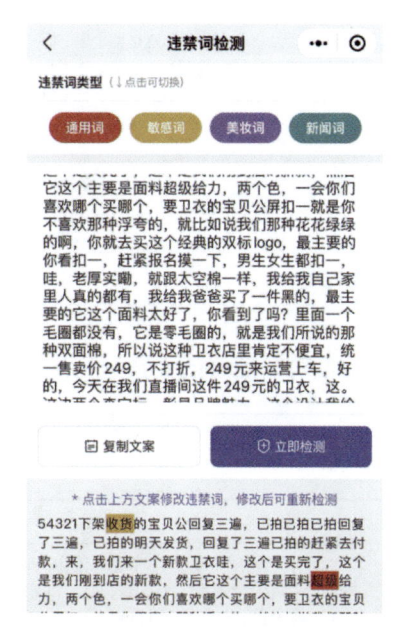

图 6-2-6　查看检测结果，并复制文案

3. 梳理文案

对转换后的文案进行审校，对照录屏视频，整理对标直播间单品话术文案。如图 6-2-7 所示。

对标直播间脚本文案记录

主播 00:11
来，我们来一个新款卫衣。这个是我们刚到店的新款，然后它这个主要是面料超级给力，两个色，一会你们喜欢哪个买哪个，要卫衣的宝贝公屏扣一，就是你不喜欢那种浮夸的，就比如说我们那种花花绿绿的啊，你就去买这个经典的双标Logo，最主要的你看，摸一下，想要的扣一赶紧报名。

副播 00:34
男生女生都扣一。哇，老厚实嘞。

主播 00:37
就跟太空棉一样，我跟我自己家里人真的都有，我给我爸爸买了件黑的，最主要的它这个面料太好了，你看到了吗？

副播 00:45
里面一个毛圈都没有。

主播 00:46
是零毛圈的，就是我们所说的那种双面棉，所以说这种卫衣，实体店里肯定不便宜，统一售卖价249不打折，249元。来，运营上车。好的，今天在我们直播间这件249元的卫衣，这边两个李宁标，彰显品牌魅力，这个设计我给你看一件，先扣一报名，宝贝。这个肩线你看是这边往上走，你看到吗？前后环绕的感觉，对它有一个装饰，所以说会显得你这个肩带特别的力挺，看到我这个肩带很有型哎，男性穿更好看，我穿略微偏肥，不缩水不起球不掉色的。我给你们自己看，吊牌价就是这么多。

图 6-2-7 整理对标直播间单品话术文案（部分内容）

4．话术归类

使用表格对整理后的文案进行内容归类，见表 6-2-1。

表 6-2-1 单品直播话术内容归类示范

分类	话术文案
留人话术	1. 给大家看一下，这个是我们刚到店的新款，面料太给力了； 2. 你们男生有没有爱出汗的？肯定有； 3. 两个色，一会你们喜欢哪个买哪个，要卫衣的宝贝公屏扣一； 4. 拿不准尺码的报身高体重哦
产品话术	1. 我爸就爱出汗，他买过一个那个线圈棉的那个衣服直接扔了。因为你出汗它会粘住你的后背，可扎了，而且又扎又痒又燥。对，你脱了之后，你的后背上都是那种黑色小毛毛； 2. 这个设计肩线你看是这边往上走，你看到了吗？前后环绕的感觉，所以说会显你这个肩特别的力挺； 3. 这个你看到它的里面和外面了吗？一模一样，双面棉，里面像外面一样光滑。你想想你穿着得不得劲，超爽，这个衣服穿上都不想脱； 4. 不缩水、不起球、不掉色。棉加聚酯纤维的面料，而且弹力还特别大，你看到了吗？高弹力，对，自己能穿，老公、老爸也能穿
售卖话术	1. 因为双面棉的品质大家都知道，店里就是哪个品牌店这种卫衣都是要卖到200多的，真的是因为面料比较贵； 2. 你们就是随便买一个没有牌子的长袖卫衣也得一百七八，某猫某宝上买一个便宜的也得一百四五、一百五六； 3. 这个一看就是我们家的高端品质黑色，而且这个领子你看到了吗？不变型的，特别的密实，你收到货之后，你一摸你就知道你这100来块钱花的真是值了

续表

分类	话术文案
促单话术	1. 这种卫衣，实体店里肯定不便宜，因为是新款的，249不打折，我们就算打一个五折，宝贝也得139吧？有的，那我们五折都不要，只要129还包邮； 2. 欢迎大家来到我们家的授权账号，假一赔三，而且我们家有135万的粉丝，我们家带货口碑分已经高达4.84的高分； 3. 现在付款的还赠送7天运费险，大胆拍，赶紧； 4. 这个我先说一下，就是没有拍模特图，所以说现在比较便宜。如果模特图拍了，我们这种厚卫衣最起码得卖159，我们家短袖还卖159呢； 5. 现在付款的明天发货，现在赶紧拍，倒计时要下架了，54321

5. 总结话术结构

根据以上归类后的话术，总结出服装类单品的通用话术结构。
① 单品开场5秒留人＋第一次互动（新款卫衣＋面料给力＋想要的公屏扣1）。
② 描述痛点＋商品卖点讲解（普通线圈棉掉毛、触感差＋里外双面棉＋店里不打折＋肩线挺）。
③ 上架前完成关注和互动引导（102个人想要，上102单＋点关注＋身高体重打出来）。
④ 给出成交价格＋继续价值塑造（粉丝5折129上架＋面料贵＋普通卫衣也要一百多）。
⑤ 限量秒杀＋手把手教下单（100件拍完了＋展示尺码表＋下单操作示范）。
⑥ 统计补单＋准备过款（统计没抢到人数＋回答粉丝问题）。

6. 总结

很多新人在撰写单品文案时，没有从消费者角度出发，容易把商品卖点写得过于详细，造成主播光顾着讲卖点，而忽视跟直播间观众的即时互动。主播与观众互动越多，用户的停留时间会越长。商品上架后，除了强调价格的优势，还要持续对商品进行价值塑造，营造商品稀缺、限时限量的紧张氛围，打消用户下单的顾虑，这样才能提升单品的转化。

任务思考

电商直播间主播风格大致可分为两种，一种是卖场型风格，一种是讲款型风格。卖场型主播语速轻快、节奏明朗，现场气氛强，有利于促进冲动型消费。讲款型主播说话慢条斯理、条理清晰，注重以理服人，下单量可能不如卖场型主播，但退单量也会较少。

另外，平台的规则和政策变化很快，要时刻关注"抖音电商学习中心"→"规则中心"对于直播行为规范的要求，对话术中的违禁词、敏感词及时修订和优化，不然可能会导致扣分，甚至直播间被封禁的后果。

课堂练习

请同学们根据本任务所学知识，选定某一行业或某一产品，进行话术结构拆解，并提炼可复用的单品话术。

任务 6.3　健身达人直播互动设计

📋 任务描述

抖音健身达人 @麦兜入驻抖音成为一名健身知识分享达人，粉丝已突破 60 万，越来越多的粉丝希望他开启直播。最近他决定尝试开启直播，为粉丝讲解健身相关知识，并推荐健身产品。请协助 @麦兜完成以下任务。

（1）开启观众连线，为粉丝解答健身相关问题。
（2）发放福袋提升直播间流量。
（3）利用"超级福袋"开启抽奖活动。
（4）发放优惠券。

📋 任务实施

好的互动可以提升直播间各项数据，让平台将直播间推荐给更多的用户，提升直播间流量，要利用好平台提供的各项功能，来提升互动效果。

1. 观众连线

对观众而言，通过连线可以获得自己的个人情况精准分析，从而得到有价值的个性化解决方案。对达人而言，连线可以大幅增加观众停留时长。观众连线一般适用于健身、法律咨询等专业性比较强的达人直播。使用手机直播的连线操作步骤如下所示。

（1）进入抖音 App，依次点击"+"→"开直播"→"开始视频直播"。
（2）进入直播间后，点击下方的"连线"按钮，选择"观众连线"，即可开启观众连线。如图 6-3-1 所示。

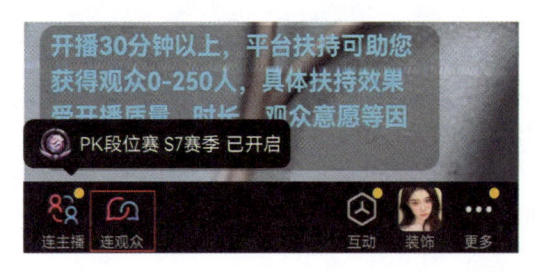

图 6-3-1　在直播间开启观众连线

（3）开启观众连线后，再次点击"连线"，可以看到界面上方有"邀请连线"（邀请互关朋友）和"申请消息"（申请连线的观众）选项卡，如图 6-3-2 所示。点击右上角"关闭"可以关闭观众连线，点击"设置"可以进入"连线设置"界面，如图 6-3-3 所示。

图 6-3-2　观众连线界面　　　　　　图 6-3-3　连线设置界面

（4）在连线设置中的"布局"设置中有两种选项，分别为"主麦布局"和"宫格布局"。"宫格布局"适用于娱乐直播，"主麦布局"适用于其他直播。开启"麦位随人数变化"时，在屏幕右侧将根据连麦人数改变麦位数量。关闭此选项时，将在屏幕右侧固定显示6个麦位。这里我们选择主麦布局、开启麦位随人数变化。

（5）在连线设置的"玩法"设置中有各种PK和游戏玩法，它们更适用于娱乐主播，以增加直播间的趣味性，这里我们无须开启。在"付费连线"设置中，可以设置连线的付费数额、加价数额、连线时长，如图6-3-4所示。此功能开启后，观众需要付费才可以申请连麦。是否开启付费连线可根据直播间人数来决定，当直播间人数、申请连麦人数过多时，可以选择开启。由于我们刚开始直播，所以先不开启。

（6）在连线设置界面，还可以对多种连线权限进行设置，如图6-3-5所示。

图 6-3-4　付费连线　　　　　　图 6-3-5　连线权限设置

"连线申请权限"默认为"需要申请"，点击"需要申请"进入"连线申请权限"设置界面，如图6-3-6所示。可以更改为"不需要申请"，也可以添加附加条件"仅接受粉丝的连线申请"和"仅允许通过邀请连线"。这里我们设置为需要申请，即只有申请被同意后，观众才可以连麦，这样有利于控制直播间秩序。等直播间有稳定的铁粉看播之后，再添加"仅接受粉丝的连线申请"选项，这样有利于直播间的粉丝转化。

在"语音视频权限"中可以设置是否"允许嘉宾开启摄像头"、是否"观众连线默认选择视频"、是否"观众连线默认静音",如图 6-3-7 所示。这里选择默认(关闭)就可以,以免嘉宾开启摄像头后,拍摄到的内容违规(如在直播间抽烟、喝酒、穿衣不得体等),导致被强制关播或封禁。

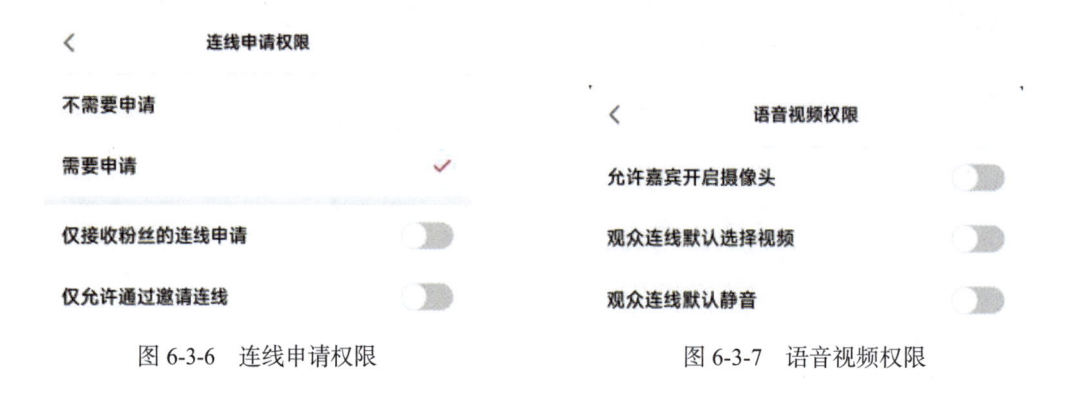

图 6-3-6　连线申请权限

图 6-3-7　语音视频权限

2. 发放福袋

发放福袋可以提升直播间的互动数据,适用于各类直播间,但福袋的每日发放数量只有 10 个。建议用于在开播时引流或直播间观看人数较多时提升停留时长。

发放福袋的步骤:进入抖音,开始视频直播,进入直播间后点击下方的"互动"图标,选择"福袋"。在打开的界面中设置福袋规则,如图 6-3-8 所示。

(1)"人均可得钻石"的金额(人均可得钻石 × 可中奖人数 = 福袋金额)默认为 10 钻石,这里我们选择 10 钻石。

(2)"参与对象"默认为所有观众可参与,可选项还有"仅粉丝团可参与",这里我们先选择所有观众可参与。

(3)"可中奖人数"默认为 10 人,可选项有 1、3、5、自定义,这里我们选择 20 人。

(4)"参与方式"默认为评论口令参与,可选项中还有"分享直播间参与"。这里我们选择评论口令参与。

(5)"倒计时"默认为 3 分钟,可选项有 1、3、5、10 分钟,这里我们选择 10 分钟。

图 6-3-8　福袋发放步骤

设置完成后点击"发起福袋",支付钻石即可。

注意,一定要在开播之前充值好钻石金额,以免发起福袋时钻石余额不足影响直播节奏。

3. 利用"超级福袋"开启抽奖活动

在抖音平台,抽奖需要使用超级福袋功能来实现,超级福袋的使用资格如下所示。

以下两种类型的主播账号均可开通并使用该功能，开通后达人需采买福袋奖品池商品或将商家分配的商品（仅限部分类目商品）作为奖品，才能在直播间进行抽奖活动。

① 达人等级 L1 及以上的非人店一体带货达人。

② 达人等级 L1 及以上的跨境、免税的人店一体达人。

（1）开通功能。

符合条件的达人进入巨量百应达人工作台，依次点击"直播管理－营销管理－超级福袋－立即开通"，即可成功开通此功能。

（2）获取奖品。

获取奖品的方式有以下两种。

方式一：达人采购奖品。已开通超级福袋功能的达人可以在"巨量百应－精选联盟－选品广场－福袋奖品"内，自主挑选并采购超级福袋奖品。需要注意的是，仅名称前带有"无忧福袋"标签的商品，才可以作为超级福袋商品采购。

方式二：商家分配奖品。在抖音部分类目，商家可将其商品分配给达人作为福袋奖品，由商家负责履约及售后。达人与商家线下达成合作后，商家可以在抖店"营销"→"更多营销工具"中点击选择"超级福袋"→"奖品池"→"合作管理"→"新增合作"，填写"达人 UID"和"分配奖品库存"后点击"确定"，即可将奖品分配给指定达人，如图 6-3-9 所示。

图 6-3-9　商家分配奖品

在开播前，麦兜已经与某健身食品品牌方谈好了以某款去皮鸡腿肉作为福袋奖品，数量为 200 份，商家已经分配给了麦兜。

（3）创建活动。

在巨量百应的"营销"界面点击"超级福袋"→"新建活动"，创建超级福袋，如图 6-3-10 所示，设置完抽奖信息后即可发布抽奖。

图 6-3-10 在巨量百应中创建超级福袋活动

在中奖条件设置中，可要求用户满足特定条件后才可参与抽奖，主播可将人群定向与任务配置相结合，适配多种营销场景。

首先，组合任务玩法支持商家定向圈选超级福袋的目标人群，如所有用户或达到粉丝团某个等级及以上的用户。

其次，人群选择完毕后，商家可根据各自的营销需求，选择是否设置超级福袋任务。

① 无任务：无须完成任何任务，到时后目标用户可直接参与活动。

② 有任务：平台支持商家根据不同人群设置 1 ~ 2 个任务组合，具体设置参考表 6-3-1。

表 6-3-1 参与抽奖的任务设置

人群定向	选择任务
所有用户	可选择加入粉丝团、加入店铺会员、看播、评论等任务中的 1 ~ 2 个，"加入粉丝团"与"加入店铺会员"任务不能同时选择
达到粉丝团 xx 等级的用户	可选择看播、评论中的任一个任务

这里我们选择所有用户可参与，参与抽奖的任务设置为看播 5 分钟。

设置开奖时间：可设置为活动开始后 ×× 分钟自动开奖，或预设具体的开奖时间。由于我们 1 个小时后开播，直播预计持续 4 个小时，所以这里我们设置为活动开始后的 5 个小时。

兑奖截止时间：默认为开奖后 48 小时内截止兑奖。

中奖限制：可设置中奖用户数与每位中奖用户获奖数。这里我们选择 200 人，每位中奖用户获奖数为 1 份。

金额限制：单场直播内，单个用户中奖累计金额不得超过人民币 50000 元。

数量限制：中奖人数 ≤ 1000。中奖人数 × 每位中奖用户获奖数 ≤ 奖品库存总数。

设置完毕后点击"创建"。

（4）开始活动。

点击巨量百应"直播管理"→"超级福袋"→"开始活动"，仅审核通过且尚未开始的活动才能被发布，如图 6-3-11 所示。

项目六／口 播 技 术

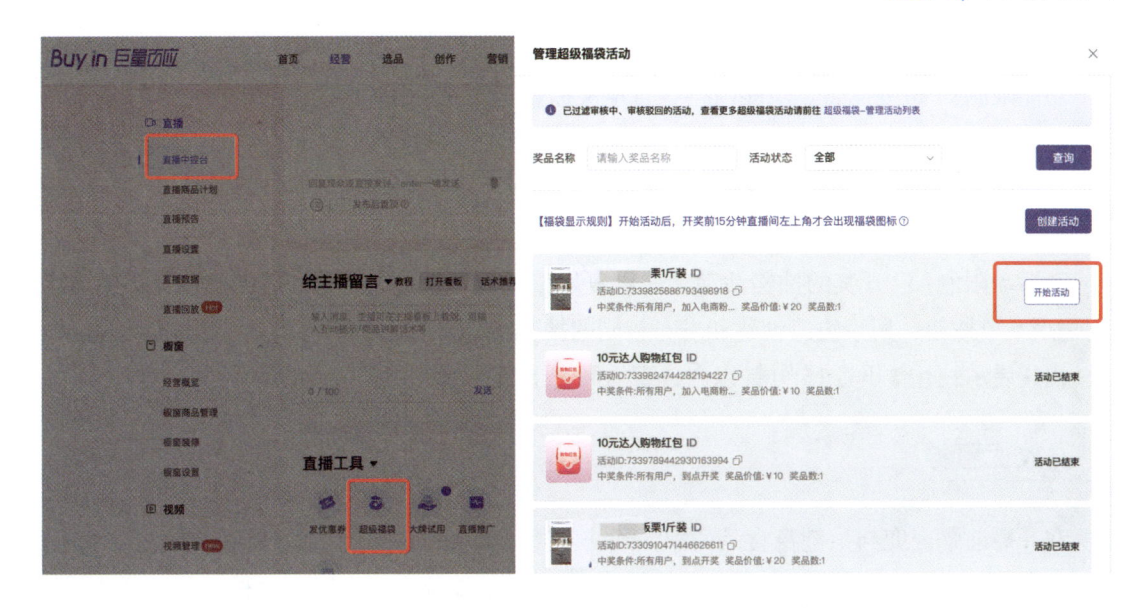

图 6-3-11　开始抽奖活动

　　成功发布抽奖活动后，该活动会以"超级福袋"的形式出现在直播内。"超级福袋"也相当于一个商品，可以随意调整位置，但不能进行讲解，无法与普通商品一样在屏幕右下角弹出"讲解中"提示。

　　直播商品中会展示超级福袋商品的中奖条件、奖品价值和奖品数，实时显示成功参与人数和抽奖开始倒计时，如图 6-3-12 所示。

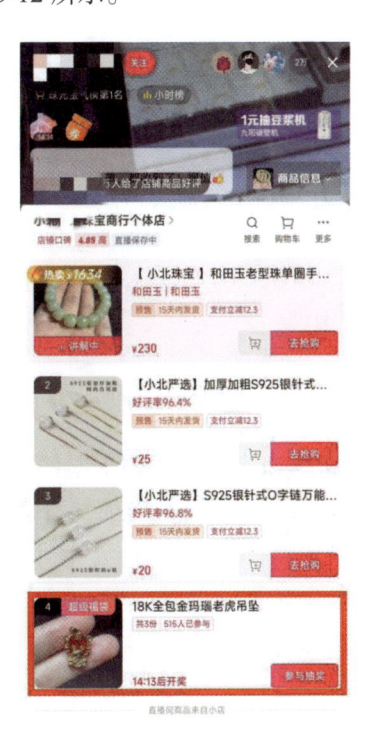

图 6-3-12　直播间超级福袋效果图

143

（5）注意事项

功能限制："超级福袋"功能与抖音自定义福袋功能不可同时使用。

数量限制：单场直播内，同一时段仅可存在一个进行中的抽奖活动。

时间限制：距离开奖时间超过 24 小时，或距离开奖所剩时间不足以让用户完成看播任务，均无法开始抽奖活动。

新活动限制：已开奖的抽奖活动无法重复发布，但当鼠标悬停在活动卡片上时，会出现"创建副本"按钮，用于快速创建和发布相同的抽奖活动。

福袋展示：距离开奖 15 分钟以内，直播间左上角才会展示福袋标识。

4．发放优惠券

在开播前，麦兜与某健身食品商家沟通，获得了该商家 200 张直减 5 元的优惠券。商家分配给麦兜后，麦兜需在直播时发放优惠券。优惠券的发放方式有以下两种：

方式一：抖音 App 发放。主播在"直播间"→"优惠券"列表中查看可发放的优惠券，点击优惠券后的"发放"按钮即可。

方式二：巨量百应后台发放。这是我们本任务中使用的发放方式，操作方式如下所示。

（1）登录巨量百应，选择"营销"→"直播间发券"，点击右侧"添加"，如图 6-3-13 所示。

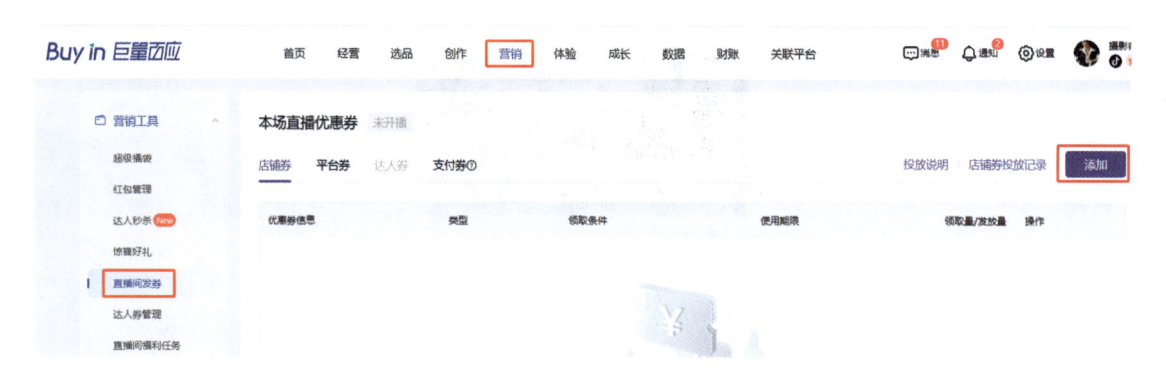

图 6-3-13　在巨量百应中添加店铺优惠券

（2）在"添加店铺优惠券"面板，生效中且当前时间在有效期内的优惠券将被展示在列表中。勾选本场直播要发放的优惠券，点击"添加到直播"，如图 6-3-14 所示。

项目六 / 口播技术

图 6-3-14　在巨量百应中添加优惠券到直播

（3）直播过程中，点击"立即发券"，用户即可开始领取优惠券，如图 6-3-15 所示。

图 6-3-15　直播中在巨量百应发放优惠券

（4）发放优惠券时，领取用户必须是直播间粉丝，否则需关注直播间成为粉丝后才能领取。优惠券在直播用户端的展示效果如图 6-3-16 所示。

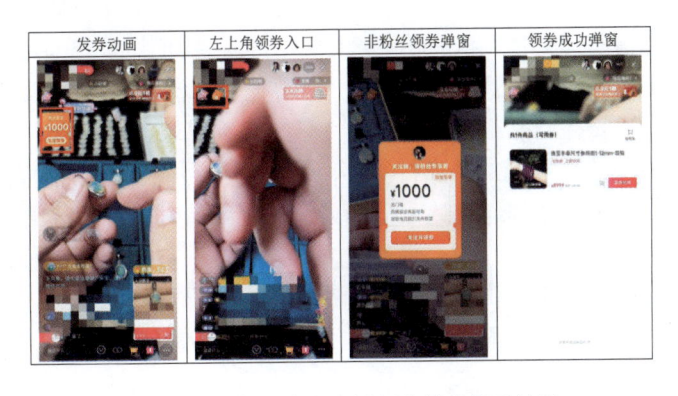

图 6-3-16　优惠券在直播用户端的展示效果

145

麦兜在直播间介绍产品的同时，穿插话术引导用户参与直播间福袋、抽奖、优惠券发放等福利活动，第一次直播效果良好。

任务思考

在本次学习中，我们了解到直播中的互动玩法有很多，要根据直播间具体情况进行互动玩法的选择。对于新开播的账号，应认真衡量使用福袋的利与弊。

达人@麦兜在复盘中觉得本场直播的用户观看时长较短、涨粉量较低、互动率较低，没有达到他想要的目标，那么在下一场直播中，他应该如何配置互动玩法来提升直播间的以上数据？

课堂练习

请同学们根据本任务所学知识，设置直播间的互动玩法：
（1）与观众连麦。
（2）发放抖币福袋。
（3）将商家设置的优惠券，发送给粉丝。

任务6.4　美妆达人的一场直播流程拆解

任务描述

抖音美妆达人@艾米一直在努力提升自我素养，她认为自己差不多已经准备好了。于是开始筹备一场美妆带货直播，准备讲解自己橱窗中的各类美妆商品，并分享美妆小技巧。请与达人艾米一起完成以下任务：
（1）拆解带货直播的整个过程，写出每个关键环节的要点。
（2）设计直播流程表。

任务实施

恰到好处的直播流程设计能大大提升节奏感，方便主播把控全场。不同类型的直播，其流程是不一样的，依据直播商品数量的不同，常常把直播流程分为过款型流程和循环型流程。过款型流程适用于直播商品很多的情况，一般一件商品仅销售一次，例如在"交个朋友"直播间，有罗永浩参与的直播通常会安排很多商品。循环型流程适用于直播商品数量较少的情况，特别是品牌代播中，品牌通过达人分销渠道销售新品时，常常只给少量的几款新品。

艾米认为自己直播经验不足，担心商品过多难以把控，故准备了5种商品，采用循环型流程，计划在2小时的直播中，讲解完所有商品之后，再循环一次。艾米先将直播全程拆解成4个部分：开场预热、商品讲解与互动、穿插活动和收场预告。

1. 开场预热

（1）开场。

主要包括4个关键环节：主播自我介绍、欢迎进入直播间、引导关注直播间、引导加入粉丝团。每个环节均应提前详细设计，重点是告知用户这样做的好处，需要用户动手操作的时候，如用户关注直播间、加入粉丝团时，主播要耐心引导。

（2）本场直播介绍。

对本场直播进行简要说明，例如直播中预告成交率高、购买人多的商品，简述本场直播的活动力度，此时一般会送出本场直播的开播福利。目的是通过开播福利留人，进而影响抖音平台推送免费流量，提升直播间人气。

开场预热部分持续时间约3～5分钟，虽然时间短但特别重要，它决定了直播间是否能留得住平台推送的初始流量，是平台推流的重要参考指标。

2. 商品讲解与互动

每款商品的解说持续时长为10分钟左右，能充分表达商品的卖点和使用场景，并有时间和粉丝进行互动。一款商品的具体讲解过程如下所示。

（1）卖点引出（2分钟）。通常会用互动的形式让用户参与进来，比如介绍一款油皮洗面奶时，就可以说"有没有脸爱出油的宝宝？在评论区扣1"，这样做既可以引出商品卖点，又能有效提高互动率。

（2）商品介绍（4分钟）。通常会展示商品，提供商品参数、介绍使用方法、强调商品卖点和说明使用场景，以及自己的试用感受。商品话术是重点话术之一，一般由运营人员提前准备。但千万不要照搬照念，主播应尝试加入自己的话术。比如，某网红在介绍口红的时候会说"像小精灵在你嘴巴上跳舞。"

这里需要注意，所有美妆商品的试色，可以先在手臂上涂抹后展示给观众，这样能更清晰、快捷地看到直观的效果，再小心地上脸给观众看整体效果。

（3）效果反馈（2分钟）。每款商品一定要说明其使用效果，而说明使用效果的最好方法是给出用户反馈，不管是线下还是线上销售都如此。可以提前找到非常详细的用户评价，直播时展示，这样可有效增强用户下单信心，提升转化率。

（4）促单销售（2分钟）。直播带货普遍存在"不促不销"的现象，要提前结合商品设计营销活动，比如满减、满送、赠品、立减等优惠，突出活动优势，促进下单转化。注意，该环节时间不宜过长，可以直接说出秒杀价、前3个下单有什么优惠，或加入粉丝团有什么优惠等，促单话术重点是体现紧迫感和限量感。

这部分直接决定销售额，是直播带货的核心环节，需要团队成员密切配合，缺一不可。其主要工作包括：数据盯盘和投流、用户答疑互动、商品上下架等。

3. 穿插活动

在两款商品之间加入活动引导，持续时间（循环提示）1～3分钟，可以让整场直播富有节奏感。带货直播的活动一般包括发红包或福袋抽奖等。利用此类活动可以有效拉动直播间停留和互动数据，也能提升 GMV。

发红包常用到时间点触发和点赞互动到达一定数值触发两种策略，是非常好的控节奏工具。使用优惠券的直接目标是提升 GMV，一般将参与人群设定为粉丝，还能提升涨粉率。

直播间设定了活动后，肯定会希望用户积极参与，所以活动本身也需要主播引导。新手主播应该从易到难，经验不足时不要设计太复杂的活动。

4．收场预告

最后一部分是收场预告，一般距离直播结束 2 分钟时执行，主要包括本次直播总结和感谢，以及下次直播预告两个关键动作。有时也可直接问粉丝还想要什么商品，汇总后邀请粉丝下次再来直播间。

5．撰写直播流程表

撰写直播流程表有助于使流程更清晰，便于主播审核流程是否缺失及其合理性，也是复盘沉淀经验的好工具。艾米对直播流程的拆解不是严格按时间线展开，一般要改写成分钟级直播流程表，见表 6-4-1。

表 6-4-1　分钟级直播流程表

序号	时长	直播内容	配套政策或行动	目标
1	3～5分钟	热场交流＋活动说明	超级福袋抽取奖品活动，价值199元，共3名，20分钟后开奖	拉人气、搏停留
2	10分钟左右	1号链接【福利款】讲解	低价福利，7天无理由，赠送运费险	拉人气
3	10分钟左右	2号链接【引流款】讲解	现场改价，XX元抢，加粉丝团额外送价值69元赠品	做成交、促销量
4	1分钟	超级福袋公布中奖，并设置下一个超级福袋	开奖后，设置下一次超级福袋，10分钟后开奖	搏停留
5	10分钟左右	3号链接【利润款】讲解	引导使用优惠券	提营收
6	1分钟	超级福袋公布中奖，并设置下一个超级福袋	开奖后，设置下一次超级福袋，10分钟后开奖	搏停留
7	10分钟左右	4号链接【利润款】讲解	引导使用优惠券	提营收
8	1分钟	超级福袋公布中奖，并设置下一个超级福袋	开奖后，设置下一次超级福袋，10分钟后开奖	搏停留
9	10分钟左右	5号链接【利润款】讲解	引导使用优惠券	提营收
10	1～3分钟	发送整点红包	发放抖币红包	搏停留
11	重复执行上述第 2～10 步			
12	最后2分钟	下播前直播感谢和直播预告	收集需求，或预告商品及直播时间	为下一场直播引流

说明：

① 该流程中，反复使用超级福袋控制节奏，大大提升了直播可控性，有关超级福袋的应用，请参考"直播互动"相关任务。

② 5 款商品包含 1 个引流款、1 个福利款和 3 个利润款，商品定位的技能要到"自媒体运营"高级课程中才会深入讲解，故这里没有区分不同商品的讲解时长，实践中是有区别的。

③ 艾米对 5 款商品的排序是：福利款、引流款、利润款 1、利润款 2、利润款 3。这不是唯一的排品策略，也无所谓对错。排品相关技能可参考"直播运营"相关任务。

任务思考

本任务拆解了直播流程，并编写了分钟级直播流程表。实践中，为了提高效率，常常直接填直播流程表，但直播流程表还可以继续细化为话术表，请参考"直播销售"相关学习任务。

过款型直播流程涉及很多款商品，作为一名普通达人，请尝试利用直播流程表设计一套过款型直播流程，要尽量让这场直播过程流畅，节奏明晰，保持吸引力，你会怎么做呢？

课堂练习

请同学们根据本任务所学知识，撰写一份分钟级直播流程表，控制直播节奏。

项 目 小 结

本项目从主播视角出发讲述了应如何训练有关技能，涵盖人设、话术、互动和直播流程方面。任务一中通过学习主播的形象管理、心态管理、肢体语言管理来不断提升主播自我素养，打造主播人设，并将人设标签化。任务二要求能够撰写各类直播话术，自我训练进阶，成为优秀主播。在任务三中要求会使用直播软件进行营销互动，优化直播间互动数据。任务四要求能撰写直播流程表，实现完整带货过程，达到直播目标。

主播要不断练习，多开播，建立自信并不断提升自身水平，吸引粉丝关注和带动 GMV 增长。

项目七

短视频运营

思政导入

学习目标

- 能分析对标账号,设定月度运营目标,拟订视频更新计划,并及时对执行情况进行总结。
- 能根据账号定位和内容调性,对视频进行包装和审校。
- 能跟踪、整理与分析视频运营数据,对视频运营工作进行诊断。
- 能及时发现爆款潜力视频,启动和执行爆款打造工作。

任务 7.1　美妆达人 Grace 的视频运营月度规划

📋 任务描述

百万粉丝美妆达人 Grace 在 6 月份广告单数比较多，但是除广告外日常更新较少，并且无爆款产出。7 月份广告单数较少，只有 1 单广告，日常内容正常更新，但是普遍数据低迷（点赞量在 2000～9000），无爆款产出（该账号对于爆款视频的评定标准为点赞量超过 10 万）。于是，Grace 决定对 8 月份的视频运营做一个规划，希望 8 月份数据的提升对 9 月份广告单量会有帮助，请协助她完成以下任务。

（1）设定月度运营目标。
（2）拟订视频更新计划。
（3）对执行情况进行跟踪总结。

📋 任务实施

6 月份受 618 购物节影响，各品牌方在市场营销推广方面投放预算比较大，所以即便"僧多"，"粥也多"。进入 7 月份，各品牌方预算收缩，出现"僧多粥少"的局面并不奇怪，但账号需要持续运营，如果作品数据一直低迷，达人应尽快有所行动。

1. 设定月度运营目标

影响广告主选号投放的 3 大因素为：账号近期平均数据是否稳定、账号调性是否与品牌相符合、团队配合程度和历史投放数据。

有句话说得好："无爆款不广告。"所以想增加广告单量，需要先提升数据，产出爆款视频。

（1）以终为始，设定月度运营目标。

结合之前数据，暂定 8 月份运营目标量化为：

① 10 条 1 万赞视频——稳定平均数据。
② 1 条 10 万赞视频——产出爆款数据。

（2）确定关键动作及细分指标。

短视频爆款产出流程及关键指标如图 7-1-1 所示。爆款产出的 6 大步骤是：选题、脚本、拍摄、成片、发布和运营。决定能否产出爆款的两个关键点是选题和更新量。

根据爆款视频产出流程，找到关键指标：

选题 → 脚本 → 拍摄 → 成片 → 发布 → 运营

找到关键指标

- 爆款分析12次：只有对足够多的爆款视频和账号进行分析，才能提高"网感"，知道粉丝喜欢看的是什么。
- 热点追踪12次：一是及时跟进热点，二是结合账号和达人自身的调性去做创新，才有可能吸引流量。
- 更新量至少18条：量变引起质变，只有不断地去做、去更新，把系统的知识用在实践中才能获得良好的结果。

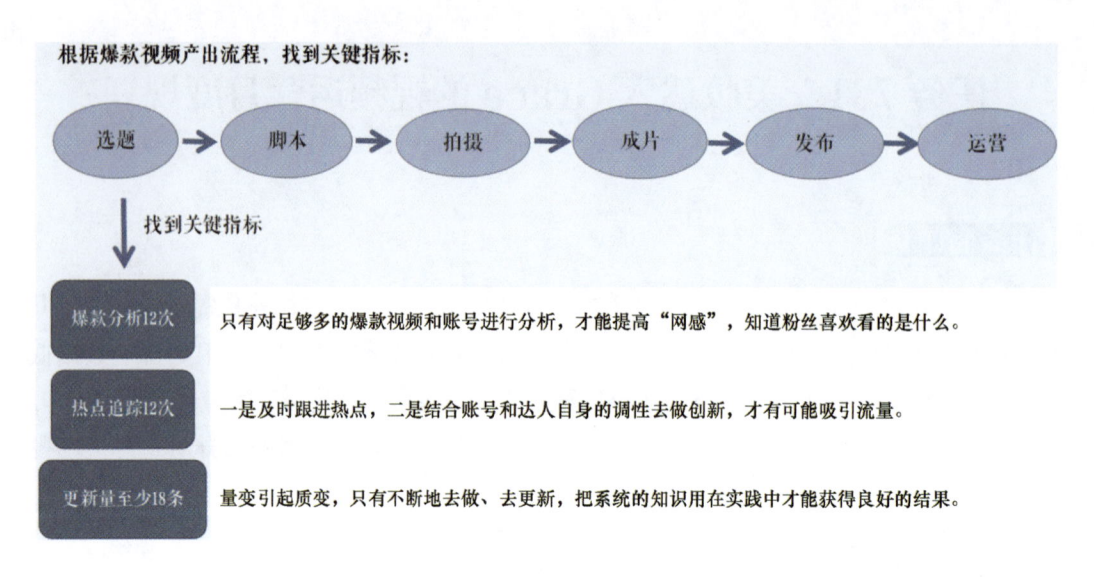

图 7-1-1　短视频爆款产出流程及关键指标

① 首先，需要达到基础的更新量。量变引起质变，只有不断更新作品，把知识系统地用于实践，才能获得想要的结果。Grace 将 8 月份的作品基础更新量指标设定为：≥ 18 条。

② 其次，做好选题策划，这是产出爆款的关键所在。因为选题决定了覆盖人数，一个选题覆盖人数越大，它的基础完播数据就会越好。好选题的产出策略和量化指标如下所示。

- 及时跟进热点选题，并结合账号调性去创新。一般追踪热点的次数要与作品基础更新量匹配，Grace 将 8 月份的热点追踪次数指标设定为：≥ 12 次。
- 多做爆款分析。只有对足够多的爆款视频和账号进行分析，才能提高"网感"，知道粉丝喜欢看的是什么。遭遇创作瓶颈时，分析对标账号是最快的启发思维、提高作品质量的方法。注意：分析对标账号，是为了研究、学习其特色和优点，从中获得启发，提升我们的创作能力，千万不能盲目照搬照抄，剽窃他人成果。Grace 将 8 月份的爆款分析指标设定为：≥ 12 次。

（3）在月度内拆解指标。

无其他客观因素影响下，暂时将月度目标、完成目标的关键动作及指标，平均分配在每一周，见表 7-1-1。每周结束时复盘，根据实际情况调整第二周的指标。

- 比如，第一周预计完成 2 条 1 万赞作品，但是最终只完成 1 条，那么另外一条 1 万赞的任务就要分配在接下来的几周中。
- 又比如 10 万赞相对难度系数较高，有"运气"成分。一切都做好之后，只能等待市场反馈，如果比较幸运第一周就完成了，后续几周就没有 10 万赞的压力了。

项目七／短视频运营

表 7-1-1　2023 年 8 月目标拆解示范

本月目标：爆款			10 条 1w 赞视频，1 条 10w 赞视频											
第一周 【8.1-8.6】			第二周 【8.7-8.13】			第三周 【8.14-8.20】			第四周 【8.21-8.27】			第五周 【8.28-8.31】		
目标： 完成 2 条 1w 赞。冲 1 条 10w 赞			目标： 完成 2 条 1w 赞，冲 1 条 10w 赞 【结合前一周实际情况，在此基础上做调整】			目标： 完成 2 条 1w 赞，冲 1 条 10w 赞 【结合前一周实际情况，在此基础上做调整】			目标： 完成 2 条 1w 赞，冲 1 条 10w 赞 【结合前一周实际情况。在此基础上做调整】			目标： 完成 2 条 1w 赞，冲 1 条 10w 赞 【结合前一周实际情况，在此基础上做调整】		
关键动作	指标	实际完成	关键动作	指标	实际完成	关键动作	指标	实际完成	关键动作	指标	实际完成	关键动作	指标	实际完成
爆款分析	3 次		爆款分析	3 次		爆款分析	3 次		爆款分析	3 次		爆款分析	0	
热点追踪	2 次		热点追踪	3 次		热点追踪	2 次		热点追踪	3 次		热点追踪	4 次	
更新量	4 次		更新量	4 次		更新量	4 次		更新量	4 次		更新量	2 次	
选题会	1 次		选题会	1 次		选题会	1 次		选题会	1 次		选题会	1 次	
复盘会	1 次		复盘会	1 次		复盘会	1 次		复盘会	1 次		复盘会	1 次	

2．拟订视频更新计划

根据月度目标的拆解，倒推出 8 月份的更新计划，见表 7-1-2。

以第一周为例，需要完成 4 次更新。

首先，确定发片时间：周四、周五、周六、周日（后半周数据一般比前半周好）。

然后，了解各岗位产能：通常编导 1 天可出 2 个脚本、团队 1 天能拍摄 2～3 个脚本、剪辑 1 天能剪辑 2 个成片。

最后，确定各岗位产出成果时间：根据各岗位产能，倒推留出写脚本、拍摄和剪辑的时间。比如，周四发片，为了提高效率并且保证质量，可以在周一完成 2 个脚本，在周二同一天拍完，周三剪辑出成片，这样周四就能准时发布。

表 7-1-2　2023 年 8 月更新计划

周一 	周二 1	周三 2	周四 3	周五 4	周六 5	周日 6
1. 脚本 1/2	1. 拍摄 1/2 2. 爆款分析 1	1. 脚本 3/4 2. 成片 1/2	1. 拍摄 3/4 2. 更新 1 3. 爆款分析 2	1. 成片 3/4 2. 更新 2	1. 更新 3 2. 选题会	1. 更新 4 2. 周复盘 3. 爆款分析 3
周一 7	周二 8	周三 9	周四 10	周五 11	周六 12	周日 13
1. 脚本 1/2	1. 拍摄 1/2 2. 爆款分析 1	1. 脚本 3/4 2. 成片 1/2	1. 拍摄 3/4 2. 更新 1 3. 爆款分析 2	1. 成片 3/4 2. 更新 2	1. 更新 3 2. 选题会	1. 更新 4 2. 周复盘 3. 爆款分析 3

续表

周一 14	周二 15	周三 16	周四 17	周五 18	周六 19	周日 20
1. 脚本 1/2	1. 拍摄 1/2 2. 爆款分析 1	1. 脚本 3/4 2. 成片 1/2	1. 拍摄 3/4 2. 更新 1 3. 爆款分析 2	1. 成片 3/4 2. 更新 2	1. 更新 3 2. 选题会	1. 更新 4 2. 周复盘 3. 爆款分析 3
周一 21	周二 22	周三 23	周四 24	周五 25	周六 26	周日 27
1. 脚本 1/2	1. 拍摄 1/2 2. 爆款分析 1	1. 脚本 3/4 2. 成片 1/2	1. 拍摄 3/4 2. 更新 1 3. 爆款分析 2	1. 成片 3/4 2. 更新 2	1. 更新 3 2. 选题会	1. 更新 4 2. 周复盘 3. 爆款分析 3
周一 28	周二 29	周三 30	周四 31	周五	周六	周日
1. 脚本 1/2	1. 拍摄 1/2	1. 成片 1/2 2. 更新 1	1. 更新 2 2. 月复盘 3. 选题会			

3. 对执行情况进行跟踪总结

Grace 以周为单位,分别从结果和过程进行复盘总结,并针对问题给出解决方案,及时止损,避免重复犯错。

(1)看结果数据。第一周产出数据见表 7-1-3。

表 7-1-3　第一周产出数据

视频标题	发布时间	播放量	完播率	平均播放时长	点赞量	评论量	分享量	主页访问量	粉丝增量(非实时)
男女生给对象买礼物的区别	8月6日	207896	25.16%	11.80s	4891	2855	2787	760	23
男朋友拍照教学	8月5日	83953	6.64%	6.17s	1025	218	853	669	7
大学生清澈眼神真实还原	8月4日	97661	29.65%	15.55s	9939	212	470	950	44
多巴胺穿搭	8月3日	787264	20.11%	13.61s	16475	1688	221	170	15

(2)看过程。本周目标及关键动作完成情况见表 7-1-4。

原定目标:2 条 1 万赞,冲 1 条 10 万赞;实际完成:1 条 1 万赞,整体目标未完成。

关键动作全部完成,整体目标未达成,所以需要分析具体问题所在,并给出优化措施,见表 7-1-5。同时调整关键动作、月度目标分解表和更新计划。

表 7-1-4　第一周目标及关键动作完成情况

第一周 【8.1-8.6】		
目标		实际完成
完成 2 条 1w 赞，冲 1 条 10w 赞		1 条 1w 赞
关键动作	指标	实际完成
爆款分析	3 次	3 次
热点追踪	2 次	1 次
更新量	4 次	4 次
选题会	1 次	1 次
复盘会	1 次	1 次

表 7-1-5　作品存在的问题及优化措施

作品	问题	优化措施
男、女生给对象买礼物的区别	选题有共鸣，所以评论量比较高，但艺人表现力弱，代入感不强	艺人增加表演练习，提升演技
	艺人台词功底薄弱，要看字幕才能听清楚	增加每日口播练习
	视频反转单一，趣味性不够	下次同类选题，增加共鸣反转点
男朋友拍照教学	BGM 选择过时，老梗跟不上热点	多刷热点 BGM 以及视频，尽量玩一些新的梗
	照片前后反差感不强	丑的部分放弃偶像包袱，漂亮的部分加一些滤镜
	艺人表演痕迹过重，不够自然	艺人增加表演练习，提升演技
大学生清澈眼神真实还原	废话过多，导致视频节奏过慢	可要可不要的话，如果不影响上下意思，就删除
	选题受众比较局限，并且不符合粉丝画像	选题上考虑账号受众
	BGM 选择过时	尽量选择当下的热门音乐做 BGM
多巴胺穿搭	跟热点速度慢	刷到热点第一时间去拍，速度和质量不能兼得时，要以速度为先
	画面呈现效果不好，只是鲜艳，不够漂亮	拍摄前选择合适的妆造，后期视频剪辑调色，选择合适的滤镜

任务思考

短视频运营人员，必须明确每个月的目标，不同的目标会有不同的选题、不同的内容比例倾向，得到的结果也不同。

比如，账号活跃度过低，后台显示投稿量较少，那就需要增加更新量。比如，账号掉粉严重，就要考虑做一些账号垂类作品，符合粉丝喜好的内容。比如，账号涨粉慢，就可以结合热点做一些泛类内容，吸引新的粉丝关注。

课堂练习

请同学们根据本任务所学知识，结合自己抖音账号调性，完成以下任务。

（1）对目前账号的数据进行分析，设定本月度的运营目标。
（2）确定为了达成本月运营目标的关键动作。
（3）拟订本月视频更新计划。

任务 7.2　完成美妆博主的账号包装和审校

任务描述

美妆博主 Grace 的账号近期内容频繁限流，同时收到粉丝在后台反馈：近期视频风格太单一，有些视觉疲劳了。于是 Grace 决定通过以下 3 个步骤对账号进行调整，来提升视频观看体验。
（1）封面包装。
（2）直发语包装。
（3）严格的成片审校。

任务实施

短视频包装的主要目的是吸引用户的眼球，让短视频更加美观，更富有观赏性，给人不一样的体验，从而形成短视频独有的标签，给用户留下深刻印象。本任务的账号包装重点分析视频封面和直发语的包装。

1. 封面包装

（1）先用之前找对标的方法，找到同赛道的博主，总结他们共有的封面特点。
① 封面的文字清晰；
② 标题字数多的情况下，核心点内容用颜色加以区分；
③ 使用的字体在兼顾美感的同时，采用有版权的字体。
（2）好的封面包装，可以做到在封面文字清晰的前提下，充分体现博主的个人特色。总结整理其表达技巧，大概有以下 4 类："抓眼球"、传递价值、彰显特质和借势。
① "抓眼球"类。
夸张的表情能够传递丰富的情绪信息，相比于表情平淡的封面，以人物夸张表情为主的封面更容易引发观看者的吐槽、互动。如图 7-2-1 所示。
对比效果越明显，越容易刺激用户点击。如图 7-2-2 所示。
戏剧性的冲突越剧烈，越能够给用户带来强烈的刺激。如图 7-2-3 所示。

图 7-2-1　抓眼球之夸张表情 　　　图 7-2-2　抓眼球之制造对比 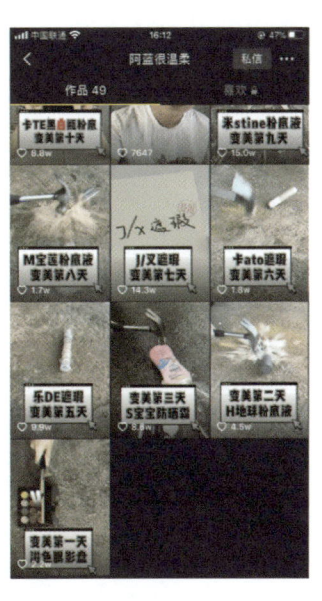　　　图 7-2-3　抓眼球之戏剧冲突

② 传递价值类。这种类型的封面把短视频核心价值提炼出来，放在封面上，给用户带来直截了当、内容很有价值的感觉。这种封面在知识技能、方法干货类的短视频中运用得最多。如图 7-2-4 所示。

③ 彰显特质类。在数千万创作者聚集的抖音平台，有多少人会注意到一张普通面孔？通过封面把达人最出彩的个人特质展示出来，并持续输出，才能让用户形成"记忆点"。如图 7-2-5 所示。

图 7-2-4　传递价值类封面示例 　　　　　　　图 7-2-5　彰显特质类封面示例

④ 借势类。这种类型的封面借助最新的新闻热点话题或事件吸引观众，因为热点事件自带流量，可以让用户浏览到封面时快速点进去。但在制作这类封面时，一定要把握好尺度，

否则可能因为借势不当，反而招致用户反感，事与愿违。如图 7-2-6 所示。

图 7-2-6　借势类封面示例

（3）结合博主 Grace 的账号定位和内容调性，制作适合的封面。

由于美妆博主 Grace 的定位是清冷美术生教化妆，所以首先排除了抓眼球类和彰显特质类。日常视频选择传递价值类封面。在有最新的新闻热点话题或事件时，可以选择借势类封面。

如图 7-2-7 所示，是一幅 Grace 的传递价值类封面。因 Grace 的定位是"清冷"，故调整了图片，内容方向为："教化妆"，调整文字后获得第一版修改稿如图 7-2-8 所示。请同事反馈对修改稿的感觉，同事认为字体过细，冲击力不够，文字两种颜色有点多，且暖色文字与博主"清冷"气质不匹配。故调整为第二版修改稿，如图 7-2-9 所示。之后，请更多人反馈意见，部分人反馈文字调整后似乎又过于简单粗暴，于是修改出第三版，如图 7-2-10 所示。此时，所有人都反馈满意，定稿！

图 7-2-7　传递价值类封面原稿　　图 7-2-8　第一版修改稿　　图 7-2-9　第二版修改稿　　图 7-2-10　第三版定稿

2．直发语包装

通过之前讲过的找对标账号的方法，搜索同赛道博主高赞视频的直发语，并分类整理，见表 7-2-1。

表 7-2-1　直发语分类

直发语类别		举例	解析
蹭热门式		母亲节：挑战给妈妈化妆！画完变姐妹？	结合节庆热点，获取更多流量
悬念式		明星的化妆技巧就是用手指头？	激发目标用户好奇心，具体内容在视频中讲解
对比式	时间对比	4 岁逛百货商场，十几岁就用大牌化妆品？逛完小蕙姐的化妆台，被种草了好多东西	对比的目的就是制造冲突性看点。对比的差异越大，往往越吸引人
	境遇对比	明星教我辣妹拍照，而我却像在"上厕所"	
	立场对比	女明星为了减肥居然这么拼！我只能大喊"臣妾做不到"	
挑战式		女明星皮肤好的秘密，居然只是一张纸？还不快来学	通过挑战用户的常识或固有印象，激发他们的好奇心、好胜心。注意：（1）要找准有悖常识的信息点，与常识建立对立关系；（2）灵活运用设问、反问，增加悬念或引发深度思考
启发激励式	启发回答	×××给自己长相只打 6 分？这是认真的吗	通过启发式的提问、点拨，激发观看动力
	勾起回忆	生活中极其容易烂脸的几个习惯，快叫你的小姐妹来看看	
	激发想象	参加时装周，我该穿什么	
干货式	精准定位受众	秃头星人必看！明星发型师教你正确贴假发片	击中痛点，分享"信息差"
	知识技巧	洗脸不对护肤全废，如何正确洗脸	
剧情式		今天白雪公主追了我二里地问我涂的什么口红	喜欢看故事是人类的天性，有画面感的剧情式直发语有一定的吸引力
应用数字		明星摄影师给我拍照？0 成本百万修图秘籍大公！开！ 8 种又丑又小的东西，竟然这么好用	人脑会筛选掉那些同质化的信息，优先识别差异化信息。数字会被优先识别出来，所以在标题中使用数字，能提升标题辨异度
增加关键词		普通：《美女必备的十种好物》 改进：《×××都在用的十种平价好物，我的姐妹必须拥有》	关键词是标题最能吸引眼球的要点，一般来说，关键词越精准垂直，越能吸引目标用户。有些关键词自带流量，如名人、热点话题，在拟定标题时可以适当加入

Grace 尝试仿写直发语，如表 7-2-2 所示，哪一种最吸引你呢？

表 7-2-2　Grace 仿写的直发语

蹭热门式	易梦玲同款冬日奶咖妆，普通人化了也能换头
对比式+应用数字	普通女生如何速成校花，早起 5 分钟速成冬日奶咖妆
挑战式	情人节挑战教男朋友化妆
剧情式	表妹化了这个妆去相亲，结果……

3．严格的成片审校

（1）在视频发布之前，根据《视频审校自测表》自审，全部通过。见表 7-2-3。

表 7-2-3　视频审校自测表

类别	检测项目与标准	是/否符合标准
格式	确认视频导出格式，保障清晰度。常用参数设置为：宽高比 9∶16，清晰度 4k 或者 1080P，60 帧或 30 帧/秒	√
	确认音画同步，没有跳帧夹帧、播放卡顿等情况	√
画面	确认无违禁画面，如大的 Logo 等	√
	检查是否有错别字和违规词	√
	字幕不要跟指示按键和直发语重合	√
	字体样式要基本统一，提示性或关键词等需放大	√
	使用有版权的字体	√
	画面无曝光过度	√
	无色差，色调一致	√
音频	背景音乐和音效声不能过大，以免影响台词声音的清晰度	√
	音量不能忽高忽低，应协调一致	√
	用抖音有版权的音乐	√
	气口剪辑干净利落	√
	语速适中	√
节奏	节奏符合视频内容表达需求	√
	节奏符合账号调性	√
	视频画面衔接自然，节奏和谐	√

（2）视频发布时进行"深度检测"。PC 端登录抖音，点击右上角"投稿"，选择"发布视频"，进入"发布视频"界面，把视频拖入上传区即可，如图 7-2-11 所示，上传完成后进入发布设置界面。如果账号有 10 万粉丝以上，可以利用平台提供的"深度检测"功能，进行视频是否违规的深度检测，如图 7-2-12 所示。

项目七 / 短视频运营

图 7-2-11 "发布视频"界面

图 7-2-12 "深度检测"功能界面

161

（3）审核结果通知。深度检测结束后，平台会反馈作品审核通知。如果审核通过，即可发布，如果审核未通过，可以用第 1 章讲述的方法处理。

Grace 的作品顺利通过，以上就是作品自审和深度检测的方法。

任务思考

很多人刷抖音的时候，可能会有这样的经历：刷到一个有趣的视频就会点进主页，之后根据封面喜好，点进去观看账号其他内容，如果内容也很优质，看完后就会关注账号。由此可见，优质的视频封面具有巨大威力，能提升视频的打开率和账号的关注率。

短视频发布后，有 4 个重要数据会影响作品推荐，即完播率、点赞率、评论率和转发率。好的直发语，不仅能够抓住用户注意力，让他们看完视频（高完播率），并且能够激发他们互动（转评赞），提升互动率，让作品进入更高一级"流量池"，获得更多曝光。

遵守平台规则是每个创作者的本分，因平台规则常常变化，即使成熟的创作者也要在发布作品前进行审核，养成自检的习惯，并最好使用发文助手进行 AI 深度检测。

课堂练习

请同学们根据本任务所学技能，结合自己的抖音账号，完成以下任务：

（1）找到对标账号，结合自己账号的调性，完成封面包装的升级。

（2）按本任务的直发语分类，为最新一期作品写 3 条不同风格的直发语。

（3）按给定的《视频审校自测表》对最新一期作品进行审核。

任务 7.3　一条洗发水广告视频的数据分析

任务描述

某美妆类博主的账号最近新接到了一条洗发水的广告商单，于是结合品牌方的要求和账号本身的人设风格，发布了《边洗头还能边养护头皮的天菜洗发水，被我找到啦！》的视频，如图 7-3-1 所示，并在视频下方挂载了商品链接。24 小时后，博主准备对该条广告视频进行数据复盘，请按以下步骤完成分析任务。

（1）查看作品数据并分析。

（2）查看粉丝数据并分析。

（3）查看视频成交数据并分析。

（4）找出该条视频存在的问题。

（5）得出视频优化建议。

项目七 / 短视频运营

图 7-3-1 某美妆博主的洗发水广告视频

任务实施

做数据分析,首先需要了解各项数据的意义及影响因素。其次,要把从数据中发现的问题找出来,最后,还要有针对性地给出可落地的解决方法。这才是有意义的数据分析。

(1)查看数据。登录抖音 App,点击右上角"三横线",进入"抖音创作者中心",点击"账号数据"→"详情",进入数据中心,点击"作品数据",找到洗发水广告视频作品并点击,进入该条视频的数据详情界面,如图 7-3-2 所示。

(2)分析数据——播放分析。

① 总体完播率分析。如图 7-3-3 所示,视频播放量约为 134 万,总体完播率为 0.5%,即 1000 个人中,有 5 个人完整观看了视频。考虑到作品的总体时长为 59.3s,且大部分内容为口播形式,根据经验判断,这个完播率在预期之中。

163

图 7-3-2 "数据中心"界面

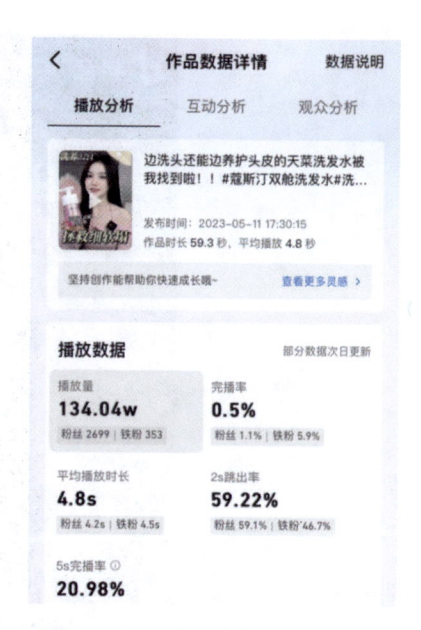

图 7-3-3 "作品数据详情"界面

② 开头完播率分析。继续查看视频的播放数据，2s 跳出率接近 60%，5s 完播率为 20.98%。点击"2s 跳出率"，可以查看视频跳出时段分析（如图 7-3-4 所示）和时长分布分析（如图 7-3-5 所示），可知视频开头 2s 内，用户损失近 60%，2-5s 又损失近 20%，较该达人其他作品数据差，说明作品开头没有吸引住用户。

（3）分析数据——互动分析。点击"互动分析"，如图 7-3-6 所示，点赞量 2.39 万，点赞率 1.78%，说明作品比较受观众喜欢。分享量、收藏量和评论量都很低，考虑到视频是好物推荐广告，娱乐性低，用户评论等互动意愿较低也属正常情况。

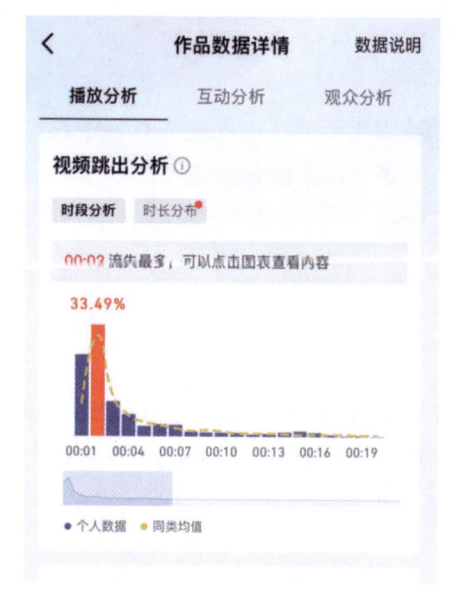

图 7-3-4 视频跳出时段分析

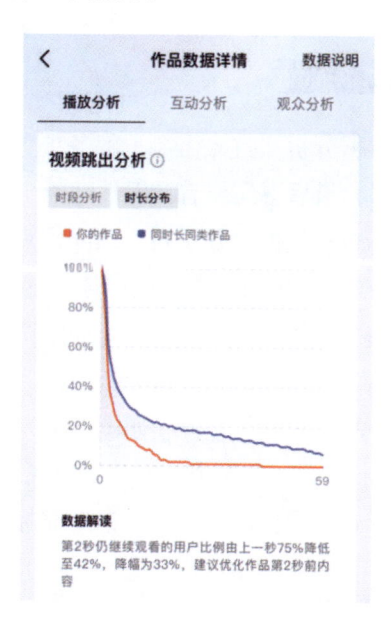

图 7-3-5 视频跳出时长分布分析

（4）点击"观众分析"→"观众评论"，如图7-3-7所示，发现虽然评论的总量低，但大部分评论都围绕"洗发水"这个关键词，且用户头像多为女性，可以认为视频对洗发水的推荐，起到了一定的营销效果。

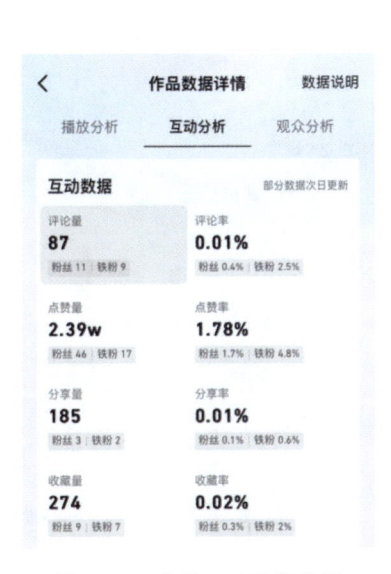

图7-3-6 作品互动数据分析

图7-3-7 部分观众评论关键词

2. 粉丝数据分析

粉丝数据重点看两个方面，一是视频带来的新增粉丝数据，二是该视频的粉丝画像。

（1）新增粉丝。

① 数量。查看"作品数据详情"中的"观众分析"，如图7-3-8所示，单条视频带来的新增粉丝为23个，而视频导致的取关粉丝为70个，净增粉丝为-47个。考虑到视频的营销属性，带来粉丝取关的结果在预期可接受的范围之内。

② 观众画像与账号画像对比分析。

结合如图7-3-9所示的观众性别和年龄分布数据，可以得知，本视频吸引的男性粉丝略多一些，达到54.26%；在年龄分布上，50岁以上人群最多，其次是31-40岁的人群。

账号本身的粉丝画像如图7-3-10所示，在性别分布上，以女性粉丝居多（占比达84.3%），在年龄分布上，31-40岁的粉丝占比相对最多，50岁以上的粉丝占比不超过6%。由此可以看出，这条视频吸引的观众画像，跟账号粉丝画像是有一定出入的。

广告目标受众：18-40岁的女性（主力消费群体）。

实际受众：男性受众略多，50岁以上占27.05%。

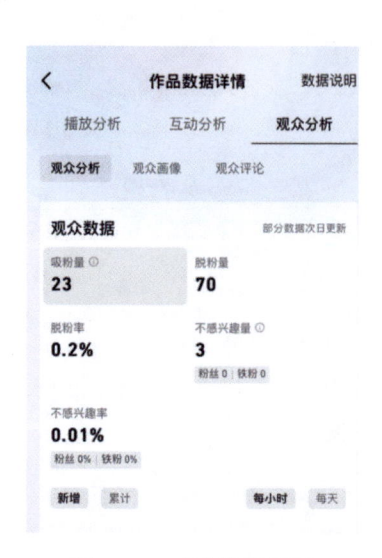

图 7-3-8　观众数据界面

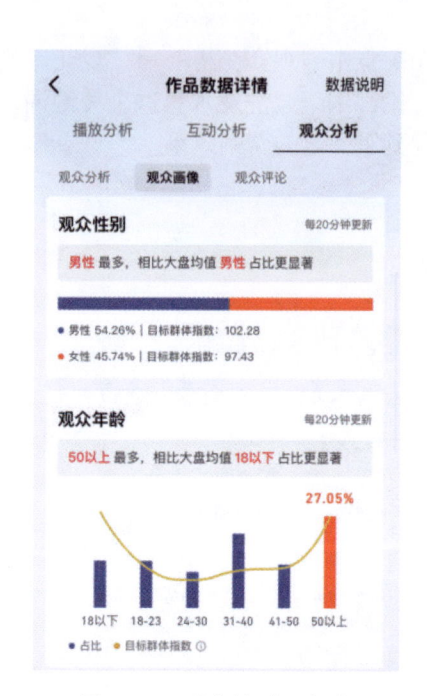

图 7-3-9　观众性别 & 年龄

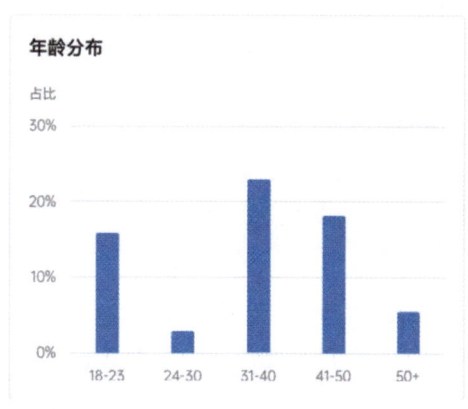

图 7-3-10　账号粉丝性别和年龄占比

3. 视频成交数据分析

（1）查看视频成交数据。

① 点击账号主页"商品橱窗"，然后点击"橱窗管理"，如图 7-3-11 所示。

② 在商品数据界面，点击"更多"，如图 7-3-12 所示。

③ 点击"短视频"，查看短视频指标，如图 7-3-13 所示。

项目七／短视频运营

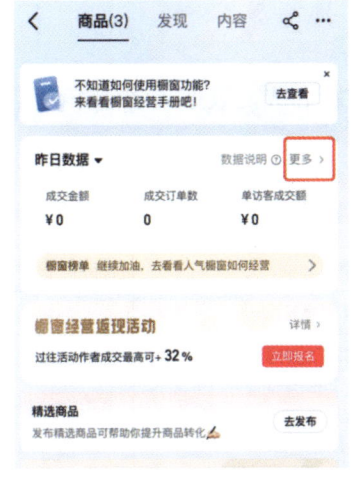

图 7-3-11　橱窗管理　　　图 7-3-12　查看更多商品数据　　　图 7-3-13　短视频近 7 日数据

（2）重点成交数据的意义。

在成交数据中，重点关注商品曝光次数、商品点击次数，以及成交金额等数据。

商品曝光次数记录了短视频上所有的商品入口点击次数，包含视频挂载的购物车、视频评论区的链接入口等。

成交金额的统计包含以下两种：

① 用户点击购物车后点击商品，直接下单购买。

② 用户点击购物车后将商品加入购物车，其后在购物车内结算。

（3）视频成交数据分析。

如图 7-3-14 所示，商品曝光次数达到 5.86 万，但商品点击次数只有 262 次，商品的曝光和点击率有点低（约 0.4%）。从数据上看，视频内容有利于商品曝光，但在转化能力方面稍弱了一些。

图 7-3-14　短视频带货分析

167

4. 分析视频问题

根据前面作品数据、粉丝数据和成交数据，综合各项数据暴露出的问题如表 7-3-1 所示。

表 7-3-1　视频数据复盘分析表

数据类别	问题	原因分析
作品数据	完播率低	视频时长过长；营销属性过强
	2s 跳出率高和 5s 完播率低	前 5s 不够吸引人；痛点不够
	评论数略低	视频的话题性和争议性不够
粉丝数据	取关掉粉	营销属性过强
	观众画像中老年男粉过多	视频内容对女性粉丝吸引力不够
视频成交数据	商品曝光量高，点击次数低	信任度不够； 视频中引导点击强度不够
	成交金额低	产品卖点不够突出； 观看人群和产品的目标人群不匹配

5. 给出优化措施

根据视频的问题，针对性地给出表 7-3-2 所示的优化措施。

表 7-3-2　视频数据优化措施

数据类别	问题	优化措施
作品数据	完播率低	优化台词脚本，加快剪辑节奏
	2s 跳出率高和 5s 完播率低	优化开头，用痛点吸引目标观众，如："用过控油洗发水的女生都知道，有的牌子用完以后头皮就会很油，一大早顶个油头出门真的会非常难受"
	评论数略低	用小号在评论区留下话题性评论，如："我就是换了这款洗发水，每次洗完蓬得像炸毛，突然嫌弃头发太多了"
粉丝数据	取关掉粉	提升涨粉人数
	观众画像中老年男粉过多	改进台词脚本，优化剪辑风格
视频成交数据	商品曝光量高，点击次数低	口播话术中加强购物车点击引导
	成交金额低	跟品牌方沟通，重新撰写商品卖点话术，弱化营销属性，强化商品痛点

任务思考

短视频的每项数据都是有意义的，是用户对视频内容的反馈。点赞的背后是对内容的认可和共鸣，涨粉的背后是账号的持续价值，评论的背后意味着用户的表达欲和参与性，而收藏的背后是实用性。

作为内容创作者，必须清楚知道这些数据的意义，能够根据数据分析视频中存在的问题，并给出优化方向。只要能坚持持续创作，反复迭代优化，出爆款只是时间问题。

对于新人来说，前期各项数据肯定都是比较低的，除了关注自己的视频数据以外，也要持续关注同行业、同类型账号。通过对比发现差距，找到自己的缺点和不足，持续改善，或许能听到成长的声音。

课堂练习

请同学们根据本任务所学知识，结合自己抖音账号，完成以下任务：
（1）查看最新一期自己抖音账号的数据。
（2）从完播率、互动率到粉丝画像、观众画像几个方面对这期作品进行数据分析。
（3）分析这期作品的问题并给出优化措施。

任务 7.4　"雪糕刺客"爆款视频打造

任务描述

某美食类博主 @下铺阿豪爱偷吃 偶然注意到，因天气渐热，雪糕作为消暑冷饮逐渐畅销。社交平台上有一位网友晒出自己购买雪糕的经历：自己随手选取了几支雪糕，在结账时却发现雪糕价格远远超出预期，但为了面子还是硬着头皮付了钱。该话题吸引了很多互动讨论，网友纷纷吐槽今年的雪糕价格太贵，自己这种打工人根本消费不起。博主觉得这是一个有潜力的爆款选题，决定围绕这个选题策划一系列的视频内容。

任务实施

做内容不能"自嗨"，所谓"自嗨"，就是站在自己喜好和认知的角度上，做自己认为可能会火的内容。我们自己喜欢的内容，不一定会成为爆款内容。做爆款内容需要一定的方法，既能满足用户喜好又符合平台调性。一般认为，打造爆款短视频的主要步骤是：执行用户调研、制订创意策略、打造精品内容、优化推广渠道、爆款延伸价值挖掘。

1. 执行用户调研

做短视频的时候，想要找准用户需求，首先要做好用户调研。

在各大内容平台用"雪糕"关键词搜索，获得相关话题或内容，通过用户发布的内容及获得高赞的评论，了解用户痛点和喜好，以便找到可行且吸引人的切入点，如图7-4-1、图7-4-2、图7-4-3所示。

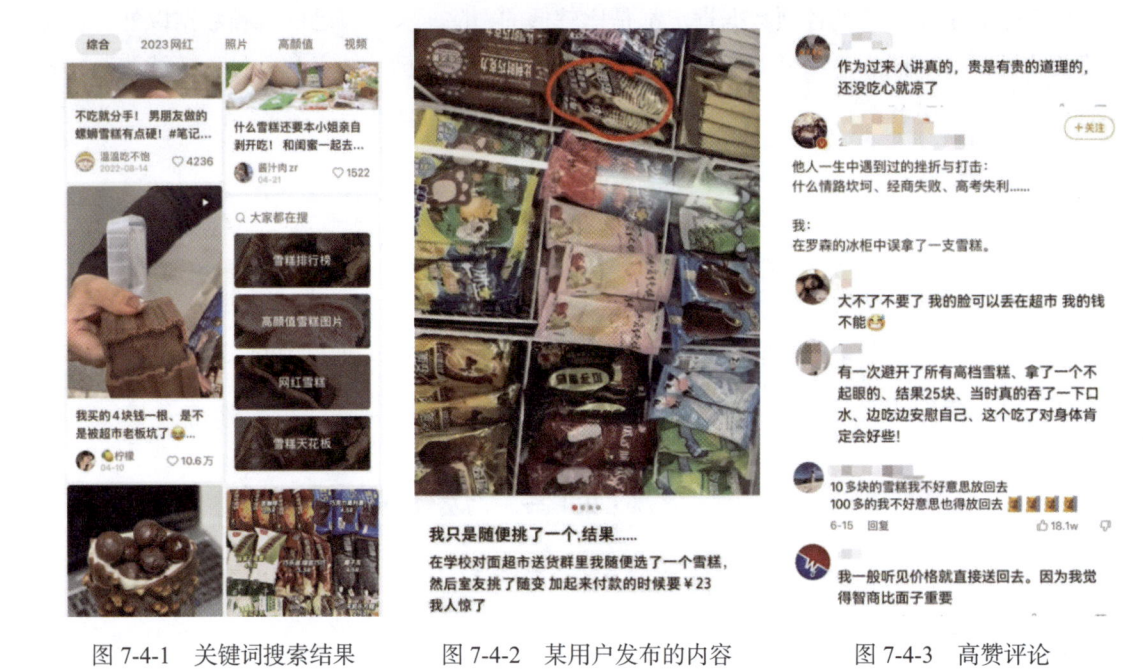

图 7-4-1　关键词搜索结果　　　图 7-4-2　某用户发布的内容　　　图 7-4-3　高赞评论

接下来在搜索结果中筛选出用户比较关心的一些选题，并进行分类整理，见表 7-4-1。

表 7-4-1　整理后的雪糕相关热门选题方向

序号	类别	热门选题方向
1	美食教程	如何在家 DIY 制作高颜值且美味的冰激凌
2	知识科普	健身期间到底能不能吃雪糕？附低卡雪糕热量表 市面上五花八门的雪糕怎么挑，来看看成分党的奥秘
3	购买指南	如何挑到好吃不易胖的雪糕冰激凌？ 内行人才知道挑雪糕注意看的地方
4	味道测评	网红雪糕真的好吃吗？到底味道如何？ 80 后童年味道，小时候吃过的雪糕品牌还在吗？ 这些奇葩口味的冰激凌，味道有点奇特
5	价格测评	让我看看哪个大冤种在吃二三十元的雪糕，平价雪糕合集来啦
6	情绪吐槽	我的脸可以丢，但我的钱不能 6 个雪糕就花了我 300 块钱 爷爷守护了钱包一辈子，没想到今天让一根雪糕给背刺了
7	反向操作	希望这个世界多一些侠客少一些刺客 这些"雪糕菩萨"低至 2r 起，还不快囤？

2．制订创意策略

列出选题池以后，需要根据 @下铺阿豪爱偷吃日常的粉丝画像和喜好，结合上述热度比较高的用户选题，为账号制订有针对性的创意策略，从故事情节、角色设定、场景还原、音乐选择等方面确定脚本细节，并着手准备视频拍摄。

（1）粉丝分析。

@下铺阿豪爱偷吃的账号粉丝画像如图7-4-4所示，从性别分布来看，男女性别比例相对均衡，男粉略多，占比54%；从年龄分布来看，23岁以下低龄年轻粉丝最多，占比38.4%左右，说明学生粉丝比较多，其次是31～40岁左右的中年粉丝。

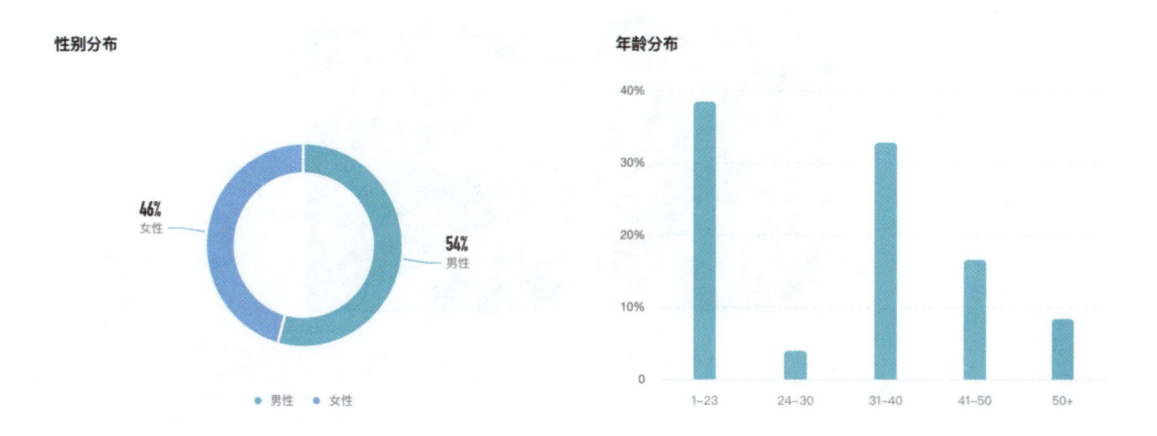

图7-4-4 账号粉丝画像

（2）选题类型与达人账号定位的匹配度分析。

美食教程类内容通常比较受女性粉丝青睐，男粉多的账号不适合。

知识科普类选题需要有一定的人设和过往视频的积淀，与@下铺阿豪爱偷吃账号偏搞笑和社牛的风格不太符合。

味道测评类内容比较吸引低龄粉丝，但年龄大一些的群体不是特别感兴趣，视频数据后期的潜力空间不大。

反向操作的选题里面包含了一些新兴的网络热词如"雪糕侠""雪糕菩萨"，年龄大一些的用户群体，可能不是很容易理解热词的含义，从而影响视频的传播效果。

综合比较之后，还是决定选取情绪吐槽类的选题，这种选题受众的范围相对广泛，且带有一定的自嘲属性，比较符合@下铺阿豪爱偷吃惯常的人设和视频风格。

（3）故事情节的选择。

博主决定展现购买雪糕的过程：在结账以前，通过"第一视角"+"画外音"展现心理活动，增强场景代入感。拉开冰柜后的慎重选择和结账后的懊悔形成喜剧效果，更容易引发观众幸灾乐祸的心情，增加评论和转发概率。故事尽量还原真实性，重点突出尴尬和沮丧的情绪。

（4）拍摄场地的选择。

为了突出雪糕价格带来的刺激，相比学校门口小店、普通商城超市等地方，连锁便利店因为一般开在办公区、闹市等人流集中的地区，商品价格会更高，更容易出现"刺客"，因此拍摄地点定在了某商品楼下的连锁便利店。提前踩点，店面环境如图7-4-5所示，并跟店员提前说明拍摄计划。

图 7-4-5　选择某连锁便利店作为拍摄场地

3. 打造精品内容

按照脚本完成视频的拍摄和后期剪辑，如图 7-4-6 所示。相关技能已经在前面训练过，故过程省略。

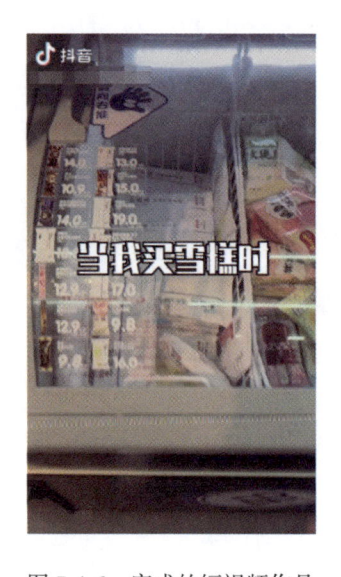

图 7-4-6　完成的短视频作品

4. 优化推广渠道

短视频剪辑完成后，根据平台属性，对短视频进行时长和横竖屏画面的调整，导出多个版本，发布到多个平台，通过拓宽推广渠道，提高作品总曝光量和转化率。

在抖音平台，24 小时内该视频点赞量迅速接近 50 万，该视频附带的话题"#雪糕刺客是什么梗"冲上平台热点榜单，并引发其他博主就"雪糕刺客"的话题进行二次创作。

视频发布后，在抖音平台主要做了两方面的运营优化工作。

（1）积极发布有趣评论，并回复用户评论，制造更多话题和看点，如图 7-4-7 所示。

（2）对视频进行加热推广。在第一天发布 3 小时后，传播数据增长不错，进行了第一次 DOU+ 推广，之后分别在第二天和第三天追投了 3 次 DOU+ 推广，如图 7-4-8 所示。

图 7-4-7　评论维护

图 7-4-8　DOU+ 推广数据截图

凭借"雪糕刺客"的话题热度，该视频在抖音平台上持续传播，总播放量超过 8000 万，点赞超过 200 万，评论量超过 12 万，转发量超过 24 万，引发了网友的共鸣和讨论。

这期视频还入选了抖音官方盘点 # 记录 2022 年最难忘的瞬间，成为 2022 年度平台大事件之一，如图 7-4-9 所示。

图 7-4-9　雪糕刺客入选抖音官方"记录 2022 年最难忘的瞬间"

5．爆款延伸价值挖掘

任何爆款短视频都有其生命周期，在出现爆款以后，还需要对爆款进行深度挖掘，从用户的反馈中总结规律，在热度持续时继续产出和优化内容，延伸爆款的价值。

博主继续深入调研日常生活中潜伏的更多"刺客"场景，发现了"水果刺客"（如图 7-4-10 所示）"话梅刺客""切糕刺客""卤味刺客"等一系列主题，并尝试开发"刺客系列"的续集，如图 7-4-11 所示。

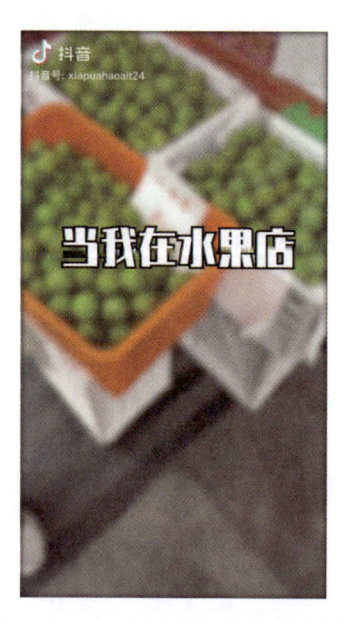

图 7-4-10　"水果刺客"视频案例 　　　　图 7-4-11　"刺客系列"续集视频

任务思考

回顾整个"刺客系列"的视频传播过程,以下两点非常关键。

(1)用户的需求和痛点。如果当时选择其他类型的热门选题,如测评或科普,很可能无法取得这样的爆款效果,究其原因是"刺客"这个角度,触及了大部分人群的痛点,内容受众面极广。

(2)话题内容自带情绪和争议性。由雪糕刺客折射出来的,看似自嘲,实际上是消费者遭遇价格信息不对称、不透明时的愤怒和无力。视频的观看用户通过发表评论,分享自己的类似经历,有很强的参与感,所以愿意转发给身边的好友,激发了病毒式社交传播。

因此,在打造爆款视频的实践中,一定要先对受众做定位分析,并通过相关调研,了解受众行为背后的心理动机,而不能在遇到热点后简单模仿他人已有的结构,盲目创作。

在"自媒体运营"的中级水平,重点强调了"二次创作",要特别留意"二次创作"不是"抄作业",而是在具备爆款元素的基础上,结合自身特点和风格进行创意迭代。

课堂练习

请同学们根据本任务所学知识,结合 @下铺阿豪爱偷吃账号调性,设定一个爆款创意,需要包含拍摄场景、人物关系以及主要情节。

项 目 小 结

近年来,随着互联网的快速发展,自媒体已经成为一种新型的传播方式,为广大创作者和企业主们提供了一个展示自我、传达信息的平台。

在这些自媒体平台中,抖音毫无疑问是非常受欢迎的。无论是想展示自己的才华还是推销自己的产品,都可以在这个平台上找到自己的位置。但是随着平台的成熟,入驻平台博主的增多,受众对于内容的质量要求也相对提升。因此,我们首先需要清楚自己为什么要运营抖音账号,然后根据自己的目的,制订合理的计划,同时尝试不同的创作方式,不断提升内容质量,才能完成最初的运营目标。

项目八

直播运营

思政导入

学习目标

- 掌握直播运营目标的设定。
- 熟练掌握系列直播活动的策划,制订运营计划,并对执行情况进行总结。
- 掌握直播活动的运营执行。
- 熟悉直播复盘各项数据指标分析,能够评估效果并提升。

任务 8.1 设定一场饰品带货直播的目标

📋 任务描述

叮当是一位拥有 5594 位粉丝的饰品带货达人，每周四、五、六、日都会开一场 4 小时以上的直播，售卖自己橱窗里的饰品。每次直播前，叮当都要给自己制订目标，让每场直播更有方向和动力，以此来激励自己不断提升直播技能。今天是周六，请你协助叮当一起制订周日的直播目标。

🕒 任务实施

要根据账号定位，开展市场调研，参考对标直播间进行直播目标的设定，本任务中达人叮当主要结合自己账号以往数据进行分析，制订了合理的流量目标、GMV 以及粉丝增长目标。

1. 查询近期直播数据

要确定本场直播的目标，应从查询近期直播数据开始，目的是掌握基本情况、基础数据。

登录抖音电商罗盘官网，在首页点击"直播"，可以看到直播间近 7 天 / 近 30 天 / 自然周 / 自然月的流量转化、流量来源、热卖商品、购买人群的相关数据。这里我们选择查看近 7 天的"流量转化"数据，如图 8-1-1 所示。可以看到近 7 天直播的成交金额为 6493.32 元，平均每场直播的成交金额为 2164.44 元。单位小时曝光次数为 1.48 万次。直播时长为 13 小时 32 分钟，平均每场直播约为 4 小时 30 分钟。曝光－观看率（次数）为 7.52%。千次观看成交金额为 431.38 元。

图 8-1-1 流量转化数据

（2）流量来源数据如图 8-1-2 所示。可以看到直播间的流量来源占比中，自然流量和付费流量的比例为 100:0，即叮当没有投流，全部流量都是自然流量。

图 8-1-2　流量来源数据

（3）热卖商品数据如图 8-1-3 所示。可以看到销售额最高的商品为"钛钢项链 29.99 任选 4 条……"，成交金额为 6266.91 元，其他商品几乎没产生多少销售。

图 8-1-3　热卖商品数据（按成交金额排序）

（4）购买人群数据如图 8-1-4 所示。可以看到直播间首购新客数为 200，占比 94.34%，复购老客数为 12，占比 5.66%，成交粉丝数为 189，占比 89.15%，成交非粉丝数为 23，占比 10.85%。购买人群画像概览为，女性占比 91%，年龄 25-30 岁占比 38.57%，策略人群中都市蓝领占比 26.96%、省份中广东占比 11.06%。

图 8-1-4　购买人群数据

2. 分析关键数据并提出优化目标

综合上述数据可知，达人叮当的直播带货还处于起步阶段，各项数据都比较健康，符合这个阶段的特点。在拟订该阶段优化目标时，要把握逐步提升原则，不好高骛远。要追求 GMV 和粉丝同步提升，不单一强调 GMV 增长。叮当从直播流量、GMV、粉丝增长 3 方面抽取了一些关键指标，分项确定优化目标。

（1）是否投流。由于达人叮当知名度较低，所带货商品也不是大品牌，暂时可以继续采用全免费流量的方式直播，所以免费流量与付费流量的比例仍将保持 100:0。

（2）曝光 - 观看率。近 7 天的曝光 - 观看率为 7.52%，转化有些低，说明流量转化效率需要提升，优化目标暂定为 10%。

（3）主推款 GMV 占比。主推款商品成交金额为 6266.91 元，直播总成交金额为 6493.32 元，故主推款 GMV 占比为 96%。一般主推款 GMV 能做到 90% 已经很好了，所以该指标无须优化，继续保持 96%。

（4）新客 GMV。三场直播的新客成交金额为 5894.23 元，占总成交额的 91%，比例非常高，但因粉丝很少，扩大销售额的关键还是在新客 GMV。平均新客 GMV 为 1964.74 元/场，单场上涨 10% 会有比较好的激励效果，所以新客 GMV 目标可定为 2161 元。

（5）月新增粉丝数。打开抖音 App，依次点击"我"→右上角"三条杠"→"抖音创作者中心"→"主播中心"→"数据中心"→"直播场次"，分别点击近三场直播，查看每场直播的新增粉丝数，分别为 60、50、467，平均每场直播新增粉丝数为 192，如图 8-1-5 所示。

显然，周末场次新增粉丝数显著高于工作日场次，所以不能按场次定增粉量，应拉长计算周期，故这里设定月增粉目标。由于叮当每周四、五、六、日直播，每月最多直播 18 场，在每场新增粉丝数稳定的情况下，可以新增粉丝 3456。粉丝量严重不足，配合新客 GMV 提升 10%，月粉丝数新增目标也应设定为 10%，达到 3801。

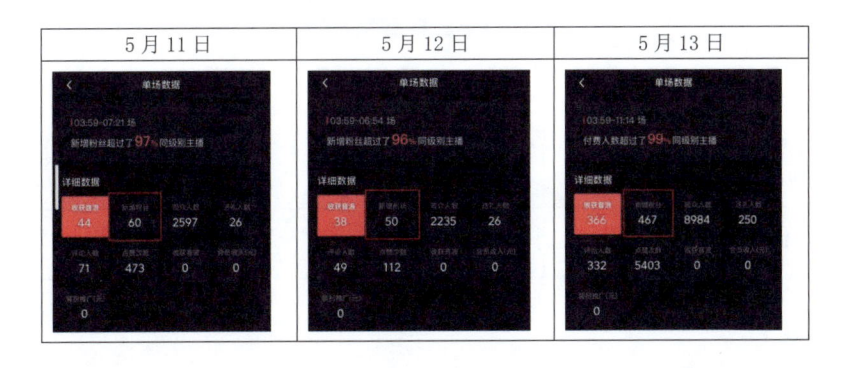

图 8-1-5　近三场直播新增粉丝数

（6）精准粉丝占比。打开抖音 App，依次点击"我"→右上角"三条杠"按钮→"抖音创作者中心"→"全部"→"粉丝中心"，查看该账号的粉丝 95% 为女性，占比最多的年龄段是 24～30 岁，如图 8-1-6 所示。粉丝画像与购买人群画像高度契合，核心人群画像无须优化。需留意精准粉丝占比的变化趋势，优化目标是精准粉丝占比呈上升趋势，即 24-30 岁区间的女性粉丝占比趋近 50%（暂定半年达到）。

图 8-1-6　粉丝数据

3. 表格呈现优化目标并持续跟进

想要不断提升直播效果，需持续跟进目标的达成情况，所以叮当制作了一张表格，用来记录每场直播的目标数据，见表 8-1-1。

表 8-1-1　直播目标记录表

直播日期	直播流量目标		直播 GMV 目标		直播粉丝增长目标	
	免费、付费流量占比	流量转化效率（曝光-观看率）	主推款 GMV 占比	新客 GMV 目标	长期精准涨粉（半年）	短期涨粉（单月）
5月14日	100:0	10%	96%	2161	24~30 岁女性占比 50%	3801

任务思考

一般认为，一场直播最重要的 3 类指标是流量、GMV 和新增粉丝。流量指标是引流工作（如短视频种草、投流等）的主要考核依据，GMV 是直播销售工作（如口播、运营等）的主要考核依据，新增粉丝是养号（达人长期成长）的基础。这 3 类指标都有多项细分指标，根据账号成长阶段不同，需关注的重点细分指标会有区别。各种数据指标是相互关联、动态变化的，有时单一指标、单场数据意义不大，要长期跟进、比较、分析，长期的趋势规律更有价值。

叮当联系了一家项链制作厂商，准备推出自己的品牌项链，从目前数据看，这是合适的时机吗？如果想要快速提升品牌的知名度，应该如何制订品牌首播的直播目标呢？

课堂练习

请同学们根据本任务所学知识，在开播前设定直播的目标，包括以下几项。
（1）流量目标：免费、付费流量配比，以及曝光进入率等指标。
（2）设定 GMV 目标：主推款 GMV 占比，新客 GMV 占比。
（3）粉丝增长目标：短期增长目标及长期增长目标。

任务 8.2　新人首次开播直播策划

任务描述

小玲是一名大二的学生，最近老师要求小玲所在的班级，每个人在抖音平台上，用自己的账号进行一次 30 分钟左右的直播。由于之前没有过相关经验，小玲决定撰写一份直播策划方案，帮自己梳理一下直播的准备工作。她计划从以下几个部分着手，请协助她完成任务。
（1）直播主题及目标制订。
（2）直播间场景搭建和氛围营造。
（3）直播环节流程规划和节奏把控。
（4）直播设备、道具准备。
（5）直播突发事件应急处理。

任务实施

结合自身实际情况，小玲进行了比较充分的准备，包括：拟订直播主题、设定直播目标、选定直播场景、准备营造氛围的音乐素材、撰写直播策划表、准备直播设备和道具，还做了简单的应急处理预案。作为一名新手达人，小玲的直播策划方案值得点赞。

1. 拟订直播主题和目标

（1）确定直播主题。
小玲自己的账号目前不足 1000 名粉丝，还不能开通橱窗带货功能，肯定不能做带货直播。小玲对抖音短视频和直播有浓厚的兴趣，她希望能随着课程的学习，逐步在抖音上积累实践经验，争取在毕业前成为一名万粉达人。她认为当前最重要的是学习好自媒体运营技能，所以想让第一个账号成为学习自媒体技能、分享相关知识的交流工具，因此小玲准备以"新人首次开播，求抖音自媒体爱好者伴读书童"为主题，以聊天互动为主题，目的是交友。
（2）拟订量化目标。
小玲明白，没有量化指标的目标无法有力推动执行。但小玲是首次开播，完全没有拟订量化目标的参考依据，所以小玲做了简单的调查，她给许多同学、朋友、亲戚发了微信，邀请他们来看直播，并请他们确认是否有时间捧场。她得到了约 50 人的肯定回复，故她进一步确定了几个基本的量化目标：直播时长 30 分钟，总观看人数超过 50 人，账号新增粉丝数超过 30 个。

2. 直播间场景搭建和氛围营造

小玲进而思考场地环境相关事宜。

（1）直播场景搭建。第一次开播，如果在教室或者操场直播，可能会受到他人的干扰，小玲自己也会觉得有些拘束，放不开。因此她决定把直播地点选在宿舍，这样比较自然舒适一些。但宿舍的自然光照条件不是很好，于是小玲决定在自己的书桌前开播。直播间呈现的画面如图 8-2-1 所示，人物面部在中心位置，头顶到画面顶端占画面高度的 1/4 ~ 1/3，保证画面背景干净整洁。

（2）直播间氛围营造。直播主要是通过听觉和视觉两方面来影响用户，视觉场景确定后，还需要考虑听觉的内容。小玲觉得自己不是很擅长持续讲话，故准备借助背景音乐来烘托直播间氛围，主打轻松、治愈的风格。在音乐的选择上，她准备借助抖音音乐榜单，选取最近抖音平台上比较有热度且自己比较熟悉的音乐，具体操作如下所示。

打开抖音 App，点击右上角的放大镜图标，输入"抖音音乐榜"后搜索，在搜索结果中点击"抖音音乐榜单"，如图 8-2-2 所示。

小玲依次查看热歌榜，根据轻松、治愈风格定位，决定使用《春不晚》等三首歌。

小玲将三首歌收藏，并下载了原声音乐，保存在手机里。

图 8-2-1　宿舍直播画面　　　　　　图 8-2-2　抖音音乐榜单

3. 直播流程规划和节奏把控

（1）直播流程规划。

在流程设计上，小玲准备分为 3 步：开播暖场（含才艺展示）、话题互动和好友连麦。

一般新号开播 1 ~ 3 分钟内，平台会随机推送一波用户，来考察直播间是否具有吸引人和留人的能力。小玲准备采用点名式互动，1 对 1 欢迎新观众，同时预告 5 分钟后会有才艺表演，让用户停留下来。小玲提前准备了近期抖音上大火的 #郭氏七十二变 纸翻花道具，来进行才艺展示，如图 8-2-3 所示。

之后进入话题互动环节，小玲的目标是交到爱好自媒体的朋友。围绕这一目标，她准备了几个互动的话题，话题的目的是吸引关注（增粉）。小玲邀请同寝室的 5 位同学在直播间互动环节回答主播的问题，并根据引导加关注。

最后，小玲将与好友连线，如图 8-2-4 所示。这位同班好友与小玲同时开播，互相配合，一起吸纳自媒体运营爱好者成为粉丝。

图 8-2-3　直播间才艺展示道具　　　　图 8-2-4　直播连麦画面示意图

（2）填写首次直播策划表。经过梳理，小玲把直播各部分的时间段、环节、内容、话术等信息，填写在"首次直播策划表"中，见表 8-2-1。

表 8-2-1　首次直播策划表

直播主题	新人首次开播，求抖音自媒体爱好者伴读书童			
直播时间	2023 年 6 月 2 日 20:00—20:30			
直播场景	宿舍场景背景 + 正面半身出镜			
直播目标	总观看人数 ≥ 50 人，新增粉丝 ≥ 30 人			
序号	时间段	环节	内容	备用问题 / 话术
1	20:00-20:05	开播问候	1 对 1 点名问候 + 引导关注	1. 欢迎 ×× 进入直播间； 2. 这是我第一次开直播，对主播感兴趣的可以点击头像关注； 3. 今天 20:05 我会表演一个小才艺，快分享我的直播给你的朋友吧
2	20:05-20:10	才艺展示	播放 #七十二变音乐 运用纸翻花道具进行表演 回答评论区互动	根据评论区留言进行回答
3	20:10-20:25	话题互动	根据直播间在线观众 点对点抛问题互动	1. 你是哪里人 / 你是哪个大学的？ 2. 你们学校有自媒体社团吗？自媒体运营技能相关的话题有朋友想一起来交流吗？ 3. 我想把自己的账号、直播间做成自媒体运营技能交流工具，关注我，一起成长好吗
4	20:25-20:30	连麦聊天	跟同学连麦，聊天互动	1. 美女，你今天直播新增了多少粉丝？ 2. 你准备下次直播分享自媒体运营实践经验吗？ 3. 你会给粉丝们准备什么福利吗

4. 直播设备、道具准备

根据以上规划，小玲提前把自己直播所需的设备、道具也填写进了表格内，见表 8-2-2。

表 8-2-2　设备、道具自检清单

环节	所需道具
开播暖场	手机 1 个、桌面手机支架一个、补光灯、蓝牙小音箱、笔记本电脑
才艺展示	纸翻花道具
话题互动	加关注，一起学习自媒体运营技能
连麦聊天	暂无

为保证直播画面质感，小玲提前购置了一个带环形补光灯的手机支架，开启前置摄像头进行直播。

5. 直播突发事件应急处理

新手第一次开播，可能会遇到各种问题，小玲有很多担忧，她最后做了一份应急预案，终于感觉安心了。见表 8-2-3。

表 8-2-3　直播应急预案

序号	问题类型	表现	应对处理	备注
1	硬件问题	黑屏、闪退	下播，查看手机内存或发热情况，更新 App 至最新版本	
2	违规提示	直播画面违规；主播言词违规	根据画面提示，避免或改善	
3	恶意言论	遇到辱骂、黑粉	点击昵称拉黑用户；继续整场直播流程	

> **任务思考**

在本次任务学习中，想要达到小玲设定的直播观看和新增粉丝的目标，对于新人来说，还是很不容易的。小玲可以在直播开始后，点击右下角 "…" → "分享" 把直播间的链接转发到自己的好友群、家族群，如图 8-2-5 所示。最后，直播话术和互动中，要注意文明用语，绝不能涉暴涉黄，避免给直播间和账号带来封禁风险。

图 8-2-5　分享直播的多种渠道

课堂练习

请同学们根据本任务所学知识,撰写一份直播策划方案。

任务 8.3　一场美妆直播的运营执行工作

任务描述

美妆达人 @ 小美在进行直播时,看似是主播在镜头前的自我演绎,其实整场直播的实施需要团队的密切配合和快速反应。一山作为团队中的"执行运营",在一场直播中需要完成很多工作,请协助他完成以下任务。

(1)直播准备工作,包括场地准备、设备检测、商品与道具准备及拟订人员安排说明。
(2)直播过程中与团队人员的协同配合工作。
(3)合适时机使用营销工具,以及在公屏与粉丝互动。
(4)直播现场管理,主要是直播盯盘和危机处理。

任务实施

虽然达人一个人就可以完成全部直播工作,但实践中因为销售压力,带货直播间必须配置专门的团队。其中,"执行运营"(也叫直播运营)经常被指派为直播间的责任人,协同场控、中控、投流等专业人员,配合主播,对直播间的产出负责。随着直播带货的成本持续攀升,特别是在腰尾部直播间,原来由场控、中控、运营、投流 4 个岗位负责的工作,常常会集中在直播运营一个人身上,即"主播 + 运营"的带货直播间最低配置。执行运营在直播全程中的各项工作,决定着一场直播是否能顺利进行。本任务涉及执行运营在直播前和直播中的部分运营工作,是"主播 + 运营"低配模式下的"运营"。

1. 直播前准备

一山通过总结自己平时在准备工作方面的实践经验,列出了一张直播前的检查清单,见表 8-3-1。

表 8-3-1 直播前的检查清单

检查项目		序号	具体事项	备注
场地准备		1	清场，清理直播间现场，确保地面、桌面等干净整洁	
		2	检查所有充电设施电量是否充足	
设备检测	硬件检测	1	灯（直播灯、背景灯）的位置、高度、方向是否正确？亮度是否适宜？冷暖色调调节是否符合现场氛围？	
		2	摄像头画面传输是否流畅？机位是否正确？画面是否清晰？是否歪斜？保证直播画面构图好看，确定展示商品距离镜头位置	
		3	检查直播推流电脑网络连接是否正常？	
		4	返送手机网络是否正常？手机是否连接电脑？	
	软件检测	1	摄像头参数设置是否竖屏推流？镜像是否正常？等比例缩放调整，格式为 1920×1080P，30FPS	
		2	直播参数设置和摄像头一致	
		3	登录抖音直播伴侣，添加素材并调整大小及位置，设置主播滤镜、美颜等	
		4	登录巨量百应达人工作台，商品上架是否完成？	
		5	检查抖音账号抖币是否足够福袋和红包的使用？	
商品检查		1	检查商品状态是否可展示？如衣服是否有褶皱？包是否干净？	
		2	检查购物车商品的描述、促销信息是否准确？	
		3	检查样品数量和品序是否正确？	
		4	赠品是否齐全，是否与手卡的一致？	
		5	采买奖品，或联系商家确认超级福袋奖品数量	
		6	保证每款商品上播之前的资质、商标、质检报告等相关资料齐全，避免被系统抽检违规	
		7	仔细核对品牌方的商品信息表，避免与官方指导价格等信息不一致	
道具准备		1	手举 KT 板、白板、各种颜色带字提示器、商品测试卡、检查报告、上链接的按铃器等	
人员注意事项说明		1	主播服装或化妆是否满足直播要求（衣服、首饰、水杯等画面露出的部分无品牌以外的 Logo）	
		2	主播状态激励	

一山将《直播前的检查清单》打印出来，每次开播前都要按清单检查准备工作是否完成。如果完成，则在备注栏画√；如果发现问题，在备注栏记录并马上处理。通过严格执行该项工作，一山负责的直播间出错率一直在公司保持最低水平。

2．直播中的协同实施

在直播中，各岗位人员不仅要各司其职，做好自己分内工作，还要和团队成员通力合作，实现流畅的配合，使直播活动能顺利完成。直播运营要和主播配合协作以下工作。

（1）配合上商品链接，同步讲解弹窗，提醒链接序号，展示和说明商品参数。

（2）配合控库存，同步库存信息。

（3）提醒主播过款节奏，根据脚本设计，把控直播流程、节奏。
（4）直播中活动倒计时整点抽奖，需在整点前每隔 5 ~ 10 分钟做提醒。
（5）提醒主播承接流量，直播间进入流量之后，主播要有相应的留人话术。
（6）和主播一起营造直播间气氛，进行正向合理引导。
（7）实时与商家沟通，如库存是否充足、没有库存如何解决、超级福袋奖品如何设置等。
（8）与投手实时沟通，把握直播间流量节奏。
（9）与主播配合，合适时机上架红包、优惠券、福袋等营销工具。

3. 粉丝互动

在直播中与粉丝的互动是必不可少的，互动工作不仅仅是主播一个人的职责，直播运营也要参与到与粉丝互动中。主要包括以下几项。
（1）留意公屏，回复评论区的粉丝留言。
（2）重要粉丝进直播间时，及时插话表示欢迎。
（3）直播间产出订单时，插话说出下单的抖音号，同时鼓掌欢呼。
（4）提醒下单粉丝付款。

4. 直播盯盘

在直播过程中，直播运营要盯着直播间的各项数据，将一场直播的流量高效利用，转化为成交数据，实时做出决策，保证成交、人气、互动等各项指标的稳定。盯盘需要注意"四看"。

（1）看曝光 - 观看率，参考值 25%。曝光 - 观看率如果低于 20%，应马上上促销工具，让更多的利益点在直播画面中展现出来，把曝光 - 观看率拉上去。

（2）看直播间流量曲线，判断开场流量承接情况。一般开场时，平台会推送一波流量，直播间也会投流，购买付费流量，使得在线人数在开场后不久出现峰值，但这些流量要能及时承接。一般判断指标是：在线人数从峰值趋于稳定后，稳定值应做到在线人数峰值的 50%，否则，可以认为开场流量未承接住，需重新打磨开场时的互动、留人等话术。在线人数的稳定值越高，说明直播间开场承接流量能力越强。有了良好的开场流量承接，接下来的直播流量大概率就稳了。曲线不稳定，或稳定在较低水平，都要想办法改善。

（3）看整场人气数据。直播间流量稳定之后，这时应重点关注直播间的互动率、关注率、人均观看时长、加粉加团数据等人气数据，持续保障直播间流量。一般经验数据是：停留时长不低于 30 秒，互动率不低于 4%，关注率不低于 2%，加团率不低于 1%。哪项数据不好，要及时告知主播，把数据补全，下一步推流才会好。

（4）看成交数据。前面进入、开场、人气 3 类数据合格之后，则要看成交数据。成交数据重点关注千次观看成交金额（GPM）。GPM 代表着直播间的流量质量，GPM 值越高，推流质量就越高。一般将 GPM 的判断标准设在 1000。低于 1000 时，流量质量和利用效率较低，应考虑上福利品，争取密集成交小单，然后上爆款，争取提升客单价。经过成交单量和客单价数据的反馈，平台能快速矫正人群画像，推送更适配的流量，这样 GPM 值很快就可以提上来，从而进入正向循环，会越卖越顺，最终获得很好的成交数据。如果 GPM 降到 200 左右，平台不会认为是流量不精准，而会判断直播间销售能力弱，那就不会推送优质流量，流量会越来越少，导致直播间进入恶性循环。另外，还应关注一下成交频次数据，主要分析有无全场的密集成交时段。如果有，应重点复盘，或许引爆直播间的办法就藏在这段时间内。

5．直播危机处理

　　一场直播充满了各种不确定因素，常常面临各种危机，应系统做好危机管理工作。一旦出现危机，临场处置无非是一些补救措施。危机前和危机处理后的工作反而更重要，主要是把复盘做细，把准备工作做足。

　　一山总结了一些危机处理方法，供达人们参考。

　　（1）直播翻车现象（人为意外事故）。在直播前准备一个备用摄像头，如果直播中出现翻车现象，导致直播无法顺利进行，可以先将画面切换到备用摄像头对应的场景。

　　（2）意外断播处置。当直播出现电脑死机或网络、电力故障时，直播运营头脑一定要非常清醒。

　　第一件事情是马上下播，因为当直播画面出现黑屏卡滞时，平台给直播间的推流还没有停，这个时候数据会突然掉得很差，如不及时停播，会影响下一场直播的推流。迅速用登录直播账号的手机，进入任意他人直播间，就可以自动被迫下播了。

　　其次，意外断播后要通过拍摄视频或者在粉丝群发布消息，向粉丝告知断播原因和恢复直播的时间。

　　再次，复播后要恢复付费流量计划，采取福利任务、主播券、复播福利等方式，迅速拉升人气，观察数据变化，判断意外断播对直播间的负面影响程度。

　　（3）商品问题处理。

　　直播中的商品问题主要有折扣价格错误、赠品设置错误、库存信息错误、SKU 信息错误等。

　　遇到这些情况时，运营要及时通知主播换品，然后把问题商品下架后处理。

　　主播收到运营给到的换品指令后，要马上启用临时换品话术，比如"姐妹们，在给大家讲这个衣服之前，我先给大家上一波福利吧"，这样就可以把用户的注意力转移，既能保住现在的用户，又可以给运营处理问题争取时间。

　　当一个商品出现问题时，运营还要检查同款或者类似商品是否也有同样的问题，比如一些批量设置的折扣、赠品等。

　　（4）违规问题处理。

　　当一场直播出现违规情况的时候，会在各个大屏收到相应的弹窗提醒，包括直播伴侣屏幕和直播大屏基础版的主播视角大屏。需要注意的是，主播视角大屏中的违规提示是默认关闭的，需要手动去开启。

　　当出现违规情况时，我们要迅速调查违规原因，具体查看路径如下所示。

　　① 电脑端，依次点击"巨量百应"→"直播管理"→"经营保障"→"账号违规管理"→"违规记录"，如图 8-3-1 所示。

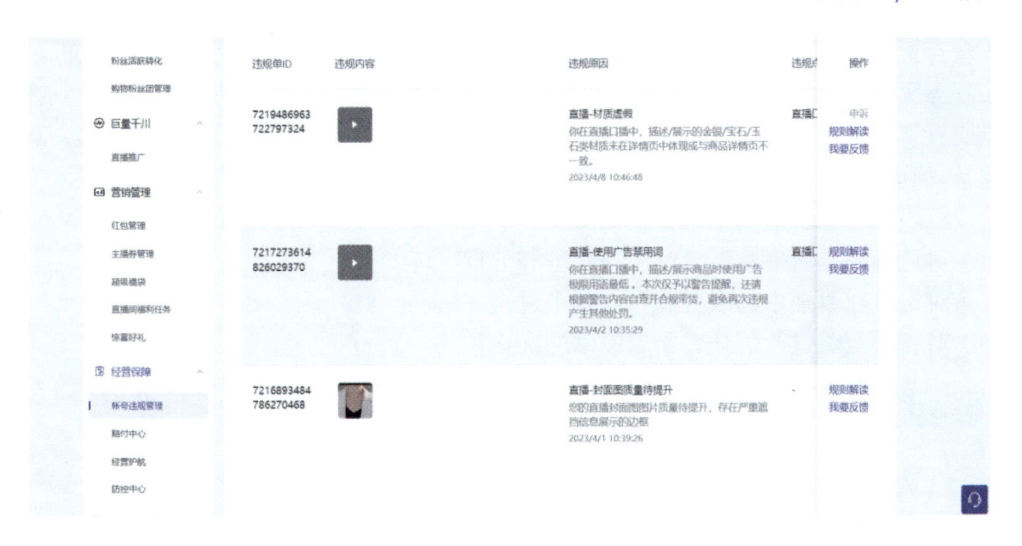

图 8-3-1 在巨量百应中查看违规原因

② 手机端，依次点击"我"→"三横杠"按钮→"创作者服务中心"→"主播中心"→"违规记录"。

如果一般性违规行为，视情况考虑是否提醒主播；如果是较为严重的违规行为，应立即通知主播改正，并且要告知主播非常具体的违规原因。如果违规判定错误，应下播后再考虑申诉。

任务思考

直播运营工作需要围绕直播目标展开，贯穿整个直播过程，包括直播前的准备、直播中协同团队配合、与粉丝互动、盯盘分析数据，依据数据推动相关工作，还要处理各种危机。带货直播的效益，常常由主播和运营共同负责。

在一场直播中，一山在盯盘时发现，进入人数一直上不去，该如何解决？

课堂练习

请同学们根据本任务所学知识，作为直播运营，执行以下工作。
（1）直播前的准备工作，根据实际情况，罗列完全。
（2）直播过程中都做哪些配合。
（3）盯盘过程中若发现某项数据的具体问题，请给出解决方法。

任务 8.4　一场饰品带货直播的复盘

任务描述

叮当是一名爱搭配、爱时尚的女大学生，通过分享日常搭配，为自己的账号积累了 6000

多名粉丝。近期她在学校电商基地的帮助下，对接了爱戴饰品厂，该厂商主营耳饰、耳环、手链。叮当用现有抖音账号，开展了三次直播带货，销售爱戴饰品厂的产品。她分别在星期三、星期五和星期六各进行了一次 3 小时的直播。叮当每次直播后会进行直播复盘，观察数据变化，找到下场直播的提升方向，故账号各项数据都逐渐有了较大改善。为迎接 618 的大波流量，叮当想对自己的账号进行全面复盘，请跟随达人叮当一起完成以下任务：

（1）对近期一场直播数据进行全面整理和分析。
（2）对自己在直播中的表现和直播效果进行评估。
（3）对直播策略进行优化，给出明确的优化策略。

任务实施

本任务从数据分析开始，对达人和直播效果进行评估，目标是优化直播策略，这就是直播复盘的主要内容，也是直播运营的重要工作。回顾整个直播过程，能够对直播技能、话术、产品等方面产生更多认识和理解，避免重复犯错，提高直播效果和效益。

1. 直播数据指标分析

根据直播电商生命周期四段论，叮当账号直播间实时平均在线人数（ACU）在 0-80 区间内，直播间成交金额在 0-2 万元区间内，可以确定叮当的直播间还处于冷启动期。在这一阶段，运营的核心目标是利用更优质的内容来获得更高的曝光率。

根据直播间所处的生命周期，叮当在直播大屏配置了如图 8-4-1 所示的几个指标（最多可以配置 10 个指标，实时显示在直播大屏中），她把这些指标分成四类：人气指标、互动指标、转化指标和订单指标。复盘时，对于各项数据指标的分析策略也各不相同。

（1）人气指标。

人气指标也叫流量数据指标，人气指标越高，说明有越多的用户在观看直播，直播间的热度和吸引力就越高。作为冷启动期的账号，叮当重点关注平均在线人数和累计观看人数。

图 8-4-1　饰品账号抖音电商罗盘·达人直播大屏

① 平均在线人数（ACU）。反映直播间是否具有成交转化基础，平均在线人数越高，直播间的成交变现潜力就越大。毕竟有人的地方才有市场。叮当了解到，一般冷启动期的账号平均在线人数应该为 50~100，而自己本场直播的平均在线人数为 36 人，略低于同类型账号。

② 直播间累计观看人数（即常说的场观）是一个很重要的数据指标，数值越高，说明直播间受到了越多用户的关注和喜爱，也代表有更多的人能够看到这个直播间，即直播内容质量高。冷启动期的直播间累计观看人数在 1000~5000 之间，叮当本场直播的累计观看人数为 6260 人，略高于同阶段的账号。

（2）互动指标。

互动指标反映的是观众在直播中的参与度，也反映了主播的亲和力及其与观众的互动质量。当互动指标高时，说明观众对直播内容有强烈的参与意愿，并且对主播本人有良好的认同感。在互动指标中，应重点关注新增粉丝数和人均观看时长。

① 新增粉丝数是指在直播期间有多少人关注了主播，它反映了主播的互动能力。一般来说，新增粉丝比例达到 5% 算是比较好的数据表现，当单场直播的新粉比例低于 3% 时，说明陌生用户没有被主播吸引。叮当账号的总粉丝数为 6000 人，本次涨粉 132 人，新增粉丝的比例为 2.2%，低于平均值。

② 人均观看时长反映直播间内容和商品的吸引力，人均观看时长越长，表明观众越喜爱直播内容或商品。要关注人均观看时长大于 1 分钟的比率，这是对主播的重要考核指标。本场直播人均观看时长为 52 秒，说明本场直播的内容基本合格。

另外，大屏中还有一项互动指标：新加直播团人数，对于达人直播而言，该指标与新增粉丝数意义一致。

（3）转化指标。

转化指标能够直观地反映主播的销售转化能力，需要重点关注点击-成交转化率和千次观看成交金额。

① 点击-成交转化率。理论上希望此数据可以无限高（趋近 100%，只要进直播间就购买），但在实际操作中，常常只能达到 5%~10%。本场直播达到了 12.72%，属于非常理想的数据了。

② 千次观看成交金额（GPM）。该指标与点击-成交转化率一样反映主播的销售转化能力，但因为与巨量千川的投流设置关联，所以在直播电商领域非常受重视，很多人认为，这个值最能反映投流质量。本场直播的千次观看成交金额为 269.19 元，这个值与带货均价有关。本场直播累计成交 1929 元，72 件，货品均价为 26.79 元/件，则千次观看成交件数是 10 件，百次观看就成交一件，这个数据也已经非常理想。

另外还有一项转化指标：成交粉丝占比 20%，这项指标也不简单，一般认为过高过低都不好，应该在一个合理区间。而且处于不同生命周期的账号，这个合理区间还不同。

（4）订单指标。

订单指标可以直接反映出产品竞争力。通过对比不同时间段的累计成交金额和累计成交件数，可以看出直播间在不同时期的销售表现，从而进行适当的策略调整。

① 累计成交金额。这一数据是衡量一场直播效果的主要指标（在大屏中字体最大），本次直播的成交金额是 1929 元，相比前几场的直播，变化不大。

② 累计成交件数为 72 件。该指标反映了观众对商品的认可度，叮当最近几次直播的带

货数据较稳定。

另外还有成交人数，意义与成交件数相当。

2. 直播评估

（1）主播表现评估。

叮当深知只有提高自己的能力，才能更好地满足用户需求、提升直播效果。故在直播时，她设置了屏幕录制。复盘时，她会回看直播过程，并从以下4个方面对自己的表现进行评估，见表8-4-1。

表8-4-1 主播表现评估

评估方向	基本要求	自我评估
服装搭配与形象表现	衣着搭配、妆容造型符合直播主题	服装选择了红色高领条纹衬衫，颜色过于艳丽，不利于耳环产品展示，需要更换服装。妆容有些摇滚风格，和公主风的配饰不符，下次要更改妆容，妆面干净一些
主播状态	工作态度积极、热情，情绪饱满	有信心能完成这项工作，情绪稳定，愿意继续尝试
讲解能力	避免口头禅，产品话术逻辑性强，语速适中	对产品不够熟悉，导致有很多口头禅和卡顿，应该多多练习产品话术，慌乱时语速会不自觉地加快
互动效果	积极互动并回复评论、问题和建议；采取多种互动方式	用户评论做到了应回尽回，但只用口播的方式解答，没有引导用户咨询客服或者点击链接

另外，可以从数据分析层面进行评估（往往比主观的自我评估更客观一些），例如，人气指标反映了叮当还是新手（ACU低），但比一般新手勤奋（累计观看人数多，因为直播时间长）；互动指标反映主播讲解能力合格（人均观看时长合格），但缺乏对用户的加粉加团引导（新增粉丝数低）；转化指标反映主播重视转化，且效果好；订单指标反映产品竞争力不够或者主播未能展示出产品竞争力。

（2）内容效果评估。

好的直播内容能够吸引更多的用户观看和参与，增加用户黏性和忠诚度。通过不断优化和改进直播内容，可以提升用户体验，进而提升直播效益。叮当从三大方向对直播内容效果进行了评估，见表8-4-2。

表8-4-2 内容效果评估

评估方向	基本要求	内容效果评估
直播画面	货品摆放整齐，风格统一，主播距离镜头距离适中	货品按产品风格已摆放规整，但货架距离镜头较远，不利于展示产品细节
内容质量	主播要与直播的主题、内容具有适配性；内容适合目标受众，对观众有吸引力	此次直播没有设定明确的主题。直播内容符合账号粉丝画像，能够吸引观众进入
排品流程	产品排布有逻辑性和合理性；避免无序、混乱，甚至慌乱的情况	产品链接上架过程很流畅，按照产品的系列主题和套装依次上架，以后要继续保持

3. 直播策略优化

根据直播数据分析与评估，很容易就能找到优化方向，但提出创新优化策略并不容易，叮当尝试在4个方向上找优化策略。

（1）提升曝光。

直播间的曝光程度是基础，没有这个基础，后续的一切数据都无法落地。故要尽一切努力提高曝光量，叮当计划通过以下策略提升曝光。

① 发布直播预告。在达人主页简介中直接标明"直播时间为每周三、五、六下午的14:00-19:00"的文字说明，引导访问主页的用户和粉丝进入直播间。

② 发布引流短视频。叮当计划制作一条主推款耳环的短视频，直发语说明"进我直播间9.9元包邮送到仙女家"，准备在直播前作为引流短视频使用。

③ 站外引流。叮当计划在微信、微博、小红书等平台发送图文消息，邀请用户进入直播间。

（2）拉场观。

场观反映着直播间的热度和人气，场观高会吸引更多的用户进入直播间，获得自然流量增长。为了增加直播间的场观，可以采用如下策略。

① 设计更多的粉丝营销活动。例如，设置粉丝专享优惠券，仅关注可领取，这样可有效提升关注。利用福袋、优惠券、秒杀产品这些福利，可以提升粉丝的看播时长。

② 口播引导互动。用口播互动的形式，引导粉丝完成评论、点赞、分享、加粉丝群等。用户参与度越高，平均停留时间越长。

③ 设计小任务。叮当计划根据产品的特点，在产品上架前让用户完成小任务，如猜货品的价格、猜材质、猜直播间活动等，让用户充分参与直播，从而停留更长的时间。

（3）提升点击成交。

叮当的转化工作做得挺好，但她还是给出了更多优化策略。

① 使用组件工具。叮当通过使用系统提供的正在讲解功能，多次在直播界面弹出组件，增加了主推款商品的曝光率和点击机会。

② 配合口播话术。深入讲解主推款"镀金小蝴蝶珍珠耳环"的商品细节、设计和材质，引导用户点击购物车和直接下单购买产品。

③ 加强产品展示。叮当在介绍时改变了产品的展示方式，将产品从货架中拿起来进行试戴，让用户能够更清晰地看清耳环的佩戴效果，提升用户的购买欲望。

④ 引导购买。叮当在直播中使用用户手机进入自己的直播间，为观众演示购买流程，帮助用户快速下单。

（4）流量数据。

流量数据包括自然流量和付费流量。当前叮当更关注自然流量，她找到了以下优化策略。

① 优化用户预览直播间时的画面内容，重点关注场景搭建、商品摆放、主播镜头距离与穿着，不断替换做测试。

② 优化直播间设备，使用专业的相机及灯光设备，保证直播画面的清晰度、稳定度。

③ 优化直播间声效，为了让用户有良好的听感，愿意听下去，在直播时应该保证人声清晰，做到无杂音、无回音、无爆音。

④ 搜索自己直播间，感受标题是否有较强的吸引力，尝试提升标题与直播内容的关联度。

另外，叮当计划在合适的时机启动 DOU+、巨量千川投放，尝试用付费流量撬动自然流量的增长。

任务思考

叮当每次复盘都涉及直播数据指标中的人气指标、互动指标、转化指标、订单指标的查看和分析。在直播评估时，除了对主播表现进行回顾，还要对整场的内容效果进行反思，从提升曝光、拉场观、提升点击成交和流量数据方面做策略的调整优化。

课堂练习

本次直播累计观看人数为 6260 人，叮当经过深度复盘和策略优化，她的下一场累计观看人数上升到了 13089 人，请尝试分析在上述 4 类指标中哪些数据指标会产生显著变化？上述优化策略中，请分析哪个策略对这些数据变化起到了最重要的作用？

项 目 小 结

直播运营是一项十分复杂的活动，在进行直播运营之前，应设定直播目标，制订合理的直播策划方案，做好直播执行的前期准备工作，然后依据方案有目的、有针对性地执行直播运营的各项工作，并做好数据分析复盘。

本项目主要分为四个任务，任务一要求在每场直播前设定直播目标，从而做到每场直播数据有不断提升。任务二是新人开播的完整流程策划，通过学习此任务，能熟练策划直播脚本，并严格按照方案执行。任务三从直播运营侧，重点分析了开播前准备、直播中配合互动、直播盯盘等工作。任务四为直播复盘，包括数据复盘、主播及内容效果评估，并提出优化改进措施，促进每场直播的效益。

项目九

付 费 推 广

学习目标

- 能根据需要，注册广告平台账户，完成账户设置。
- 能掌握DOU+的基本原理、应用场景、广告类型，会查阅广告数据。
- 能掌握信息流广告的基本原理、应用场景、广告类型，会查阅广告数据。
- 能掌握搜索广告的基本原理、应用场景、广告类型，会查阅广告数据。

思政导入

任务 9.1　广告账号创建

任务描述

知识分享达人 @飞彦的笔记在抖音积累了 16 万名粉丝，作为账号商业变现的方式，近期他开始做付费课程，但是在课程推出后并没有获得较好的销量。在这样的情况下，@飞彦的笔记认为需要通过官方推出的广告产品对作品进行加热，帮助自身账号商业变现。抖音的广告工具有巨量千川、DOU+、巨量本地推、巨量星图等，@飞彦的笔记之前从未接触过广告投放，本任务的目标是注册并设置巨量引擎广告平台账号，以便于开始广告投放。

（1）浏览巨量引擎官网，了解巨量引擎工作台。
（2）注册巨量引擎账号。
（3）完成广告账户设置，包括账户绑定、资质认证等。
（4）查看和理解广告数据。

任务实施

本任务主要目的是了解巨量引擎工作台的营销协作能力，注册并设置巨量引擎广告账户，为账号 @飞彦的笔记后续的广告投放提供基础。任务可分解为：了解巨量引擎工作台，注册、登录与信息修改，账户绑定与资质认证，数据概况与分析。

1. 了解巨量引擎工作台

巨量引擎工作台是巨量引擎营销协作平台，连通巨量引擎旗下巨量广告、巨量千川、巨量本地推、企业号、巨量云图、巨量星图等商业产品。巨量引擎工作台致力于为客户提供跨账户经营、分角色授权等服务；让资产和数据更清晰，加速决策部署；让管理和协作更便捷，提升业务效能。

电脑端打开巨量引擎官网，登录巨量引擎工作台，如图 9-1-1 所示。

项目九 / 付 费 推 广

图 9-1-1 巨量引擎工作台首页

平台的主要栏目简介见表 9-1-1。

表 9-1-1 平台的主要栏目简介

栏目	简介	功能
首页	证券交易所大屏	支持查看巨量广告、巨量千川等业务的数据概览
推广	多账户/计划/组看板	支持查看巨量广告、巨量千川、巨量本地推多账户/计划/组数据
直播	直播账户后台	支持进行多号直播管理
分析	全方位数据分析师	支持进行广告效果、经营分析、内容分析及自定义BI工具分析
资产	线上云盘	支持视频库、自定义人群包、应用管理中心等资产的管理
财务	线上钱包	支持资金充转退&开票等财务管理
设置	营销指挥部	支持多账户管理、协作者管理、认证管理等

推广栏目主要包含的推广工具简介见表 9-1-2。

表 9-1-2 推广工具简介

推广工具	适用群体	应用场景	功能介绍
巨量广告	广告主、营销人员	广告投放	投开屏广告、搜索广告、直播间等，投放视频时，画面中会显示广告字样。覆盖多个产品的广告资源，支持定向服务和按效果计费
巨量千川	抖音小店商家、带货达人	闭环电商广告推广	电商广告平台，整合了多种电商广告能力，包括DOU+、鲁班、直播带货、短视频带货等，画面中也会显示广告字样
巨量本地推	本地实体商家	本地推广	一站式营销平台，实现门店获客、团购转换、抖音涨粉等本地推广目的。针对本地商家门店的推广，挂了地址和团购的视频就要投放它
DOU+	抖音创作者	视频加热工具	提升视频播放量与互动量，增加内容曝光效果。企业版DOU+还可以投放线索和私信
小店随心推	抖音小店商家、带货达人	抖音端推广小店商品	轻量级广告产品，推广小店商品，实现广告和电商全方位融合协同。小店随心推是巨量千川的手机简化版，只是人群筛选远不如巨量千川那么详细

197

2. 注册、登录与信息修改

（1）注册登录。可以用邮箱、手机，或者其他方式进行注册，已经注册账号的可以直接点击登录，操作步骤略。

（2）信息修改。点击右上角用户头像，选择"账号信息与安全"，可以修改账号密码、绑定手机号&邮箱，以及进行账号重置/注销等操作。

3. 账户绑定与资质认证

以巨量广告为例，账户绑定与资质认证流程如下所示。

（1）账户绑定：依次点击"设置"→"巨量广告"→"绑定广告账户"，即可进行账户绑定，如图 9-1-2 所示。巨量引擎工作台支持基于主体维度的一键绑定账户，完成账户绑定后，使用抖音推广工具的投放数据都能在巨量引擎工作台统一查阅。

图 9-1-2　账户绑定

（2）资质认证：依次点击"设置"→"认证管理"→"巨量引擎工作台认证"→"前往认证"，进行资质认证，如图 9-1-3 所示，包含企业认证和个人实名认证。认证是获取广告投放资格的必要步骤。

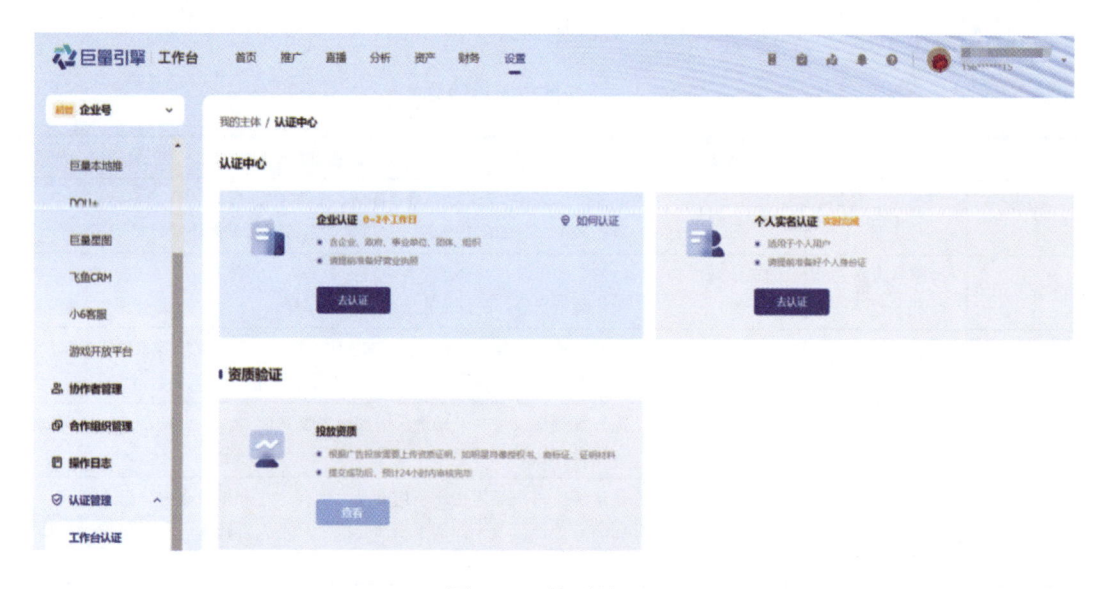

图 9-1-3　资质认证

4. 数据概况与分析

（1）查看数据概况。在工作台首页，点击不同的推广工具图标，即可切换并查看巨量广告、巨量千川、企业号、巨量星图、巨量本地推等推广工具的数据概览，如图9-1-4所示。

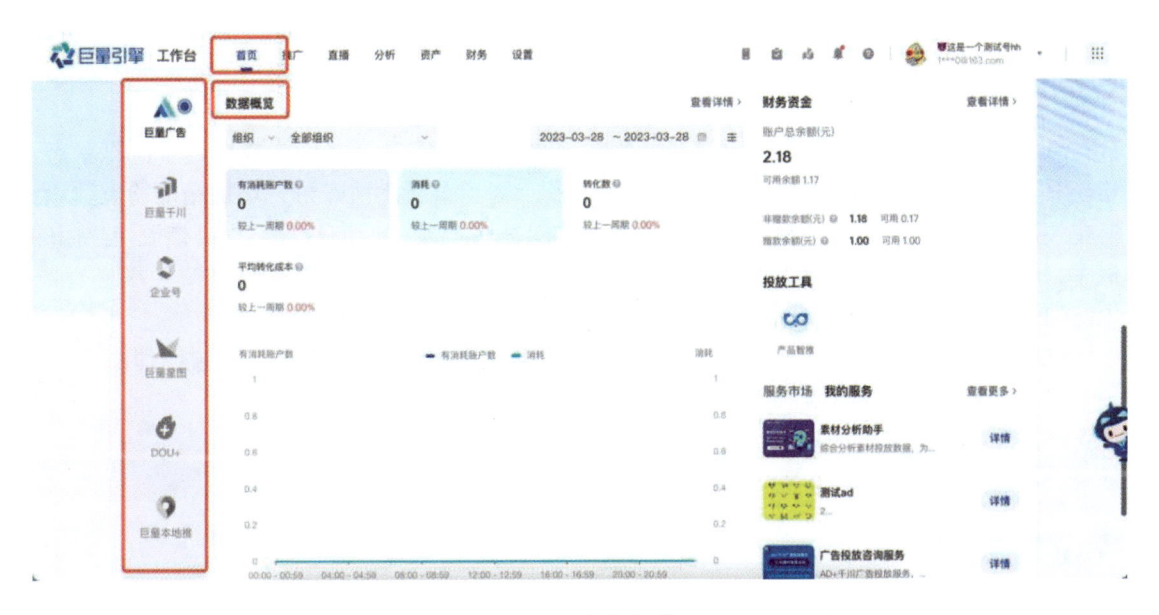

图9-1-4 数据概览

（2）数据分析。点击"分析"选项卡，出现营销分析、场景分析、资产分析、企业号分析、数据与工具等子栏目。营销分析主要分巨量广告、巨量千川和巨量本地推3类营销工具的相关数据和报表。场景分析只有直播分析一项。资产分析包括视频分析、人群包分析和产品报表。数据与工具支持自定义数据呈现形式，并可以将自定义仪表盘分享给其他用户。

任务思考

注册并设置广告账户只是广告投放的第一步，如何根据账户的数据优化广告投放策略从而提升转化效果是更为关键的问题。如果你是账号@飞彦的笔记的运营专员，在创建了你的广告账号之后，你将如何利用这个账号以及在账号里可获得的数据来提升付费课程的销量？

课堂练习

请同学们完成以下任务：
（1）登录巨量引擎官方网站，简单浏览其首页，了解其主要功能。
（2）注册/登录巨量引擎账号。
（3）导航到广告创建或管理界面，查看并熟悉各功能选项，但不必创建或投放实际广告。

任务 9.2　DOU+ 自定义定向投放

任务描述

知识分享达人 @ 飞彦的笔记在抖音平台已经断更半年多了，整体数据趋于沉默状态，粉丝量也有所下降，但旧作品数据依然不断更新。为了重新激活账号，增加精准粉丝数量，博主飞彦除了开始重新更新视频外，还想通过 DOU+ 的自定义定向投放，提高推流上热门的概率。请与飞彦一起，完成下面的任务：

（1）找到至少两处 DOU+ 投放的入口，准备进行 DOU+ 投放操作。
（2）根据 @ 飞彦的笔记已发布视频的数据，选择最适合投放的视频，并说明理由。
（3）查看账号粉丝画像和对标账号，确定投放人群。
（4）完成自定义定向投放设置，执行投放。
（5）查询投放数据。

任务实施

本任务主要目的是利用 DOU+ 自定义定向投放功能，重新激活 @ 飞彦的笔记抖音账号，更大概率地撬动作品的自然流量和增加精准粉丝数量。主要步骤包括：找到 DOU+ 入口、选投放视频、分析账号用户画像及对标账号、设定自定义定向投放、投放数据查询。

1. 找到 DOU+ 入口

DOU+ 入口分为视频场景和直播场景。
（1）视频场景。
① 打开抖音 App，依次点击"我"→右上角"三横线"按钮→"更多功能"→"DOU+ 上热门"。
② 打开抖音 App，依次点击"我"→右上角"三横线"按钮→"抖音创作者中心"→"DOU+ 上热门"。
③ 抖音支持给自己账号的视频投放 DOU+，也支持给别人账号的视频投放 DOU+。给自己的视频投放 DOU+，可以在抖音 App 中打开需投放的视频，点击"…"→"上热门"。给别人的视频投放 DOU+，可以在抖音 App 中打开需投放的视频，点击"分享"→"上热门"。
（2）直播场景。
可以在开播前和开播中进行 DOU+ 直播加热。
① 开播前，打开抖音 App，点击首页底部的"+"，选择"开直播"后，选择"上热门"即可。
② 直播中，可以点击"…"功能按钮，选择"上热门"。

2. 选投放视频

在抖音平台，影响短视频能否上热门的主要因素有 4 个，按照优先级排序依次是 5 秒完播率、点赞率、评论率、转发率。投放 DOU+ 的视频时长应较短（如 10 ~ 15 秒），这样可以有效提升完播率，且该视频最好在发布后 24 小时内满足表 9-2-1 中所示条件。

表 9-2-1　适合投放 DOU+ 的视频关键数据指标

5 秒完播率	点赞率	评论率	转发率
≥ 30%	5% ~ 10%	≥ 1%	≥ 1%

例如，@ 飞彦的笔记最新两条视频的数据如图 9-2-1 所示，显然应该选择第一条视频进行投放。

图 9-2-1　最新两条视频的数据

3. 分析账号用户画像及对标账号

巨量算数是巨量引擎旗下的内容消费趋势洞察工具，以今日头条、抖音、西瓜视频等内容消费场景为依托，巨量算数输出内容趋势、产业研究、广告策略等，通过开放算数指数、算数榜单等营销分析工具，满足企业或创作者的数据洞察需求。

（1）打开电脑端巨量算数官网，点击"算数指数"。

（2）查看粉丝画像。点击搜索框上的"达人"，输入要搜索的达人昵称，如 @ 飞彦的笔记，点击"搜索"，即可打开达人详情页，选择"粉丝画像"可查看该达人的粉丝画像，包括地域分布、年龄分布、性别分布、手机品牌分布、手机价格分布、粉丝兴趣分布（手机端显示），如图 9-2-2 所示。这些数据为 DOU+ 投放提供了基础信息。

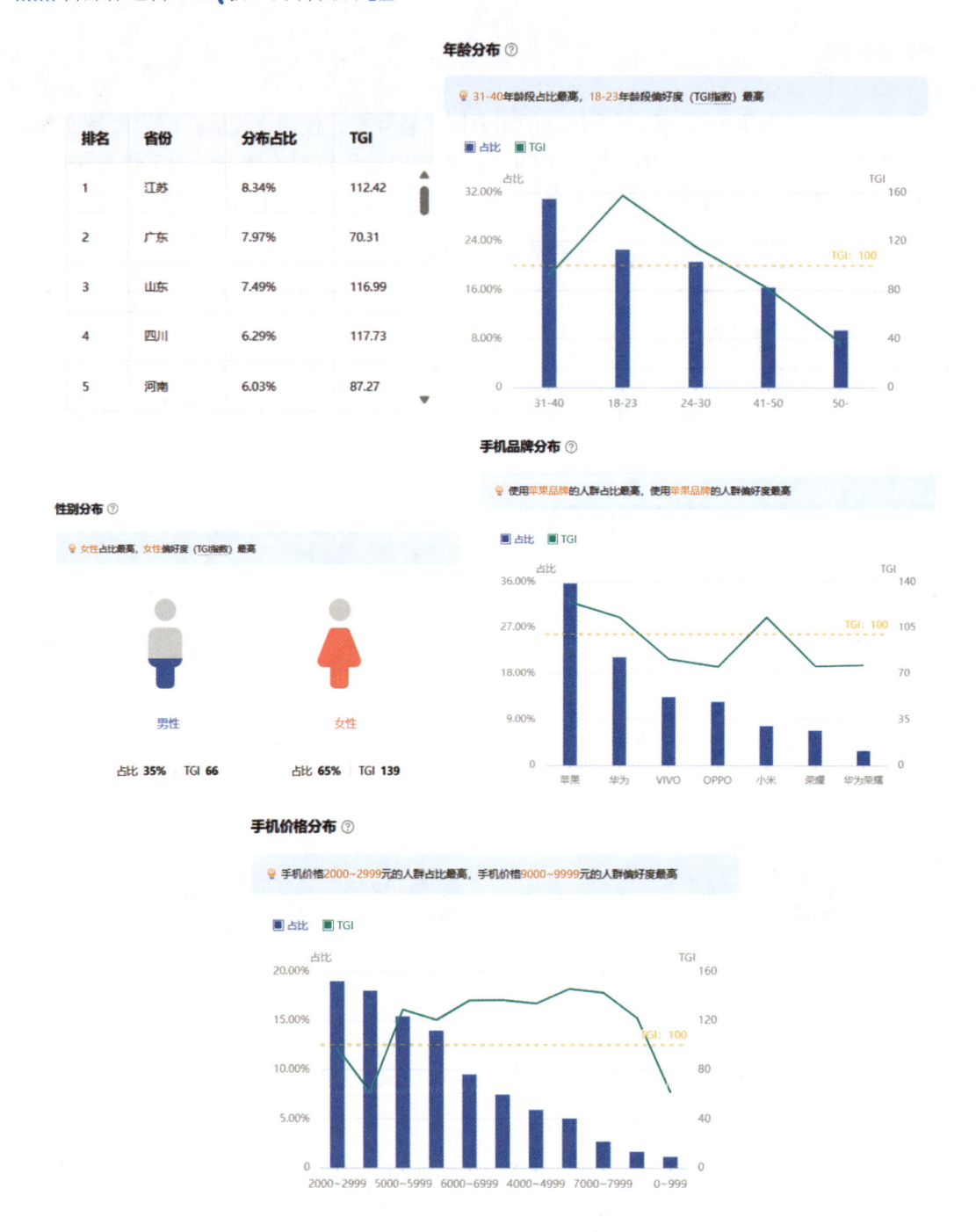

图 9-2-2　达人账号的粉丝画像

（3）查看相似达人账号。

"相似达人账号"通常是指与某个特定账号类似或模仿的账号，这些账号可能涉及相似的内容、风格或者特定领域。在相似达人界面，找到与@飞彦的笔记相似的账号，并记录下来，方便后面自定义定向投放的操作，如图 9-2-3 所示。

图 9-2-3　相似达人账号

4．设定自定义定向投放

"DOU+上热门"界面有账号经营、获取客户、商品推广、直播间推广 4 个投放目标。因为需要激活账号 @ 飞彦的笔记，所以制订以下定向投放策略。

（1）投放目标：账号经营，提升互动。

（2）提升互动粉丝：由于账号已有粉丝量基础，所以选择投"点赞评论量"。

（3）推广设置：有目标人群限定，选"自定义推广"。

（4）投放时长：选择"24 小时"，让平台有充足的时间推送精准流量。

（5）潜在用户自定义定向投放：性别不限；年龄 24 ～ 30 岁，31 ～ 40 岁；地域选择多个省市；兴趣标签不限；达人相似粉丝选择上一步查询到的 3 个相似达人账号。

设置完以上投放策略后，点击"支付"并完成支付后开始 DOU+ 投放，如图 9-2-4 所示。

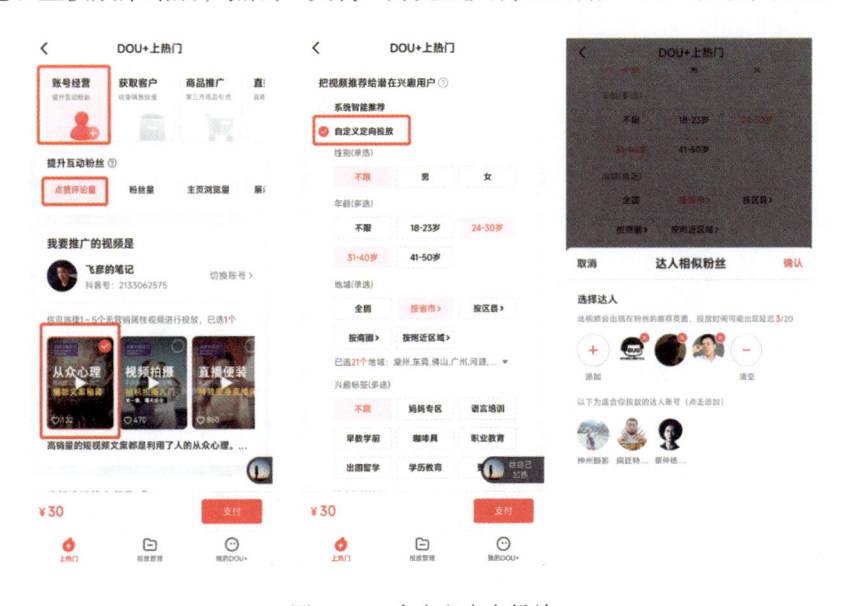

图 9-2-4　自定义定向投放

5. 投放数据查询

投放结束后，可在"DOU+ 上热门"→"投放管理"查看投放数据，主要查看互动数据和内容分析，其中 5 秒完播率、点赞率、评论率数据尤为重要，如图 9-2-5 所示。

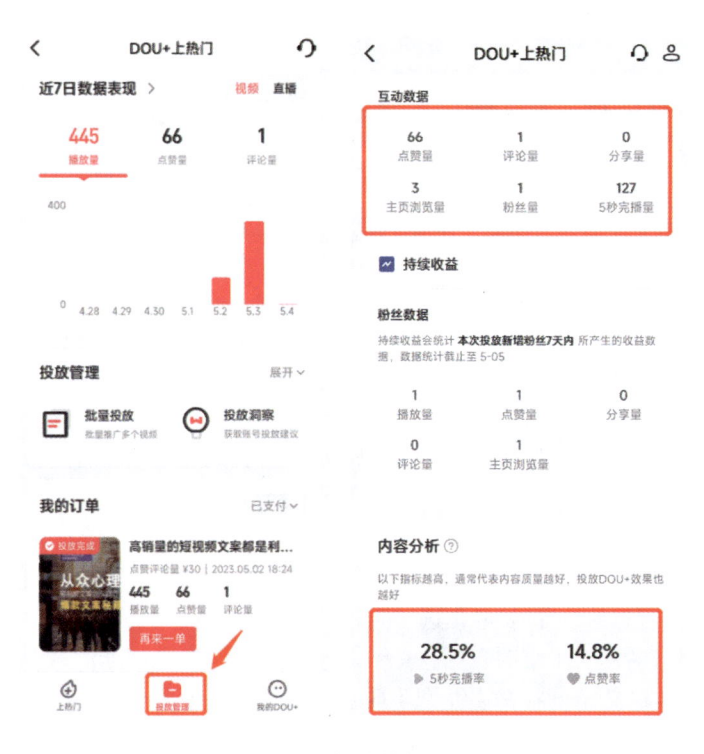

图 9-2-5　投放数据查询

任务思考

如果出现这样的情况，刚开始在抖音平台发布作品时，每次都投放 DOU+，流量会有很好的保证。但当新发布的作品停止投放 DOU+ 后，作品数据可能断崖式下跌，甚至连基础播放量都达不到，这是什么原因？

课堂练习

请同学们完成以下任务：

（1）登录抖音 App，在自己的个人主页找到 DOU+ 的入口，浏览 DOU+ 功能界面。

（2）选择投放视频。在你的抖音账号下，选择两条你认为最满足投放条件的视频。列出这两个视频的 5 秒完播率、点赞率、评论率和转发率，选出哪条视频更适合投放，并写出理由。

（3）粉丝画像分析。使用巨量算数查看自己抖音账号的粉丝画像，如年龄、性别、地域等，简述你的粉丝特点。

任务 9.3　创建信息流广告计划

📋 任务描述

知识分享达人 @飞彦的笔记最近遇到了新的问题，他发现通过直播或短视频引流的观众数量很少，后台数据显示两周内仅有 3 位学员报名学课。为了提升课程销量，首先要拿到更多流量，相对短视频而言，直播与观众"距离更近"，@飞彦的笔记准备尝试用广告提升直播流量，扩大转化基数。请与达人一起完成以下任务。

（1）了解信息流广告，选择推广方式。
（2）创建"直播加热"的广告计划。
（3）添加合适的创意。
（4）设置投放参数。
（5）根据账号粉丝画像选择合适的人群。

⏱ 任务实施

1. 信息流广告认知

信息流广告（Native Advertising）是一种以自然、一体化的方式融入在线内容中的广告形式，旨在提供与周围内容相一致的广告体验，以提高用户接受度和广告效果，如图 9-3-1 所示。信息流广告能通过投放不同内容的广告素材，获得更加精准的目标人群。

图 9-3-1　信息流广告

信息流广告的特性如表 9-3-1 所示。

表 9-3-1　信息流广告的特性

特性	描述
内容一致性	广告与周围内容相融合，外观和语境上与内容一致，避免给用户带来强烈的广告感知，提高用户接受度和点击率
广告标识	明确标识广告，遵守法律法规和行业规范。通过"广告""赞助""推广"等方式标识广告，确保用户知道其为付费推广内容
定向投放	根据用户兴趣、行为和上下文等信息进行定向投放。通过分析用户浏览历史、搜索关键词、地理位置等数据，将广告展示给最有可能感兴趣的用户群体，提高广告的相关性和投放效果
内容质量	提供高质量的广告内容，以在信息流中获得用户关注。广告内容应具有足够的信息量、吸引力和独特性，吸引用户点击和互动
流量合作	与媒体或发布平台合作进行信息流广告的展示。广告主与平台达成合作协议，将广告内容嵌入平台的内容流中，以获得更多曝光率和访问量
数据分析和优化	通过实时跟踪和分析广告的观看量、点击率、转化率等指标，进行数据分析和优化。根据数据优化广告投放策略和内容，提升广告效果

抖音支持的信息流广告包括巨量引擎广告、巨量千川、巨量本地推等，其中，巨量千川是专门针对"商品销售"的信息流投放工具，可用于推广直播和短视频带货。@飞彦的笔记要提高课程销量，应选择巨量千川进行投放。

2. 新建广告计划

（1）以达人身份登录巨量千川，点击"新建计划"。

（2）本次推广目标是直播间精准引流，在"计划目标"页，依次选择"推直播间"→"直播加热"→"下一步"，如图 9-3-2 所示。

图 9-3-2　新建广告计划

3. 添加创意

在"计划设置"页可对多个项目进行设置，如图 9-3-3 所示。其中，"选择抖音号"默认为登录巨量千川的达人号。在"添加创意"设置中，如果"创意形式"选择"直播间画面"，平台将会把直播间的实时画面作为广告素材；如果选择"视频"，则需要选定视频作品作为广告素材。对于 @ 飞彦的笔记的在线课程来说，因为它是虚拟商品，直播间实时画面的展示效果可能不会太好，故"创意形式"选择"视频"更合适。"创意类型"可选择"自定义创意"，最多可以添加 10 条短视频，这里从 @ 飞彦的笔记账号中选择了一条视频，如图 9-3-4 所示。

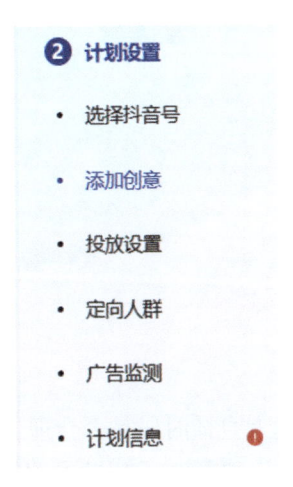

图 9-3-3　计划设置

图 9-3-4　添加创意设置

4. 投放设置

在"投放设置"中又有多个项目需要设置。

（1）@ 飞彦的笔记初次使用付费推广，需严控成本，故"投放方式"选择"控成本投放"。

（2）"投放时间"选择"设置开始和结束时间"，将时间设置为今天往后一周，如图 9-3-5 所示。因 @ 飞彦的笔记账号一天一次直播，为观察投放效果，可以先投放一周。

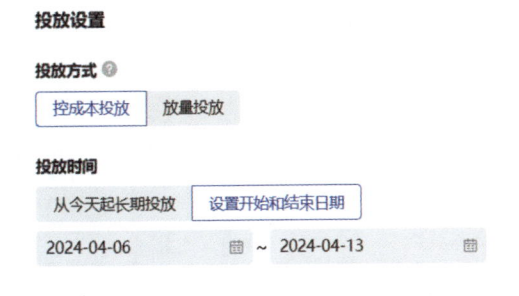

图 9-3-5　投放设置

（3）"投放时段"设为"指定时间段"，具体时间如图 9-3-6 所示。

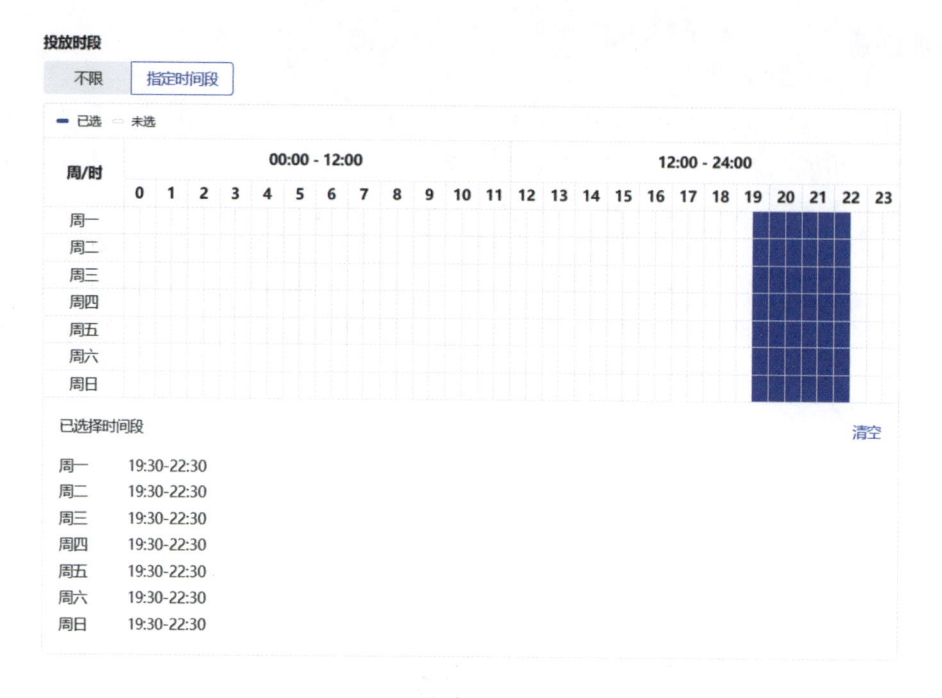

图 9-3-6　投放时段

投放时段最好应选择达人直播的相同时段，但应首先判定达人直播时段是否合理。

首先，查询达人粉丝画像，发现 @飞彦的笔记的账号粉丝主要是一二线城市的年轻群体（24～40岁），如图 9-3-7 所示。其次，在表 9-3-2 不同时段人群特征表中，了解这一人群的活跃时间。最后，应选择消费意向高、客单价高的时段。故 @飞彦的笔记确定每天 19:30-22:30 直播，直播加热的时段也设定在这个时段范围。

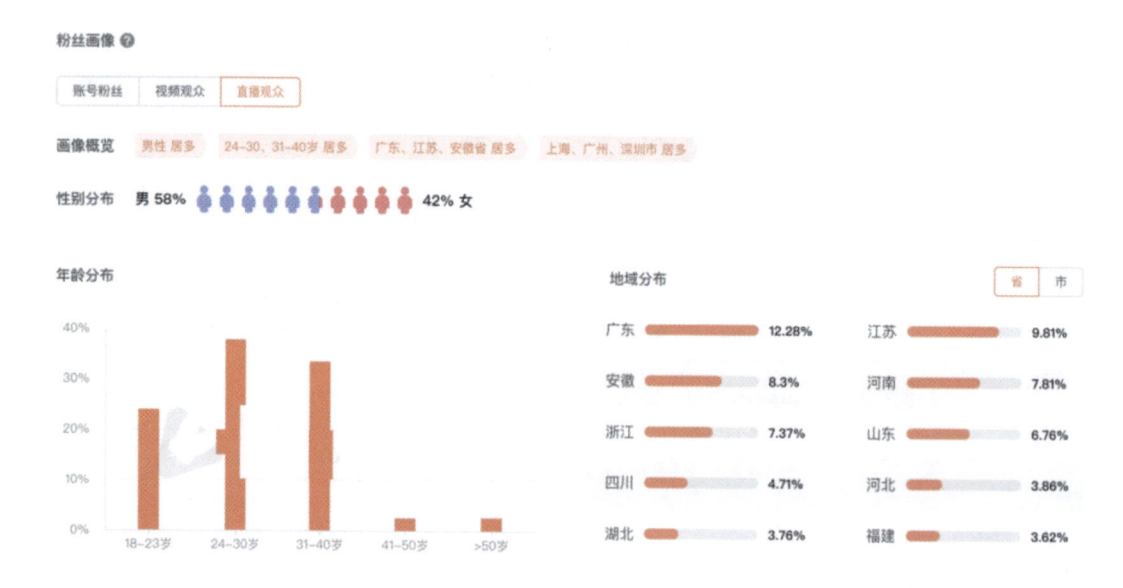

图 9-3-7　某第三方数据分析平台给出的粉丝画像

表 9-3-2　不同时段人群特征表

直播时段	人群特征	消费意向
5:00-9:00	年轻群体、中年以上群体	消费意向低 / 适合低客单价商品
12:00-2:00	年轻群体、中年群体	消费意向低 / 适合中低客单价
15:00-18:00	中年群体及以上	消费意向较高 / 中低客单价	高客单价
19:00-22:00	年轻群体、中年群体	消费意向较高 / 中低客单价
22:00-2:00	年轻群体、中年群体	消费意向较高 / 中低客单价	高客单价

（4）"日预算"设置。因初次尝试付费推广，每日投放预算设置为 300 元 / 天（日预算不得少于 300 元 / 天），如图 9-3-8 所示。注意：前面的投放方式选择了"控成本投放"，配合日预算设置，这样每天的投放成本会比较稳定，一般不会超预算。

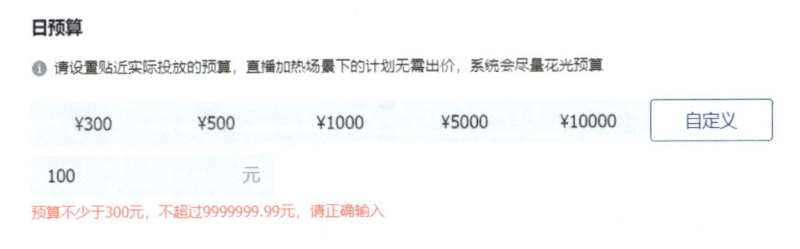

图 9-3-8　日预算设置

（5）"出价"设置。出价是指达人愿意为每次成交、转化支付的推广费用。价格的高低会影响获得的转化次数。如果设置的目标价格过低，可能会错失一部分转化。出价仅作为智能优化投放的成本参考，实际仍按展示付费。例如，如果你的出价设置为 3 元，那系统会根据设置的出价获取流量，追求让每笔成交花费接近 3 元，但本质上仍按展示计费。因该投放目标是"推直播间"，故出价是指系统推荐的每个有效看播数需支付的费用。根据系统提示，本次投放设置为 2.6 元 / 有效看播数，如图 9-3-9 所示。至于为什么要设置为 2.6 元 / 有效看播数，这涉及比较复杂的投放策略，相关知识读者可以通过互联网寻找答案，或者在《自媒体运营（高级）》中继续学习。

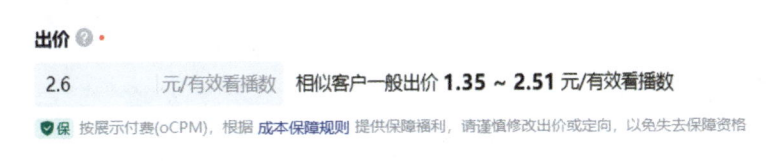

图 9-3-9　出价设置

5. 定向人群设置

@飞彦的笔记账号的粉丝画像是：与女士相比男士较多，广东、江苏、安徽、河南四省用户占比 40%，粉丝年龄大部分在 18-40 岁区间。初期可以按粉丝画像设置定向人群，获得投放计划数据后再优化。

（1）依次点击"人群设置"→"自定义"，"地域"→"按省市"，在省份单位点击广东、江苏、安徽、河南四省，选择"正在该地区的用户"，如图 9-3-10 所示。

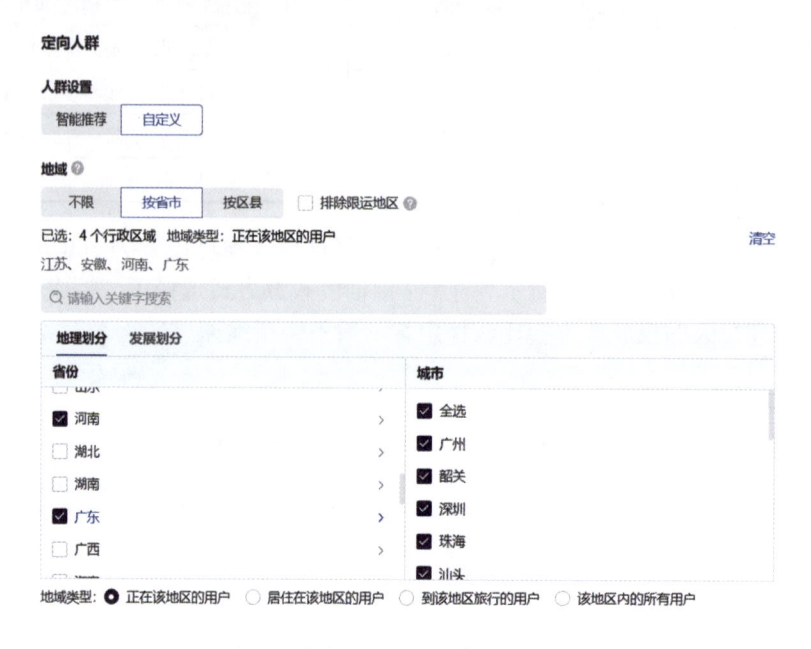

图 9-3-10　人群设置

（2）"性别"选择"不限"，"年龄"选择"18-23，24-30，31-40"，"排除人群"选择"不启用"，如图 9-3-11 所示。

（3）"计划信息"设置。自定义付费推广往往需要不断优化，才能达到比较好的效果，故要对广告计划进行有序管理。在"计划信息"界面，可以设置广告计划的名称，把该广告计划归入特定广告组中。巨量千川支持"账号"→"广告组"→"广告计划"三级管理体系，投手可以自定义分类规则，对不同广告计划进行分类管理。

确定好广告计划名称和广告组后，点击"发布计划"，广告计划就创建完成了，如图 9-3-12 所示。

图 9-3-11　其他设置　　　　图 9-3-12　发布计划

广告计划审核通过后会自动运行，产生的数据可以在"首页"→"竞价推广"→"数据概览"中查看，如图 9-3-13 所示。

项目九 / 付 费 推 广

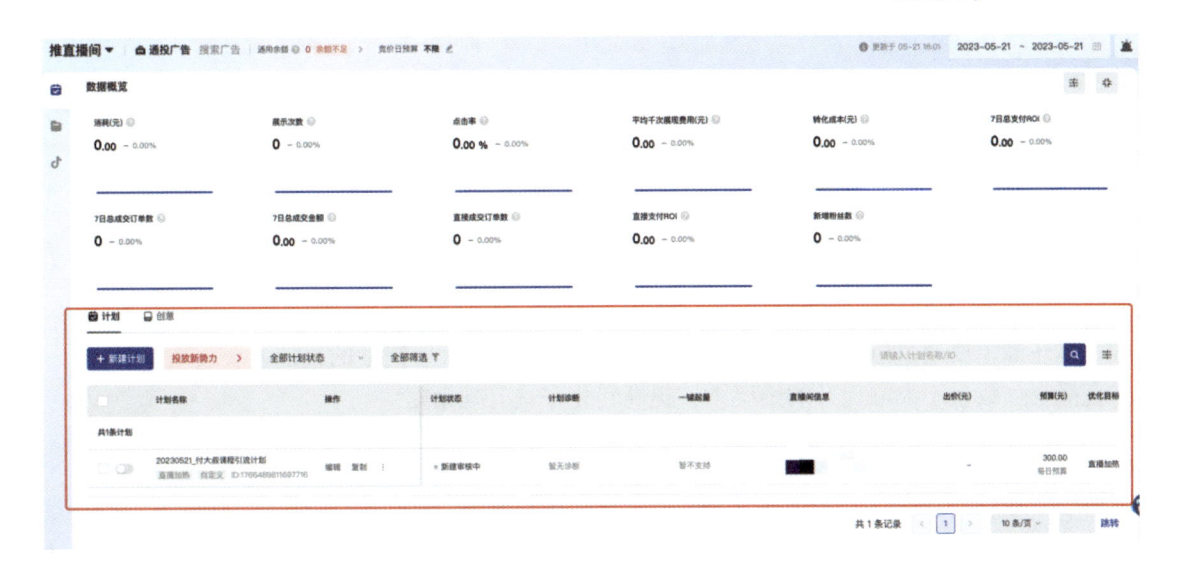

图 9-3-13　广告计划数据概览

任务思考

抖音平台为我们准备了多种付费推广工具，我们要了解各个广告平台的用途，再针对实际运营需求进行合理的广告计划设置，这样才能更容易达到我们的运营目的。

学习了如何创建信息流广告后，需要思考的是，在运营达人账号的实践过程中，你认为还有哪些困境和难题是可以通过信息流广告来解决的？

课堂练习

为了更好地巩固本次实训内容，建议同学们完成以下简易操作。

（1）了解投放途径。登录抖音 App，在"推荐"页搜集三条信息流广告，试猜测广告投放目标。

（2）投放素材分析。在巨量算数的行业指南查看创作热点，分析上述搜集的信息流广告素材是否符合创作热点，并尝试从素材角度给出广告优化建议。

任务9.4　创建搜索广告计划

任务描述

知识分享达人 @飞彦的笔记近期出版了一本实体书《小轻快剪辑》，想要通过自己的抖音账号进行推广销售。虽然前期尝试了信息流广告，@飞彦的笔记直播间人气得以大幅提升，但转化率反而有所降低，达人认为这和广告人群定向不够精准有关。经过分析，达人准备尝试用搜索广告提升转化率。请和 @飞彦的笔记一起完成以下任务。

(1) 了解搜索广告。
(2) 选用关键词。
(3) 人群定向。
(4) 创建搜索广告计划。
(5) 导出广告数据表格。

任务实施

本任务主要通过巨量千川"搜索广告"达到提升书籍直播销量的目的，要实现销量提升，在直播观众数量不大幅提升的情况下，提高转化率是有效策略。

1. 了解搜索广告

巨量千川的竞价广告类型主要分两种，一种是上一任务介绍的"通投广告"，另一种是"搜索广告"。

（1）通投广告：所有流量位投放，包括但不限于信息流广告、搜索广告、商城广告等流量场景，寻找对你的商品或直播间感兴趣的用户并展示推广内容。适用场景：想要扩大流量池的首选。

（2）搜索广告：覆盖抖音、抖音商城等搜索流量入口。用户通过搜索词触发商家或达人推广关键词，并对其展示推广内容。适用场景：想要获得精准转化的首选。

另外还有一种商城广告，暂时在巨量千川竞价广告中不可选。这类广告覆盖抖音商城猜你喜欢（推荐）、抖音搜索结果页等黄金流量位置，可直接调用已选商品的主图和标题作为推广创意，无须拍摄视频即可轻松投放，通过协同自然流量加速商品卡促使订单成交。适用场景：想要提升货架场成交的首选。

显然，搜索广告仅依靠用户主动搜索触发，而通投广告可以由搜索触发，也可以由推荐触发。同时，抖音用户主动搜索的比例很低，即使用户搜索了，搜索广告是否被触发还与搜索"关键词"有关，所以通投广告被展示的机会远大于搜索广告。简单地讲，通投广告能广泛触达用户，但用户精准性差、转化率低；搜索广告获取的用户精准性强、转化率高，但流量远小于通投广告，很可能导致广告计划"跑不动"，即出现广告预算投不出去的尴尬局面。

@飞彦的笔记当前面临的问题是，直播间流量通过通投广告得到大幅提升，但转化率低，应该尝试用搜索广告提升流量质量，从而提高转化率。

搜索广告首先要保障"触发"，即广告展示在搜索结果页，被用户看到，其次是通过"创意"吸引用户点击。而触发与"关键词"有很大关系，关键词选用与优化是搜索广告优化的重点之一。

2. 选用关键词

@飞彦的笔记出版的图书与短视频剪辑相关，搜索广告关键词考虑"剪辑""短视频剪辑""剪辑课"等，下面通过巨量算数进行关键词收集和选取。

（1）使用抖音 App 扫码登录巨量算数，选择"达人/创作者"身份进入平台。

（2）点击网页上方"算数指数"，并输入搜索关键词"剪辑课"，获得该词的搜索指数，如图 9-4-1 所示。

图 9-4-1　巨量算数查询到的关键词"剪辑课"的搜索指数

点击"添加对比词"，输入"短视频剪辑"，查询结果如图 9-4-2 所示。

图 9-4-2　巨量算数查询到的关键词"剪辑课"和"短视频剪辑"的搜索指数

通过对比发现，关键词"短视频剪辑"较"剪辑课"的搜索指数热度高，但热度差异在 20% 以内，基本属于同一量级，搜索热度趋势也基本同步。

点击"添加对比词"，输入"剪辑"，查询结果如图 9-4-3 所示。

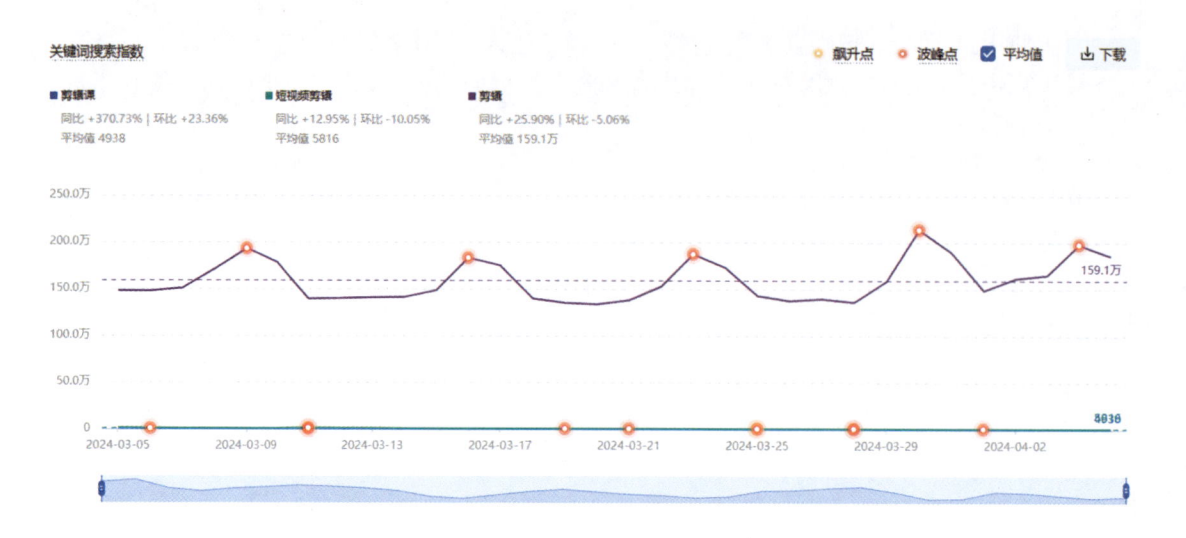

图 9-4-3　巨量算数查询到的 3 个关键词的搜索指数

可见，"剪辑"的搜索指数是 159.1 万，另两个词的搜索指数是 5000～6000，完全不在一个量级。考虑到搜索广告的最终目的还是要扩大销售，故选用"剪辑"作为搜索广告关键词。

注意，点击已经输入的关键词，系统会给出推荐的近义词，如图 9-4-4 所示。这给投手自定义关键词表提供了方便。

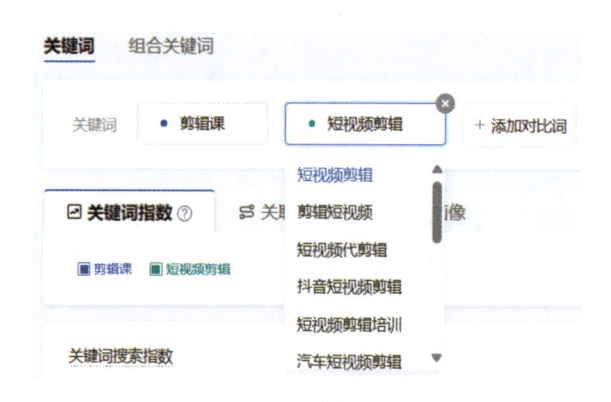

图 9-4-4　巨量算数推荐的关键词"短视频剪辑"的近义词

3．人群定向

在推广商品明确的基础上，搜索广告效果与人群定向密切相关。通过巨量算数选用关键词的另一个好处是可以查询关键词的人群画像，帮助优化广告计划的人群定向。

（1）查看关键词"剪辑"搜索人群画像。在巨量算数—算术指数的关键词搜索结果中点击"人群画像"，了解关键词"剪辑"的搜索人群的"地域分布""年龄分布""性别分布"等数据，如图 9-4-5 所示。

排名	省份	分布占比	TGI指数
1	广东	11.82%	107.00
2	江苏	7.42%	91.00
3	河南	6.87%	106.00
4	浙江	6.51%	105.00
5	山东	6.01%	96.00

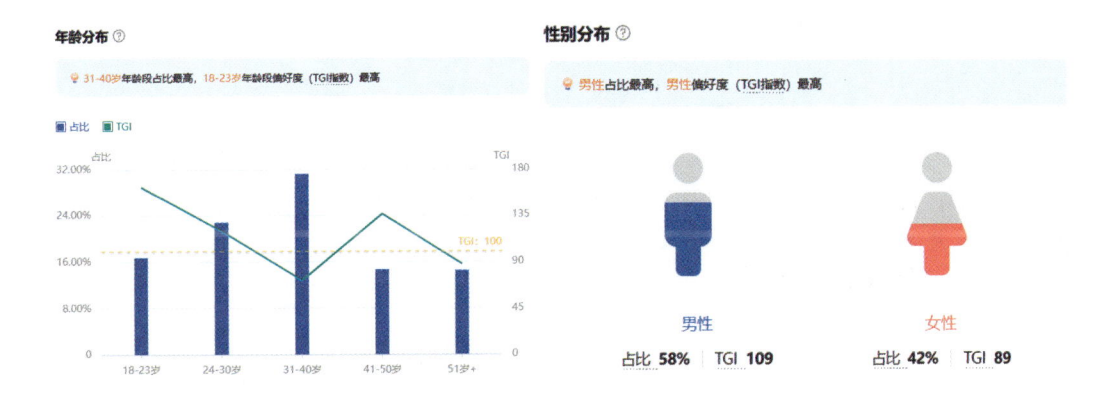

图 9-4-5　关键词"剪辑"的搜索人群画像

（2）查看达人粉丝画像。前两个任务用不同方法查看了达人@飞彦的笔记的粉丝画像，此处不再赘述。

（3）确定投放人群画像。对照关键词"剪辑"的搜索人群画像和达人粉丝画像，尝试用"交叠法"（同时符合两个画像）确定投放人群画像。地域：广东、江苏、浙江；性别：不限；年龄：18～23岁。

注意：①地域选择了占比靠前且经济发达的3个省份，主要考虑消费习惯和购买力；②年龄没有选择占比最高的，而是选择了18～23岁，主要考虑该计划针对"大学生"群体；③兴趣分布在巨量千川中不能简单设置，暂不考虑，但兴趣分布对广告素材选取有一定指导意义。

4．创建搜索广告计划

搜索与信息流广告计划的创建过程类似，下面简单介绍搜索广告计划创建过程。

（1）设置计划目标。登录巨量千川，点击"新建计划"，在计划目标页依次点击："推商品"→"日常销售"→"搜索广告"→"自定义"，如图9-4-6所示，计划目标设置完毕。

图 9-4-6　设置计划目标

（2）在计划目标页点击"下一步"，开始"计划设置"。首先选择要推广的商品，如图 9-4-7 所示，再点击"点击添加商品"，选择计划推广的商品（《小轻快剪辑》）即可。

图 9-4-7　选择推广商品

（3）设置搜索关键词。搜索关键词有两种设置方式：系统智能推荐关键词和自主添加关键词，见表 9-4-1。系统默认为根据商品智能推荐关键词，即选定推广商品后，系统自动推荐关键词。

表 9-4-1　设置关键词的方式

创建关键词方式	描述
系统智能推荐关键词	系统根据商品信息智能推荐关键词
自主添加关键词	以词推词：根据输入词语获取推荐关键词
	上传关键词：按系统模板上传关键词
	手动输入关键词：已选关键词中在某个关键词后点击编辑，可手动输入关键词

当选定关键词后,还需要设置关键词的匹配类型,可选精确、短语、广泛 3 种,以关键词"剪辑"为例说明各匹配方式:

① 精确:用户搜索内容与关键词完全相同(只允许"剪辑")
② 短语:用户搜索内容精确包含关键词(如:剪辑课、短视频剪辑、剪辑教程)
③ 广泛:用户搜索内容精确包含关键词,或与关键词语义相近(如:剪纸专辑,教你如何剪视频)

不同匹配方式触发的流量量级不同,量级由大到小依次是:广泛 > 短语 > 精准。

关键词的选择、匹配和优化难度较高,本任务使用系统智能推荐关键词。

(4)投放设置。搜索广告计划仅支持控成本投放。依次设置优化目标、智能优惠券、投放时间、投放时段、日预算、出价完成投放设置。

(5)设置定向人群。前面已经讨论了人群画像,可以根据结论设置定向人群。因为搜索广告相对通投广告而言,触发更困难,初次创建搜索广告计划时,也可以将定向人群全部设置为"不限",以免限制过多,导致广告计划"跑不动"。

(6)添加创意。搜索广告依然支持 10 条创意素材,可以是视频或者图片。另外,还支持"动态创意",开启后,系统将根据搜索关键词和人群特征,动态优化创意素材,以便更贴近消费者搜索意图,适配展现,提升投放效果。优化动作可能包括拆分、组合、智能生成等。该功能优化的内容可能包括视频、图片、标题、摘要、推广卡片、用户互动数据等。动态创意效果如何,投手可以自行测试。

和通投广告一样设置计划信息后,就可以点击发布广告计划了。

4. 导出广告数据表格

广告投放效果需持续优化,故应及时导出广告数据加以分析,以便充分了解广告计划运行结果。为方便汇总,将广告数据导出为表格。

(1)登录巨量引擎,进入工作台。
(2)选择巨量千川,选择"计划"选项卡,勾选需要下载数据的广告计划,点击"导出数据",如图 9-4-8 所示,即可获得指定广告计划数据报表。

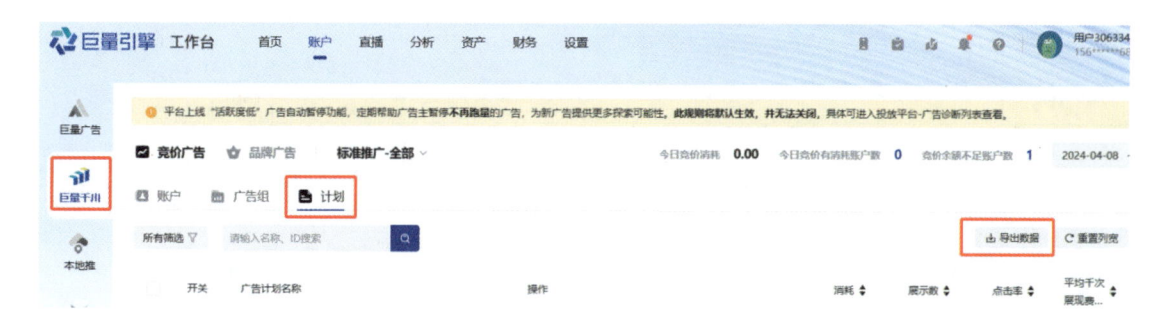

图 9-4-8 导出搜索广告计划数据报表

任务思考

抖音提供了多种付费推广工具，实际运营中需根据情况选择适合的工具。选择需要明确目标和应用场景，理论上说搜索广告能提供较通投广告更精准的流量，实践中一定如此吗？应该如何在更精准流量与更广泛获客之间获得平衡？

影响搜索广告效果的因素之一是关键词，在选词、匹配、优化的循环中，隐藏着非常多的技巧。此外，人群定向、广告素材等都是重要的影响因素，而且这些影响因素随着广告投放平台的升级，又在不断变化，故要跑出一条"爆款"计划不容易，而"爆款"计划的生命周期又不长，那么如何才能成为一名优秀"投手"？

课堂练习

要推广"自媒体运营"职业技能等级证书，请利用巨量算数，完成关键词"自媒体运营"的关联词收集。

（1）进入巨量算数，搜索关键词"自媒体运营"。
（2）选择关联分析，找到"关键词图谱"，点击下载关键词。
（3）尝试初步筛选关键词，说明筛选的标准（不超过 3 条）。

项 目 小 结

本项目主要学习了付费推广相关的知识。首先，了解如何注册广告平台账户并完成账户设置，这是进行付费推广的前提。其次，讲解了 DOU+ 的基本原理、应用场景和广告类型，以及如何查阅广告数据。此外，还学习了信息流广告和搜索广告的基本原理、应用场景和广告类型，并介绍了查阅广告数据的方法，为后续学习推广优化奠定了一定基础。

每个优秀投手都是千万级广告费"烧"出来的。广告投放确实有一定难度，不仅需要严谨的逻辑思维能力、数据分析技能，还需要良好的工作习惯，再用巨额广告费助力经验沉淀。故要成为优秀的投手，任重道远，但行则将至，请同学们尽早行动！

项目十

用户运营

学习目标

- 能策划、执行用户调研,明确用户画像,分析用户需求,撰写调研报告。
- 能对用户进行分层分类,组建不同社群,拟订并执行社群管理规则。
- 能针对不同用户策划相关活动,并按计划执行。
- 能及时总结用户运营经验,建立FAQ库。

思政导入

任务 10.1　蛋黄酥品牌的用户调研设计

任务描述

某蛋黄酥品牌打算进行市场推广，前期想就旗下的主推产品进行用户调研，深挖用户需求，找到产品的营销机会点，现需要撰写一份用户调研报告。请与该品牌市场专员一起，按以下步骤完成本任务。

（1）制订调研目标。
（2）选择调研渠道。
（3）确定调研方法。
（4）实施调研。
（5）调研成果分析。

任务实施

企业在进行营销推广之前，需要先明确自己的目标用户人群，并通过调查和数据，了解目标人群对自身品牌、产品、卖点、竞品等情况的认知。其后才能有针对性的，在恰当的平台、渠道，以合适的方式，触达更多精准人群。

1. 制订调研目标

调研并不仅仅发生在项目前期，项目前、中、后期都可能涉及调研。

① 项目前期或启动前，一般会进行宏观市场调研、企业调研和品类调研。目标是了解行业发展阶段与趋势、业务现状与产品情况等，以便给出项目策划方案。

② 项目中期，一般要进行用户调研和竞品调研，持续挖掘用户需求，参考竞品策略，优化营销策略或设计新的营销方案。

③ 项目后期，一般要进行用户调研，收集用户反馈，突破项目瓶颈，突出项目成果，为项目总结优化做准备。

不同阶段的调研目标不一样，一般地，可以将调研目标拆解为三个层面，用九宫格来表达，如表 10-1-1 所示。

表 10-1-1　三个层面的用户调研目标

用户侧		决策层		产品侧	
用户画像 需求/痛点/ 消费习惯	品牌认知	决策过程 决策要素	机会点 新解决方案	竞品的缺陷 旧解决方案	
	用户触点/聚集地		产品优势/竞争壁垒		
付出成本/价格范围		用户的收获/获得的好处			

（1）第一层面是用户侧，在用户侧需要调研以下信息。

① 人群画像。蛋黄酥主要的受众人群画像（如性别分布、年龄分布、地域分布），了解不同特点的人群对产品的需求，以及不同特点人群日常的饮食习惯。

② 品牌认知。用户的品牌认知（有没有听说过、从什么渠道了解到产品）。

③ 用户触点/聚集地。可能会在什么地方看到产品（网站、社区、App、线下场所），如何触达潜在人群。

④ 付出成本价格范围。用户在蛋黄酥这个品类上可以接受的价格范围。

（2）第二个层面是决策层，需要通过调研了解用户在下单购买蛋黄酥这类产品的时候，会经历怎样的思考过程，明确哪些要素影响用户的决策过程，如品牌、价格、口碑、生产原料、物流、优惠力度等。

（3）第三个层面是产品侧，通过调研了解以下信息。

① 竞品情况。之前在购买其他品牌蛋黄酥时遇到的问题，梳理竞品的弱点和不足。

② 机会点。用户反馈的、竞品未满足的机会点在哪里，并据此提出新的解决方案或产品。

③ 产品优势/竞争壁垒。与竞品比较产品的优势，需总结出核心卖点，卖点要具体（如用料安全卫生，便携，适合老人小孩食用等），以及哪些优势最终可以构成竞争壁垒。

④ 产品给用户带来的利益。最终能满足用户什么核心需求，给用户带来的核心价值，与其所付出的成本比较，是否能得出"性价比高"的结论。

2. 选择调研渠道/对象

调研渠道很多，主要考虑两大类：社交关系链和用户聚集地。

（1）社交关系链。通过社交关系可以链接、"接触"到的人群。接触这种渠道触达的调研对象的主要目的是：找到真实的目标用户。常用调研方法是一对一直接触达。主要关注以下三类调研对象。

① 调研者的亲朋好友（"熟人圈"）。这类人群与调研者关系近、可信度高，可以直接询问调研对象是否购买、品尝过蛋黄酥。如果没有，请他/她推荐其亲朋好友，直至找到吃过蛋黄酥的"客户"。

② 种子用户。通过官网、官微等渠道推动免费试吃活动，在活动中获得的有产品使用体验的用户，最好是试吃后采购本产品的"客户"，即种子用户。

③ 竞品粉丝。通过线上渠道加入竞品的粉丝福利群，从中选出部分活跃用户，尝试建联，直接沟通，找出吃过蛋黄酥的"客户"。

（2）用户聚集地。主要是指线上平台，尤其是用户高频使用、有丰富 UGC 内容的平台，如电商平台、新媒体平台等。常用调研方法是收集分析用户评论，目标主要是洞察用户需求、痛点、消费习惯等。

① 电商平台。查询淘宝、天猫、拼多多、京东等电商平台关于蛋黄酥的用户评论，购物前咨询的问题等，如图 10-1-1 和图 10-1-2 所示。

图 10-1-1　用户评价

图 10-1-2　购前咨询问题

② 新媒体平台。如抖音、快手、小红书、B 站、母婴社区、竞品公众号等，查看相关内容下的用户评论，了解用户的真实反馈，如图 10-1-3 和图 10-1-4 所示，并用文档把用户关注和反馈的意见记录下来。

图 10-1-3　蛋黄酥测评视频

图 10-1-4　某平台上的用户评论

思考：
还有什么地方是可以观察和收集到用户关于产品的反馈意见的？
列举 1～2 个你所知道的评论渠道。

3. 确定调研方法

结合第二步的调研渠道，运营团队决定采用1V1（即1对1）访谈和观察分析两种方式作为前期调研的主要方法。

（1）1V1（即1对1）访谈。对于关系比较亲近的人脉用户，主要采用线下面对面或者电话1V1访谈的形式进行；对于在同一城市的种子用户，通过邀请参加品牌线下见面会，现场1V1发放调研问卷的形式进行。对于异地或线上渠道获取的调研目标用户，采用文字1V1线上访谈的形式进行。

（2）观察分析法主要通过查看销量数据、用户购买评价、用户互动的内容，来记录和分析用户需求、痛点和行为习惯。

4. 实施调研

按照调研目标的维度，分别设计对应的调研问题，并记录下不同用户的回答结果，汇总到表格，见表10-1-2。

表 10-1-2 用户调研问卷结果表

目的	问题	用户1	用户2	用户3	用户4	用户5
消费认知	你了解××品牌的蛋黄酥吗	了解	很喜欢他们家	知道，××代言过	不是很了解	听过，没吃过
聚集地	平时在哪些渠道购买××产品	淘宝	淘宝、直播间	淘宝	淘宝	淘宝
用户习惯	一般一次购买几盒？	一盒，保质期比较短多了吃不完	不一定，看情况	看有没有优惠券，没有就一盒	两三盒	一盒（太甜了）
使用人群	买给谁吃呀？	一般会自己吃，节日会给长辈买来送礼	买给家人，朋友	跟家人一起吃	自己吃	自己吃，也送人
决策要素	有购买过别家的吗？你选择下单购买的原因是什么？	有，一开始比较看重包装，后来是因为口感	有，看到视频介绍就想买	尝试过一些，但是×××更好吃，所以都会买他家的	尝试过别家的，但是价格太贵了，如果有优惠的话就买那家	好吃，试过很多口味和价格便宜是我考虑的
购物周期	一般多久会再买	两个月一次吧，隔段时间会再买	一个月	一周，看情况，孩子吃不吃，如果有直播间活动的话应该会，不一定	不一定，可能一个月吧	没准儿，有时候吃得快，有时候吃腻了就可能两个月
用户喜好	你喜欢什么口味的蛋黄酥？	芝士的	紫薯、芝士，一开始喜欢红豆的，现在不喜欢了	芒果、芝士	除了桂花都喜欢	红豆、芒果
其他需求	除了蛋黄酥，你还喜欢吃什么	坚果、薯片等零食	辣条、泡面	瓜子、水果	没什么想吃的	薯片等零食
消费投入	你一般一个月会花多少钱在购买零食上面？	100元左右	200~300元之间	1000多吧	1000元以内	300~400元吧

除了表 10-1-2 里对用户的初步调研，在访谈过程中，我们还需要通过连续的"为什么"对用户进行追问，以深度挖掘用户需求。见表 10-1-3。

表 10-1-3 深度调研的"连问五个为什么"方法

层次	问题	客户回答
第一层	为什么你选择买我们家的蛋黄酥？	好吃，包装也好看，性价比高
第二层	为什么会觉得性价比高呢？	因为线下的蛋黄酥卖 8 元一个，味道还不咋地，所以觉得你们家性价比高
第三层	为什么觉得其他家味道不咋地呢？	口感不太好，太干了，有的时候吃起来太甜了
第四层	为什么你对口味这么关注呢？	毕竟是吃进去的东西，热量高又太甜了，容易引发糖尿病
第五层	为什么你会选我们家蛋黄酥呢？	你们用了无蔗糖的配方，解决了我既馋又要健康的需求

练习：

请判断下列问题是针对什么调研维度设计的（可选：聚集地、用户习惯、使用人群、决策要素、购物周期、消费认知、用户喜好、其他需求、消费投入）。

其他衍生问题对应练习：

① 你之前购买过哪些牌子的蛋黄酥？
② 是在哪个平台购买的呀？
③ 平时一般什么时间段比较有空刷朋友圈 + 群聊？
④ 可以把购买链接发我下吗？我也想学习一下。
⑤ 你当时觉得哪些地方吸引你决定下单呀？
⑥ 如果我们家的蛋黄酥准备做一个买二送一 / 拍三发五的活动，你觉得怎么样？

5．调研结果分析

每个调研问题背后都有一定的目的，如"平时在哪些渠道购买 ×× 的产品？"其实是想了解用户的主要聚集地，如果大部分都是在淘宝下单购买，就可以去淘宝搜集更多的用户反馈信息，以及了解用户有哪些消费习惯、购物偏好等。

又如"你一般一次购买几盒，多久购买一次？"这个问题的目的是了解用户的购买习惯，方便团队做周期用户运营，如果一个月购买一次，可以按月推出优惠活动，激发用户购买需求。另外，可以看用户有没有囤货的可能性，然后对商品进行组合搭售，如买两盒送一盒的方案，从而提升客单价和销售额。

还有，关于"你喜欢什么口味的蛋黄酥？"从反馈结果来看，大部分用户对芝士味的接受程度比较高，则可以尝试将芝士味定位为主推爆款。红豆、紫薯、芒果也有一定用户喜欢，可以丰富商品的 SKU，给用户多样化的选择。

通过全面分析，最终撰写调研报告。

任务思考

（1）用户调研容易带有主观色彩，如果调研问题没有设计好，可能得到的结果不足以支撑调研分析，结果易产生偏差，所以调研问题的设计很重要。

（2）调研问题要慎用封闭式问题，如"你觉得这个价格贵不贵？""你觉得他家的好吃不好吃？"要多用开放式问题，如"你觉得这个蛋黄酥怎么样？""你觉得这个价格怎么样？"

（3）做1V1调研时，要注意沟通氛围，切忌抱着"我的产品这么好，你为什么会不想买"的心态，这可能让用户感觉是在被质问而不是真诚地征询意见，导致无法获得用户真实反馈。

（4）最好组合运用各种调研方法，例如，前期先通过观察法，从用户视角搜集一些评价和信息，然后再通过1V1访谈深度挖掘用户的需求，最后再通过用户问卷验证得到结论。

（5）1V1访谈时，尽量多用语气词，如"呢""吗""哦"等，语气要温柔。

课堂练习

如果你是该蛋黄酥品牌的运营负责人，请设计3个用户调研的问题，并说明其设计目的。

任务10.2　美妆博主的粉丝群管理和活动策划

任务描述

小M是抖音某美妆博主团队的粉丝运营官，需要把抖音上的粉丝引流转化到私域的粉丝社群里，并对用户进行持续的运营，提升用户黏性，请完成以下任务。

（1）创建并设置粉丝群。
（2）群管理规则设置。
（3）引流用户到私域。
（4）社群活动规划。

任务实施

抖音用户会因为刷到优质的短视频内容而关注博主，但如果不及时把用户沉淀到社群内，很可能会因为没有及时重复触达，而造成用户的流失。成熟的账号一般都会开通粉丝群，以方便对用户进行维护和管理。用户加入粉丝群后，每次登录抖音App，都能收到群消息通知，很多博主发布新的作品或开始直播时，都会分享到抖音粉丝群内，提醒粉丝观看和互动。

1. 创建并设置粉丝群

要开通粉丝群功能，需要先开通账号直播功能，并至少开播过一场。创建粉丝群的操作在《自媒体运营（初级）》中已详细介绍，此处略。

作为美妆类博主，粉丝群内有大量女性粉丝，为避免营销诈骗类的小号，或有其他目的的无关人群混进粉丝群，需要对进入粉丝群设置相应的门槛。点击进入创建好的粉丝群，点击右上角"…"按钮，选择"群管理"，如图10-2-1所示。

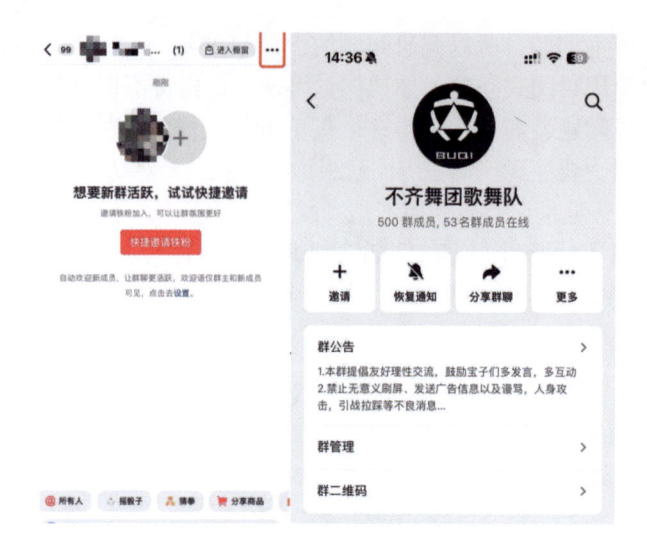

图 10-2-1　进入群管理界面

在群管理界面，可以进行群简介编辑、管理员设置、一键开启开播自动提醒等功能操作，还可设置进群门槛。建议从 4 个方面对进群的粉丝条件进行设置：已关注天数、活跃度（关注创作者时间大于 30 天，且 30 天内有过点赞、评论、看播行为的天数大于 7 天）、粉丝团等级，以及是否购买过群主的商品。

关注的时间长短和活跃度能够区分新用户和老用户，粉丝团等级代表了用户观看直播的频率，是否有过购买行为，标志着用户是否有更高的商业变现价值。因为考虑到活跃度和购买行为的条件比较高，一般新粉比较难以达到，所以小 M 把目前的粉丝群条件定为以关注时长为主，分为"仅关注""关注我超过 7 天以上""关注我超过 30 天以上""关注我超过 60 天以上"，以便更好地对新老用户进行针对性的服务，如图 10-2-2 所示。通过设置不同时长条件，小 M 将粉丝进行了分层，如图 10-2-3 所示。

图 10-2-2　进群门槛和条件设置　　　　图 10-2-3　通过设置进群条件对用户分层

2. 群管理规则设置

在设置好进群门槛以后，还需要完成社群的基础搭建和信息设置，通常包含 6 个方面，见表 10-2-1。

表 10-2-1　群管理信息设置 6 件事

序号	设置项	设置说明
1	群名	采用"地域 / 博主 / 品牌名 + 粉丝群 + 数字"的格式，如：×× 的变美小课堂 03
2	设置群公告规则	说明群的作用（能提供什么）+ 禁止做的行为 + 社群福利
3	设置欢迎语	欢迎 @ 用户昵称进群 + 提醒看群公告
4	设置群管理员	群主：××，管理：小 M、小 N
5	设置群风控规则	是否开启群成员邀请，营销行为自动处理
6	告知福利领取方式	引导用户私信或点击链接 / 海报查看详情

（1）小 M 决定将粉丝群统一以"XX 的变美小课堂 + 数字"的格式命名，同时设置好默认的群公告，如图 10-2-4 所示。

（2）群欢迎语主要针对新进群粉丝，每个新成员加入时，都会自动 @ 用户昵称，并发送欢迎语，此条消息仅群主和新成员本人可见，不会打扰到其他群成员。如图 10-2-5 所示。

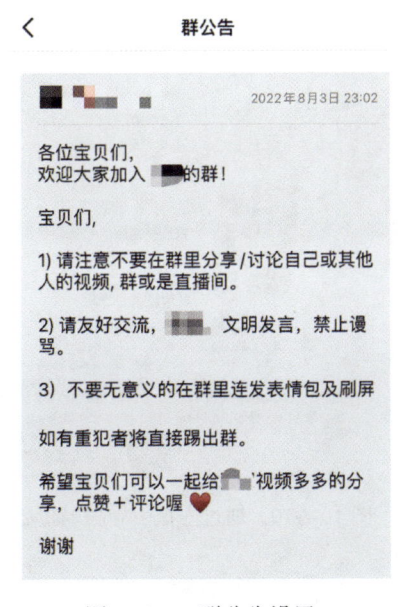

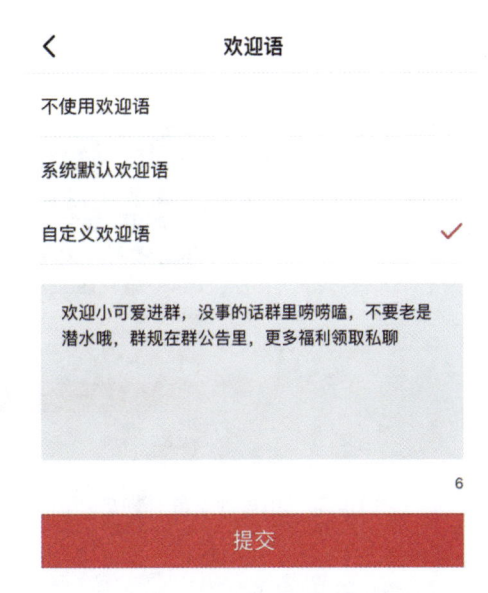

图 10-2-4　群公告设置　　　　图 10-2-5　自定义群欢迎语设置

（3）除群主以外，群内还可设置多个群管理员（运营人员），如图 10-2-6 所示。群管理员具有多重权限，如编辑群名称、群头像、群公告，审批添加、移除群成员，撤回群成员消息，查看历史消息等，如图 10-2-7 所示。

（4）在群风控方面，可以允许群成员邀请好友加入，但是需要通过审核，减少营销人员或者互粉互赞的人员混入群内，破坏社群氛围，如图 10-2-8 所示。

图 10-2-6　群管理设置　　　图 10-2-7　群管理员权限　　　图 10-2-8　群风控设置

（5）引导粉丝领取福利有多种方式，可引导粉丝前往群管理员小助理的抖音主页，私信联系助理领取，如图 10-2-9 所示；或通过海报上的二维码报名领取，如图 10-2-10 所示。

图 10-2-9　引导联系群管理员领福利　　　图 10-2-10　通过海报引导扫码报名领福利

3．从抖音引流到私域

当我们需要将抖音粉丝引流到微信群，可以用以下几种方法。

（1）群公告内放置链接地址（通过金山数据、腾讯文档、石墨文档等生成网页链接），网页中放助理或粉丝微信群二维码，如图 10-2-11 所示。

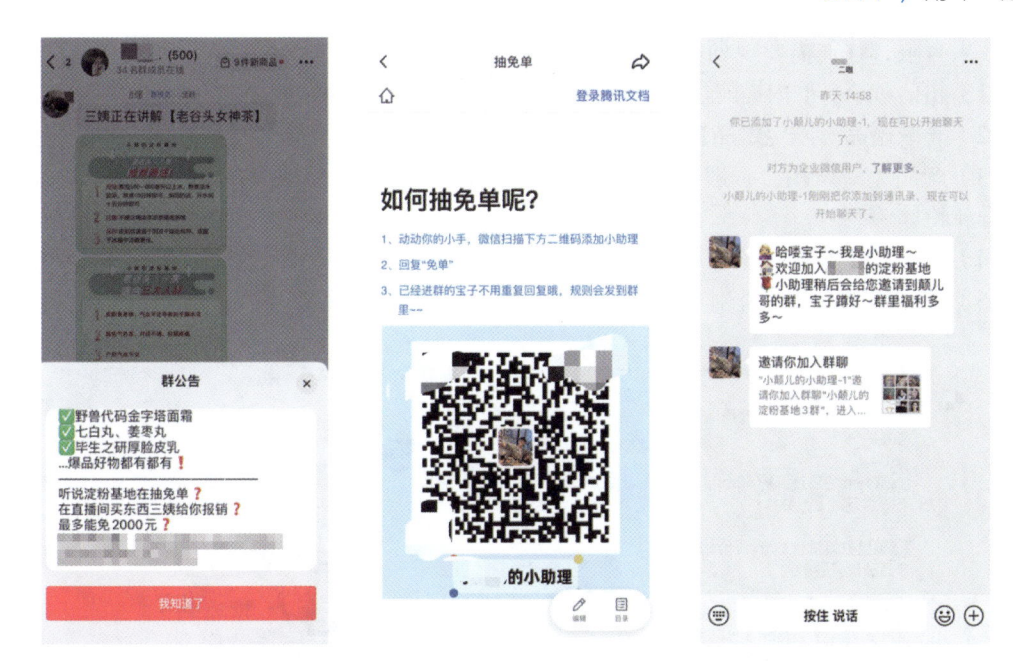

图 10-2-11　引流路径 1

（2）助理抖音号主页简介中留下微信号，如图 10-2-12 所示。
（3）群公告里放置助理微信号，如图 10-2-13 所示。

图 10-2-12　助理主页留有微信 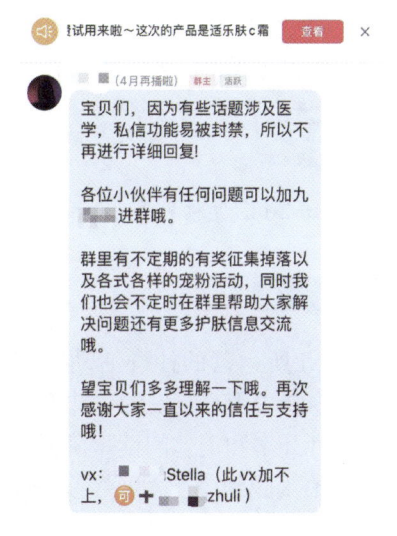　　　　图 10-2-13　群公告中公布微信号

思考：你还知道其他从抖音引流到私域的方法吗？

4．社群活动规划

建群的目的是主动推送有价值的信息或及时交流，最终促进变现。但在社群直接分享商品的效果有限，往往需要规划一些促销活动，可参考以下方式。

（1）超值秒杀。群内提前预告，福利品定时秒杀，吸引价格敏感用户。如图10-2-14所示。

（2）满减赠品。限定赠品数量，可用来促进下单。群内同步剩余赠品数量，制造紧迫感。

（3）产品免费试用。一般用于品牌发布新品，如图10-2-15所示。因名额有限，一般用于提升新粉体验感。

（4）专属优惠券。粉丝专属优惠券可营造优越感。

（5）护肤心得交流。针对粉丝问题答疑，以提高社群活跃度。

图10-2-14　直播秒杀活动预告　　　图10-2-15　免费试用福利活动

任务思考

虽然小M所运营的社群活动很多，但很多活动是服务于账号变现的，如秒杀、发券、预告等，群内缺少用户自发的、非营销类的话题互动。长此以往容易让人产生距离和紧张感，从而导致群打开率和消息阅读率降低。所以需要在群内多做些轻松的话题互动，如"你是从什么时候开始接触到××的""夏季油皮防晒护肤的心得分享""母亲节准备送什么礼物给妈妈"等。

小M想将群运营的目标设定为让群成员自主自由交流，特别是分享成员自己的真实生活。你认为这个目标如何？

课堂练习

请帮小M设计一个可以提升新进群粉丝体验感的新活动，需包含活动的周期、参与门槛、福利内容、活动规则及领取方式。

任务 10.3　建立防晒霜产品的 FAQ 库

📋 任务描述

某美妆品牌新推出一款防晒产品，企业打算进行市场推广，现需要根据用户需求和用户试用反馈，搭建该防晒产品的 FAQ 库，请帮助运营小婷完成 FAQ 库的搭建工作。可参考以下步骤。

（1）收集常见问题。
（2）组织问题和撰写答案。
（3）宣传和推广。
（4）持续更新和维护。

📋 任务实施

常见问题 FAQ（Frequently Asked Questions），是指整理和归纳常见问题及其对应答案的文档或资源集合。FAQ 可以帮助客服快速、准确地解决常见问题，提升客户满意度，是用户运营的常用、必备工具。

1. 收集常见问题

小婷主要通过 3 种方式收集常见问题：从内部团队收集 FAQ、在"用户聚集地"收集 FAQ 和通过用户调查收集 FAQ。

（1）从内部团队收集 FAQ。小婷联系了公司的客服团队、新媒体内容部门、电商部门，从这些内部团队要到了用户的常见问题和反馈。

（2）在"用户聚集地"（电商平台、新媒体平台）收集 FAQ。小婷查询了某电商平台的评论区，详细记录常见问题和反馈，如图 10-3-1 所示。还翻阅了能找到的各种社群历史消息。

（3）通过用户调查收集 FAQ。针对这款最新产品，进行用户调查，了解用户对防晒霜的常见疑问和关注点，问题如下所示。

图 10-3-1　用户反馈

1. 您是否在使用防晒产品？
A）是　　　　　　　　　　　B）否

2. 您使用防晒产品的频率是怎样的？
A）每天都使用　　　　　　　B）经常使用，但不是每天
C）偶尔使用　　　　　　　　D）很少或从不使用

3. 在选择防晒产品时，您最看重的因素是什么？（可多选）
A）SPF值（防晒系数）　　　B）抗水性能
C）面部或身体使用　　　　　D）物理防晒还是化学防晒
E）无刺激配方　　　　　　　F）其他_____（请注明）

4. 您在使用防晒产品时经常遇到的问题是什么？（可多选）
A）黏腻感　　　　　　　　　B）白层残留
C）容易引起油脂粒　　　　　D）不易推开或吸收
E）引起过敏或刺激　　　　　F）其他_____（请注明）

5. 您对于防晒产品的保护效果有何期待？（可多选）
A）长时间的防晒保护　　　　B）抗UVA和UVB双重防护
C）防止晒伤和晒黑　　　　　D）防止色斑和皱纹形成
E）保持肌肤的光滑和健康　　F）其他_____（请注明）

6. 您是否经常在阅读产品包装上的防晒相关说明和说明书？
A）是　　　　　　　　　　　B）否

7. 当您在使用防晒产品遇到问题或困惑时，您更倾向于采取哪种途径寻找解答？（可多选）
A）在产品包装上寻找答案　　B）在品牌官方网站上查找FAQ
C）向朋友或家人寻求建议　　D）在社交媒体上寻求帮助
E）在线搜索相关问题和答案　F）其他_____（请注明）

8. 您认为一个有效的防晒产品FAQ库应该包含哪些方面的问题和答案？（可多选）
A）如何正确使用防晒产品　　B）防晒产品的成分和工作原理
C）如何选择适合自己肤质的防晒产品

经过收集汇总，小婷从以下几个不同维度对问题进行了归类。

（1）使用方法和注意事项：
① 如何正确涂抹防晒霜？
② 涂抹防晒霜的时间和频率是多少？
③ 你们家防晒霜和其他化妆品的涂抹顺序是怎样的？
④ 你们家防晒霜保质期是多久？

（2）SPF值和防护等级：
① SPF值是什么意思？
② 如何选择适合自己的SPF值？

③ 高 SPF 值是否意味着更好的防晒效果？
④ 户外活动情况下你们家防晒多久补涂一次？
（3）防晒产品的质地和使用感受：
① 防晒霜上脸后是否会造成油腻感？
② 如何避免防晒霜残留的白色痕迹？
③ 你们家防晒霜是否适合油性或敏感肌肤？
④ 你们家防晒霜是否可用作化妆底妆？
（4）防晒成分和类型：
① 你们家是物理防晒还是化学防晒？
② 你们家主要用了什么防晒成分？
③ 你们家的防晒霜是否具有广谱防护能力？
（5）皮肤类型和敏感性：
① 不同肤质（干性、油性、敏感性等）的应分别选择哪一款防晒霜？
② 敏感肌皮肤能用防晒霜吗？
③ 防晒霜会导致痘痘或堵塞毛孔吗？
（6）儿童和特殊人群：
① 儿童可以使用你们家防晒霜吗？
② 妊娠期女性和哺乳期妇女的防晒霜能用吗？
③ 防晒霜在特殊环境（高海拔、沙漠等）下有没有什么禁忌使用要求？

2. 组织问题和撰写答案

针对归类后的问题，分别撰写详细的答案，并进行优化，见表 10-3-1。

表 10-3-1 撰写问题答案

问题	答案
SPF 值是什么意思？为什么它对防晒霜很重要	SPF 值代表防晒霜的紫外线防护能力。它表示产品能够延长皮肤暴露在太阳紫外线下的时间。较高的 SPF 值意味着更好的防护效果
防晒霜是否适合所有肤质	我们的防晒霜适合各种肤质，但如果您是特殊肤质或是敏感肌肤，特别设计的 03 款防晒霜可能更适合您，它是专为敏感肌肤设计的
如何正确使用防晒霜	使用防晒霜时，涂抹应均匀、充分覆盖暴露的皮肤。在阳光暴露前 15～30 分钟涂抹，每隔 2 小时重新涂抹，或在出汗、游泳后重新涂抹。
你们家的防晒霜，是物理防晒还是化学防晒	物理防晒和化学防晒是两种不同的防晒成分类型。物理防晒剂反射紫外线，化学防晒剂则吸收紫外线。我们采用的是物理＋化学防晒两种结合的形式
我用防晒霜皮肤容易堵塞或长痘，能用你们家的吗	一些防晒霜可能会引起堵塞毛孔或暗疮。如果您容易长痘或是油性皮肤，选择轻盈、无酒精配方的防晒霜可以减少这种可能性，建议可以试用一下赠品小样，不合适可退货
我平时主要在室内工作，是否需要抹防晒霜	防晒霜主要用于户外活动，但长时间暴露在室内的电脑、手机等电子产品的蓝光下也会对皮肤造成一定伤害。因此，室内长时间暴露时也建议使用防晒霜

3. 宣传和推广

FAQ 设置好以后，入口应该设置在易于找到和访问的位置，方便用户查阅。如网站导航栏"联系我们"或"帮助中心"，产品界面或购物车界面，弹出窗口或浮动按钮等。

无论放在哪里，FAQ 都应使用明确的标签，如"常见问题""帮助中心""FAQ"，同时，要确保 FAQ 界面布局清晰，以提供良好的用户体验。如图 10-3-2 所示。

图 10-3-2　FAQ 界面

4. 持续更新和维护

随着时间的推移，新的问题可能会出现，旧问题的答案可能需要更新。故 FAQ 需定期审查和更新。建议用户运营人员维护一张动态更新的 FAQ 表。

任务思考

（1）用户导向：在构建 FAQ 库时，关注用户需求和行为模式至关重要。要思考用户可能遇到的问题和疑惑，以及他们的使用习惯和偏好。FAQ 内容和结构简洁清晰，回答有针对性，以提升用户体验。

（2）持续更新和维护：不持续更新的 FAQ 将流于形式、失去效用。鼓励用户反馈是持续改进 FAQ 的重要途径。同时要建立用户反馈响应机制，及时将用户问题收集、归类、解答和入库。

📝 **课堂练习**

如果你是一名该防晒产品的客服，面对 2 岁宝宝的妈妈，请根据该宝宝年龄和妈妈可能的需求，设想一个用户问题，并写出 50 字以上的答案。

项 目 小 结

本项目包括 3 个任务。第一个任务围绕用户调研的目标、渠道、方法等要素，展示了用户调研报告撰写的步骤和思路；第二个任务展示了抖音账号创建和管理粉丝群、策划群活动等的实操步骤；第三个任务围绕具体的产品，还原了 FAQ 库从 0 搭建的过程。通过 3 个任务的学习，希望创作者能够深入理解和洞察粉丝和目标受众，并根据他们的需求，设计营销方案、社群活动，能及时处理他们的问题，增强用户黏性和客户终身价值。

项目十一

电商变现

思政导入

学习目标

- 能在视频和直播中添加商品。
- 能在直播中进行商品上下架操作。
- 能在直播中进行商品展示、讲解及销售。
- 能查询佣金收入,完成结算、提现操作。

项目十一 / 电商变现

任务 11.1　开通商品橱窗

任务描述

电商是抖音平台当前主要的变现方式之一。抖音达人 @希文每年通过抖音短视频和直播带货获得可观的收入，同学们都想向他学习，开启电商变现之路。请完成以下任务。

（1）了解商品橱窗开通的条件。
（2）开通商品橱窗（实名＋保证金＋收款账号设置）。
（3）利用工具查询特殊商品能否上橱窗（以烟花为案例）。

任务实施

基于对消费者的负责，用户只有满足一定条件才能开通橱窗与实现商业变现。用户需要明确具体的申请条件、开通的操作过程，并能查询特殊商品能否上橱窗。

1. 开通商品橱窗条件

开通带货权限需要满足以下 4 个开通条件：
（1）实名认证；
（2）充值缴纳商品分享保证金 500 元（可选）；
（3）个人主页公开视频数≥10 条；
（4）粉丝量大于 1000 个（部分时候无须满足该条件）。

2. 开通商品橱窗流程

当创作者公开发布 10 条短视频，粉丝数满足橱窗开通条件后，就可以开通商品橱窗了，还需要三步：实名认证、提交保证金、设置收付款账户。

（1）实名认证。开通商品橱窗的必要条件。
操作路径：在抖音 App 依次点击"我"→"三横杠"按钮→"创作者服务中心"→"全部"→"电商带货"→"实名认证"。

（2）提交保证金。并不是开通商品橱窗的必要条件，但如果没交保证金，商品单价不高于 100 元，佣金无法提取。
App 操作路径：在抖音 App 依次点击"我"→"三横杠"按钮→"创作者服务中心"→"全部分类"→"电商带货"→"更多功能"→"账号管理"→"作者保证金"→"充值"。
巨量百应操作路径：在巨量百应登录达人工作台，依次点击"设置"→"保证金管理"→"充值"。如图 11-1-1 所示。

图 11-1-1　提交保证金界面

（3）设置收付款账户。这也不是开通商品橱窗的必要条件，但如果不设置则不能收付款，更不能提现。目前，抖音支持聚合账户、支付宝和微信支付收付款。

操作路径：在抖音 App 依次点击"我"→"三横杠"按钮→"创作者服务中心"→"全部分类"→"电商带货"→"更多功能"→"账号管理"→"权限与账户"。根据提示完成收付款账户签约流程。

经过以上步骤（需审核通过），创作者就拥有了自己的商品橱窗，但此时橱窗是空的，需要将商品"放进"橱窗，才能开展电商业务。在"放进"商品前，有必要了解商品禁限售相关规则，避免违法违规。

3. 特殊品类橱窗开通查询

特殊商品是否能在抖音销售，需要查询相关规则，查询路径："巨量百应"→"达人工作台"→"抖音电商学习中心"→"输入商品关键词"，这里输入"烟花"进行搜索，如图 11-1-2 所示，阅读商家规则《实施细则—禁止发布"易燃易爆物品及危险化学品类"信息》可知，商家不能在抖音销售此类商品。除了烟花，还有哪些禁限售商品呢？可以阅读商家规则《商家—发布违禁商品/信息》细则，在该规则文件中，详细记录了所有抖音平台上禁止、限制销售的商品，大部分都有实施细则链接。建议创作者将该文档收藏，以备随时查阅。

图 11-1-2　特殊商品政策查询

任务思考

在橱窗开通时,应注意以下几点。

(1)橱窗带货资质包含个体工商户、企业、达人,不同类型主体申请流程不一样,本任务只说明了达人开通橱窗的方法。

(2)开通橱窗,即开通商品分享权限,需要已发布 10 条以上公开原创视频,不能使用搬运视频,有关"搬运"视频的界定,可查询抖音规则(有视频讲解)。

(3)达人首次开通电商权限无须缴纳保证金,但权限受限。

(4)企业号开通橱窗没有粉丝数与视频数的限制。

课堂练习

请完成以下任务。

(1)用自己的账号发布原创优质短视频不少于 10 个,吸引粉丝不少于 1000 个。

(2)根据所学内容完成达人橱窗开通操作。

(3)了解达人号橱窗与企业号橱窗的差异(选做)。

任务 11.2 橱窗商品管理与应用

任务描述

抖音达人 @ 希文开通了商品橱窗,需要给橱窗添加商品,简单装修橱窗,进而提升用户停留时长与转化率,为短视频和直播带货做好准备,请协助他完成下列任务。

(1)完成商品橱窗商品添加。

(2)完成橱窗装修。

(3)对橱窗商品进行管理。

(4)完成短视频添加商品操作。

任务实施

达人完成橱窗开通操作后,根据账号定位与粉丝画像选择合适的商品,同时根据账号实际情况对橱窗进行装修,学习橱窗常用的运营技巧,就可以通过短视频带货或直播带货方式,实现橱窗商品的销售。

1. 商品橱窗添加商品

抖音平台对达人带货非常"友好",有成熟的"选品广场",多种路径可以选品。常用以下 2 种操作方法。

(1)在抖音 App 依次点击"我"→"商品橱窗"→"选品广场"。

（2）在巨量百应平台登录达人工作台，依次点击"精选联盟"→"选品广场"→"添加目标商品"。

之后，根据选品策略选定商品即可。关于选品策略，将在《自媒体运营（高级）》中深入学习。

2. 商品橱窗装修

橱窗装修包含橱窗背景图与商品橱窗设置，好的橱窗装修有利于提升用户停留时长与转化效果。

（1）背景图装修。在巨量百应平台登录达人工作台，依次点击"直播管理"→"橱窗经营"→"橱窗背景图"，如图 11-2-1 所示。上传准备好的橱窗背景图，如图 11-2-2 所示。

注：该功能暂未向所有创作者开放，需向平台申请权限。

图 11-2-1　商品橱窗背景图操作过程

图 11-2-2　商品橱窗背景图效果

（2）商品橱窗设置。在巨量百应平台登录达人工作台，依次点击"直播管理"→"橱窗设置"，再选择合适选项，如图 11-2-3 所示。

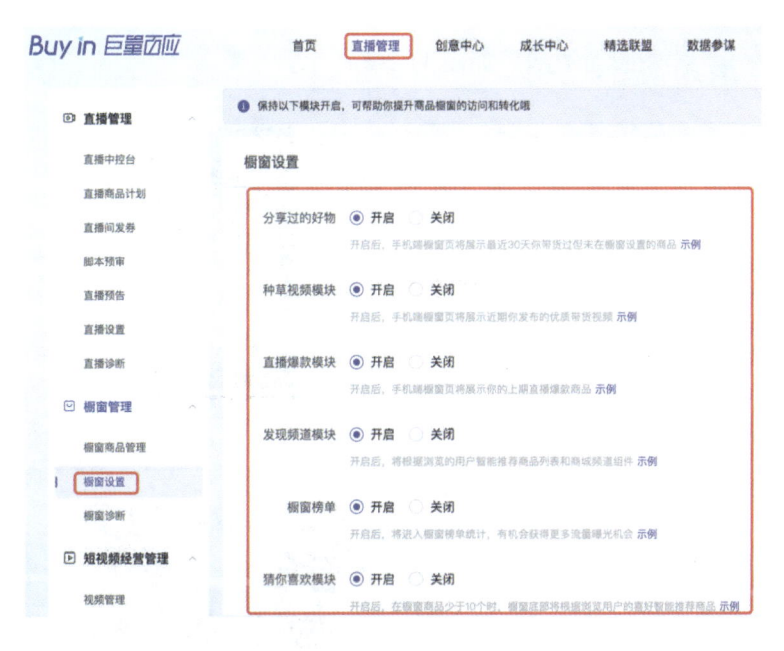

图 11-2-3　商品橱窗设置操作

3. 橱窗商品管理

（1）针对橱窗商品，可以进行多种管理：如置顶商品、分享商品、编辑推广信息、关联种草视频、找同款商品、删除商品等。如图 11-2-4 所示。

图 11-2-4　橱窗商品管理选项

操作路径：在抖音 App 依次点击"我"→"商品橱窗"→"橱窗管理"→"选择目标商品"→"设置"。

（2）通过编辑推广信息，可以编写商品橱窗推荐语与直播间推广卖点。商品橱窗推荐语会显示在橱窗商品名称下，直播间推广卖点会显示在直播间购物车的商品卡片中的商品名称下，目的都是为让商品的卖点一目了然。

操作路径：在抖音 App 依次点击"我"→"商品橱窗"→"橱窗管理"→"选择目标商品"→"设置"→"编辑推广信息"，如图 11-2-5 所示。

图 11-2-5　编辑推广信息界面及对应效果

（3）橱窗商品运营技巧。橱窗运营是电商带货的重要组成部分之一。

① 选好品。选择粉丝兴趣偏好的商品，商品组合注意日常走量、时下爆款、高佣商品平衡配置，应选择高评分、高评价、优质服务保障商品。

② 商品数量。不少于 20 个商品，100 个左右商品则转化机会会加大；同品类商品 ≥ 15 个时，有机会被商城主题推荐。

③ 商品上下架。每周至少上 5～10 个新品，即有机会获得推荐、搜索的额外流量！使用一键托管，系统就会根据算法智能选品加入橱窗，保障橱窗商品上新频率。

4．短视频添加商品

短视频带货是电商变现重要途径之一。商品加入橱窗后，再添加到短视频的操作就变得非常简单了。操作路径：在抖音短视频发布页，选择要带货的短视频后，选择"添加商品标签"→"橱窗"，选择要带货的商品，如图 11-2-6 所示，然后编辑作品描述后即可发布，如图 11-2-7 所示。

项目十一 / 电商变现

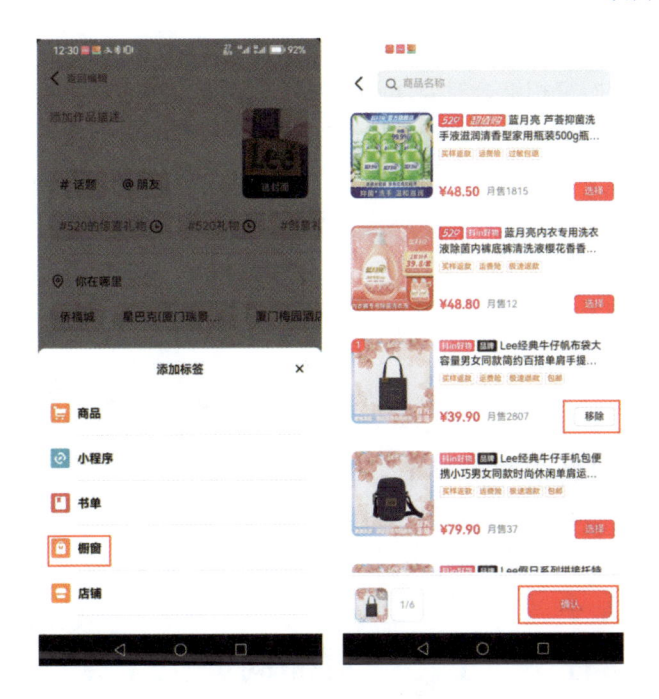

图 11-2-6　选择要带货的商品

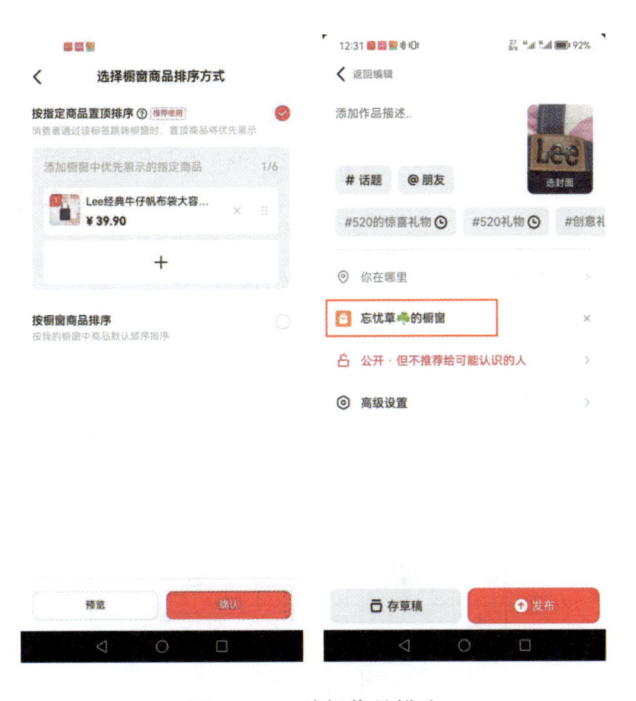

图 11-2-7　编辑作品描述

任务思考

大部分达人开通橱窗后转化效果不佳，在橱窗管理时，应注意以下几点以提高转化率。

243

(1) 橱窗商品的选择要与个人账号定位与粉丝画像匹配。
(2) 带货短视频与橱窗相结合时要注意短视频内容既要重内容,更要强营销。
(3) 注意橱窗商品数量与更新频率,以获取更多的自然流量,提升转化效果。
(4) 专业化运营要对首页与商品进行专业化、个性化的装修。
(5) 企业号开通橱窗没有粉丝数与视频数的限制。

课堂练习

请完成以下任务:
(1) 打造满足橱窗开通的账号,发布原创优质的短视频不少于 10 个,吸引粉丝不少于 1000 个。
(2) 根据所学内容完成达人橱窗开通、橱窗装修。
(3) 创作一条带货短视频,视频加挂橱窗商品。
(4) 了解达人号橱窗与企业号橱窗的差异(选做)。

任务 11.3　直播商品上下架

任务描述

抖音达人 @ 小王拥有 30 万粉丝,喜欢分享穿搭。近日他和某箱包品牌达成合作,拟在抖音上进行一场带货直播,销售品牌方提供的夏季箱包商品,商品详情如图 11-3-1 所示。请完成下列任务。

(1) 请在巨量百应中创建直播商品计划。
(2) 在直播前,拟订排品方案,说明商品讲解场景。
(3) 在直播时,执行商品的上下架操作。
(4) 通过达人专属链接实现达人专属价销售和修改库存操作。

商品类别	商品名称	图片	日常价格	直播价格	佣金	库存	商品链接
引流款	棕色帆布袋		99	29.9	1%	10000	
过渡款	牛仔手机包		129	59.9	15%	50000	
利润款	亚麻棉拼接托特包		299	99	20%	10000	
利润款	简约斜挎健身包		399	169	20%	5000	
高价款	mini 双肩包		499	279	30%	600	

图 11-3-1　商品详情

项目十一 / 电商变现

📝 任务实施

直播带货是达人变现的主要方式之一，直播前需要准备直播商品样品，并确认商品的应用场景。直播过程中进行商品上下架，对直播商品设置推广信息，通过全面准备提升直播变现效率。

1. 创建直播商品计划

创建步骤如下。
（1）登录巨量百应，依次点击"直播管理"→"直播商品计划"→"新建"。
（2）在创建计划页填写"基础信息"，如图 11-3-2 所示。
（3）点击"添加商品"按钮，在添加商品页选择商品后点击"确认添加"，如图 11-3-3 所示。
（4）通过输入数字编号将选定的商品排序，然后点击"创建"，如图 11-3-4 所示。创建成功的商品计划如图 11-3-5 所示。

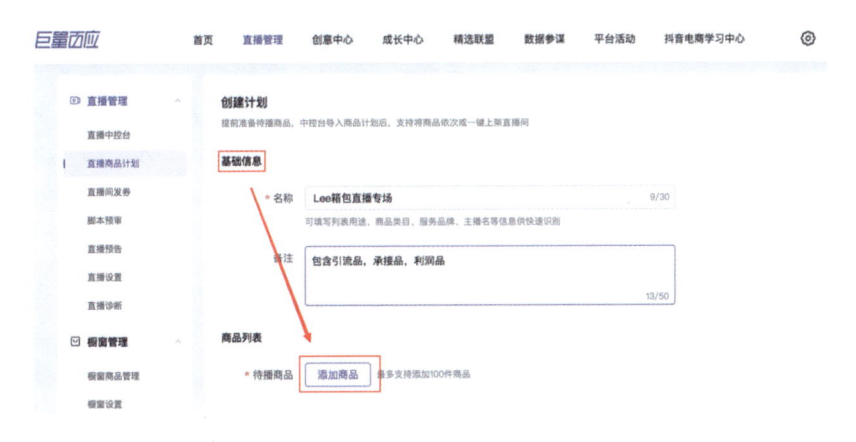

图 11-3-2　填写基础信息并添加商品

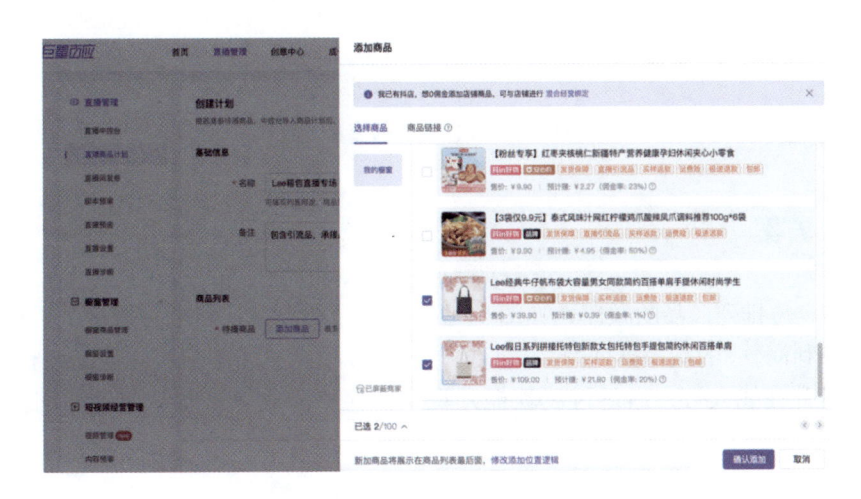

图 11-3-3　选择要添加的商品

245

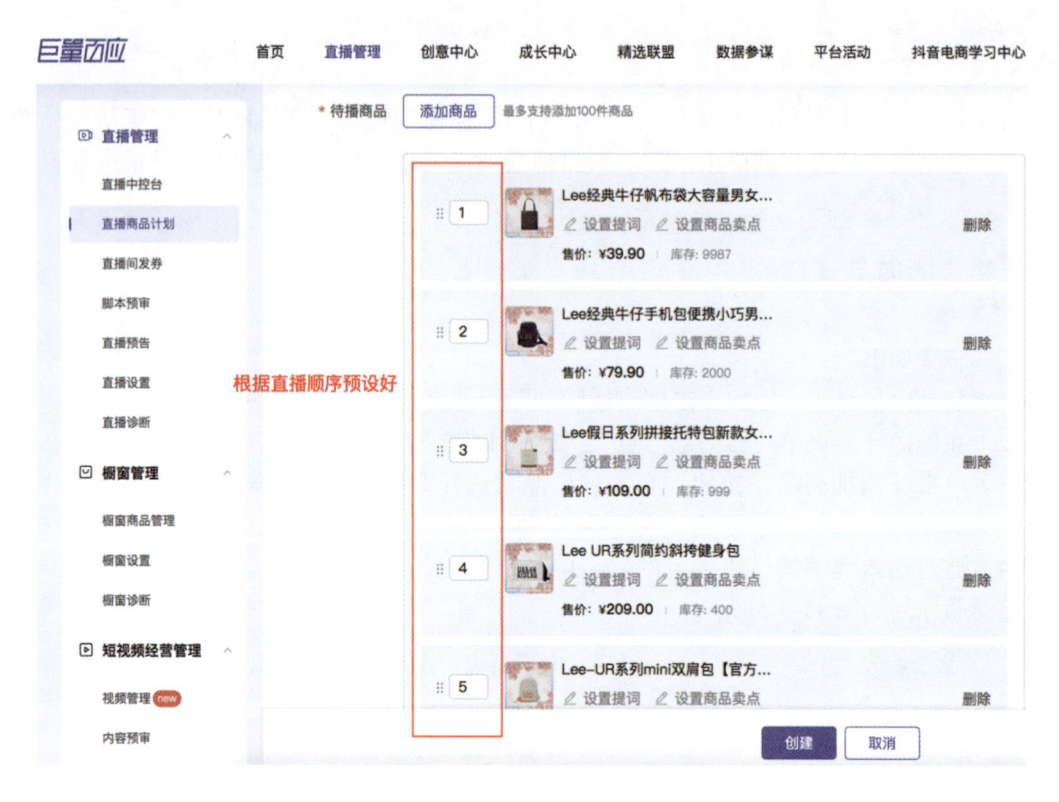

图 11-3-4 给加入商品计划的商品排序

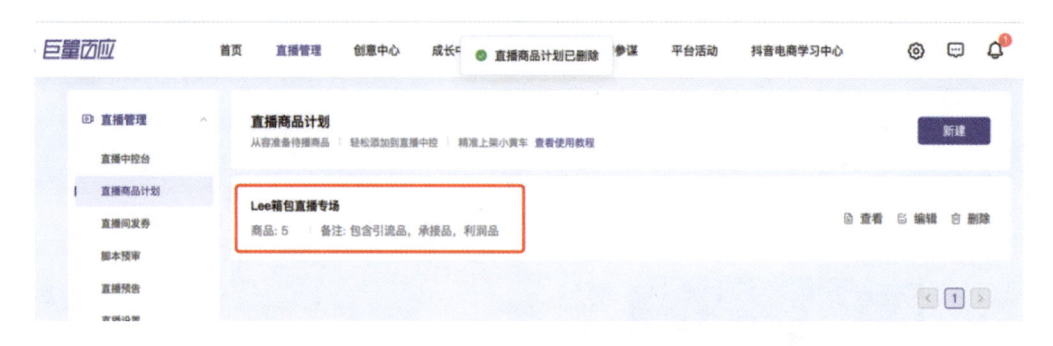

图 11-3-5 创建成功的商品计划

2．制订排品方案

根据商品定位排列商品的顺序，如图 11-3-6 所示。在商品计划中一般按"引流款→过渡款（福利款）→利润款"的顺序排列商品。直播时，可以根据直播间的实际情况调整商品顺序，通过引流款提升在线人数，通过过渡款提升观众留存率和成交密度，通过利润款提升带货利润。

项目十一／电商变现

排品顺序	商品类型	商品名称	图片	直播价格	讲解场景
1	引流款	深色帆布袋		29.9	开场及流量低潮时候讲解
2	过渡款	牛仔手机包		59.9	引流款结束之后讲解过渡款
3	利润款	亚麻棉拼接托特包		99	主推商品1过渡款结束之后讲解
4	利润款	简约斜挎健身包		169	主推商品2，轮流讲解，测试轮结束之后，数据好的款式重复高频重点讲解主推商品
5	高价款	mini双肩包		279	直播间人数少的时候以点单方式进行讲解，直播间人多不讲解，主要突出商品价格

图 11-3-6　根据商品定位确定的排品顺序

3．商品上下架

商品上架前需添加到中控台的待播商品中，有多种方式添加待播商品。下面直接用图片展示商品上下架的有关操作，如图 11-3-7 ～ 图 11-3-11 所示。

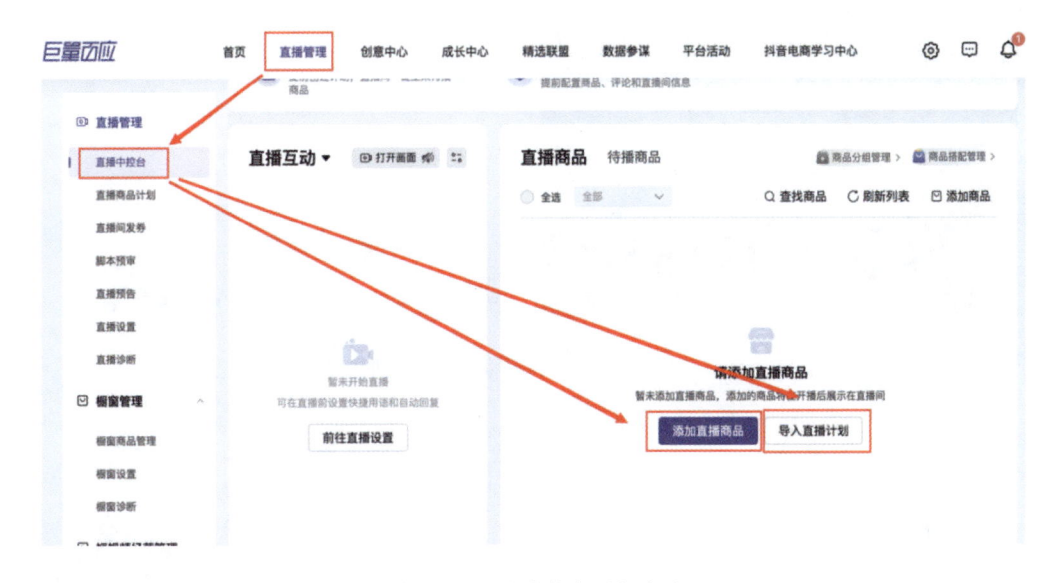

图 11-3-7　在中控台添加商品

247

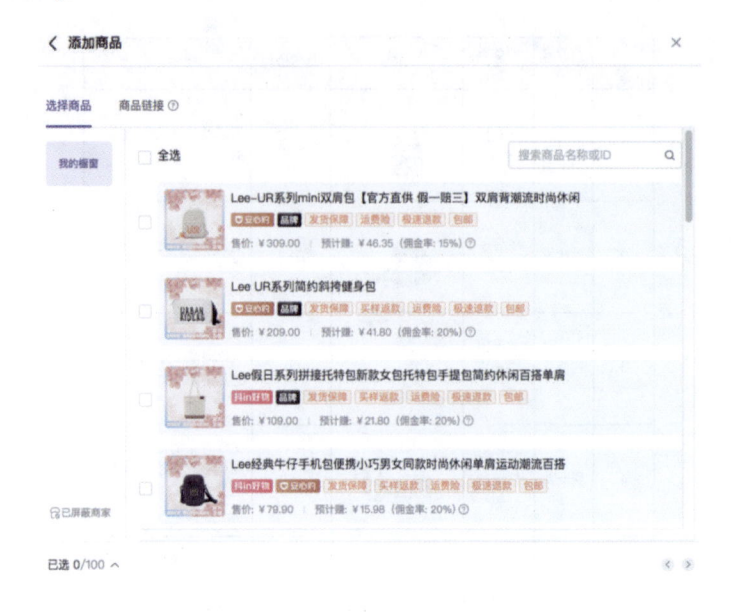

图 11-3-8　从橱窗添加商品

图 11-3-9　通过导入直播商品计划添加商品

图 11-3-10　通过点击"讲解"将商品卡在直播间弹出

图 11-3-11　通过关闭待播商品让商品下架

4．直播商品推广设置

巨量百应提供了简单的商品推广工具，在实践中很有效。例如，前面已经提及的商品"讲解"功能，点击该按钮对应的商品卡会在直播间右下角弹出，这个简单的动作对提高商品点击率的效果非常显著。

还有上一任务讲到的编辑直播商品推广信息，也可以显著提升商品点击率。上一任务是在手机上操作，在巨量百应中的操作是在待播商品清单中点击"…"按钮，再选择"编辑卖点"，如图 11-3-12 所示。

图 11-3-12　"编辑卖点"提升直播商品转化率的操作及效果

另外，待播商品清单中的"预热"功能也很有效，点击"预热"的商品，在直播商品清单界面中将隐藏价格，以增加商品神秘感，再结合主播话术，"憋单"的效果将被有效放大。如图 11-3-13 所示。

图 11-3-13　通过"预热"直播商品配合憋单

品牌方会给一些达人特殊支持，允许达人按专属价进行销售，达人可以利用专属链接修改专属库存数量，制造商品的稀缺感。如图 11-3-14 所示。

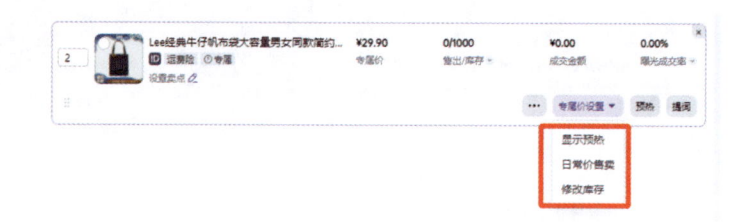

图 11-3-14 通过"专属价设置"功能对直播商品的价格和库存进行控制

任务思考

直播商品上下架涉及直播前的商品准备、商品的应用场景，以及直播中的商品推广信息设置，为直播提供货的支持：

（1）商品计划的创建需要与直播顺序对应。

（2）不同商品的应用场景不一样，需要分析商品的特性与直播的节奏匹配问题。

（3）直播商品上下架要与主播讲解语术一致，新的直播团队经常出现商品展现与话术不一致的问题。

（4）熟悉直播商品推广信息设置，提升商品的展现量与转化率。

课堂练习

请完成以下任务：

（1）结合直播顺序创建一个商品计划，不少于3个商品。

（2）分析商品的属性，结合直播节奏制订一个排品计划，至少含一个引流品、承接品与利润品。

（3）创建一个直播商品卖点与预热的推广信息。

任务 11.4 直播销售

任务描述

抖音达人@小刘拥有5万粉丝，喜欢分享服装穿搭。某羽绒服品牌厂家准备在抖音旗舰店销售一批新款羽绒服，准备寻找一些达人共同推广。小刘通过精选联盟找到该羽绒服厂家，双方达成合作协议，小刘获得厂家授权，可以通过自有达人号直播销售新款羽绒服。请完成以下任务。

（1）使用红包、主播券两种促销工具（厂商提供必要支持）。

（2）请给出从开场到收场的全流程话术，需备注话术类型与要点，注意话术与促销工具的配合。

（3）直播过程中需录制商品讲解。

任务实施

达人是商品与用户的连接点,在商品与场景一定的背景下,达人的个人能力,以及与团队的配合度决定了整场直播的销售额高低。

1. 红包、主播券设置

(1)红包设置。红包可用于直播间、橱窗等场景抵现,且不计入最低价,故可以有效提升直播观看时长,并拓展直播间互动方式。红包类型比较多,应根据直播需要选择合适的红包类型。

操作路径:登录巨量百应,依次点击"直播管理"→"红包管理"→"新建",在"新建红包"界面,完成红包的设置,如图11-4-1所示,最后点击"提交"即可。本任务设置的是普通倒计时红包,总预算100元,共10个,10元/个。

图 11-4-1　创建倒计时红包

(2)主播券设置。获得商家授权后,达人可利用主播券自主让利,提升货品销量。通过设置不同类型和领取门槛,刺激用户关注主播,提高成交转化率和客单价。主播券分为满减券与直减券。

操作路径：登录巨量百应，依次点击"直播管理"→"主播券管理"→"新建"，在"新建主播券"界面完成主播券设置，如图 11-4-2 所示，最后点击"提交"按钮即可。本任务设置了商品满减券，共 5 张，粉丝限领 1 张/人，满 100 元减 10 元。

图 11-4-2　创建商品满减券

2. 直播话术

直播话术是主播与用户的语言连接。在一场直播中，主播常常需要根据直播数据反馈，不断调整话术。比如，人气数据低，就要增加憋单与互动话术；如果转化数据低，则要增加过品与成交话术。一场完整的直播话术见表 11-4-1，大致流程是：开场—憋单款（引导需求、商品介绍、价值塑造、逼单）—承接款—利润款—循环前面三步—收场。

表 11-4-1　一场完整的直播话术

序号	类型	要点	主播话术
1	开场	突出专业	姐妹们我是小琪，我做女生穿搭推荐三年多了，今天我联合知名潮牌×××，为姐妹们推荐几款美丽百搭的羽绒服，让姐妹们的冬天更靓丽
2	福利留人	引导关注	来，主播先给亲爱的粉丝们发个福利，红包来了！（直播间发已提前创建好的红包）
3	需求引导	用户痛点	姐妹们，马上要入冬，今年的冬季真的太冷了，羽绒服准备好了吗？羽绒服一定不要在年底天气最冷的时候买，因为贵
		放大欲望	羽绒服我相信姐妹们都有，但是羽绒放久了是不是很大的味道啊，而且去年的款今年都不流行了。主播还是建议大家必须要入手一件新款的羽绒服，无论外出还是过年回老家都穿着，不管你们自己逛街买还是今天在主播这里购买，羽绒服不仅要保暖，更重要的是外观价格都要给力才行
		解决痛点	这个品牌的羽绒服是源头工厂，之前主要做外贸单，很多大品牌都找他们家供货的，今天是真正的工厂价给到大家。主播身上穿的这一套就是今年超级流行的克罗因蓝的羽绒服，这种颜色需要染色多次才能调出来，很稀缺。腰部这里有收腰设计，显瘦不挑身材，颈部高领设计防风显脖子长，气质感满满有没有
4	商品介绍	材料	90%白鸭绒、真毛毛领
		卖点	克莱因蓝今年流行色系
			版型直挺，收腰修身
			袖口做了收口设计，扣上防风保温
			双面都可以穿
5	价值塑造	性价比	再次强调，今天给大家推荐的是源头的羽绒服工厂，去掉大品牌的溢价，直接地板价给到姐妹们。所以姐妹们你们尽管放心，和我们家相似款式同等级的面料，他们家代工的，90%白鸭绒的羽绒服在线上一般都卖到上千元。今天是我们羽绒服专场，咱们只要3折就可以入手哦，直接给我们399
		口碑评价	看下他们家商品，几乎0差评，带货口碑分4.9+，都是靠品质获得粉丝认可才有的口碑分
		背书	姐妹们，衣服都是有质检报告的，没有报告是不能说90%白鸭绒的，你们看这是我们家的质检报告。如果是假货我们直接就会被封店，我们是不可能做这种得不偿失的事情的
6	踢单逼人	技巧1	现在后台显示还有5个没有付款的，最后30秒后直接踢掉没有付款的订单，把现货留给真正需要的姐妹去拍
		技巧2	最后三件，最后三件，最后五秒钟没有付款的、没有点关注的直接踢单了。来，直接踢掉，321！2号链接刷新去拍
		技巧3	我看到公屏上还有很多姐妹扣没抢到的，但是现在后台显示还有4个没付款的，我直接取消没付款的人，把库存让出来，给没抢到的宝宝去拍
7	2～7循环	节奏	刚才有没有没抢到的，没抢到的扣"没抢到"，家人们太热情。这样，如果还有很多家人没抢到，咱们再来一轮。库存虽然还有一些，但这个价格力度太大，主播不能一直放。主播一会还要介绍其他商品，这款是福利款，只是直播间做数据用的。所以没办法放太多这个价格。如果家人们刚才在直播间蹲了很久但没抢到，把"没抢到"打出来。如果真的很多的话，主播再来一轮（可以循环2～7步骤，根据不同商品调整话术）
8	收场	开播预告	感谢姐妹们4小时的陪伴，小琪明天晚上七点准时开播，期待与姐妹们相遇，一起聊聊穿搭，姐妹们晚安

3. 录制商品讲解

达人直播过程中，可以录制商品讲解，方便任何时候进直播间的观众都能回放商品讲解，有利于提升直播间 GMV，也可以用于直播复盘或短视频带货。

（1）达人开播时的设置"商品讲解"回放，如图 11-4-3 所示。这里同步打开"录制回放与高光"，可以全程录制直播，便于精细复盘。

（2）直播中准备讲解某个商品前，在巨量百应待播商品清单中点击该商品下的"讲解"。

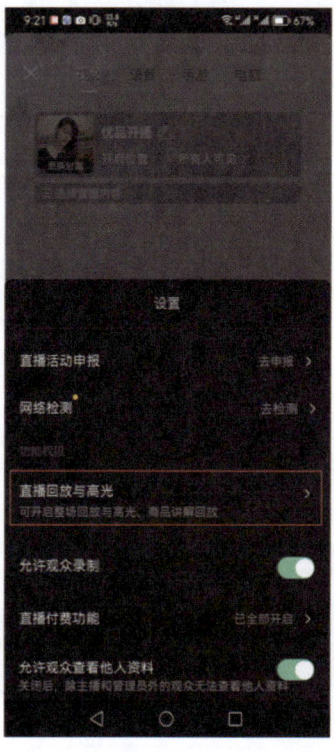

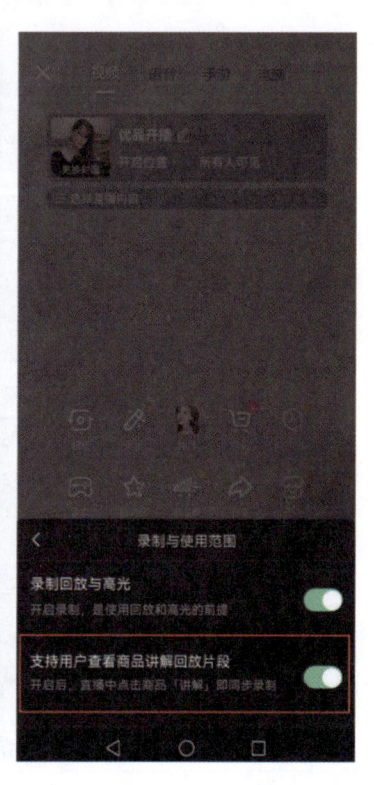

图 11-4-3　开播前设置商品讲解回放

（3）达人直播的商品列表中就保留了该商品的回放视频。而商家白播后的商品讲解视频片段会展示在抖音小店的商品详情页中，一次讲解就能留存视频，大大提高了录制商品讲解视频的效率。

任务思考

直播销售是商品变现最重要的环节，是团队综合能力的具体体现。注意：
（1）有效地使用营销工具，如红包、主播券、超级福袋等。
（2）主播要把握好直播节奏，熟悉直播话术，提升人气分与带货分。
（3）直播过程中要注意平台考核指标，争取获得更多的自然流量。

（4）录制商品讲解，直播切片在复盘与二次推广中具有重要价值。

课堂练习

请完成以下任务：
（1）通过巨量百应，独立设置一个红包，额度自定义。
（2）结合直播商品组合，独立撰写一份直播脚本，熟练直播话术，并开一场直播。
（3）在直播过程中，录制商品讲解。

任务11.5 资金管理

任务描述

达人小刘的抖音号经过一段时间的短视频带货与直播带货，获得了不少订单，也获取了相应的佣金，他的佣金是如何计算的？如何在平台查询订单与佣金？如何提现？提现周期多长？这些小刘还不太了解，请协助他完成以下任务。
（1）查询订单及佣金。
（2）佣金结算。
（3）佣金提现。

任务实施

达人通过直播或短视频带货获得收益后，如感觉实际获得收入较预计少，则积极性易受到打击，因此有必要了解佣金相关知识。另外，从收益计算出发，也能为运营工作提供优化方向和策略。

1. 查询订单及佣金

（1）订单查询。在抖音 App 依次点击"我"→"商品橱窗"→"我的佣金"→"推广明细"→"全部订单"，也可以登录巨量百应（达人版），依次点击"精选联盟"→"联盟订单明细"，可以查询与达人有关的订单。如图 11-5-1 所示。

（2）佣金查询。在抖音 App 依次点击"我"→"商品橱窗"→"我的佣金"→"推广数据"→"付款统计"，或登录巨量百应（达人版），依次点击"精选联盟"→"佣金分成账单"，就可以查询达人的佣金情况。如图 11-5-2 所示。

图 11-5-1　PC 端在巨量百应查询达人带货订单

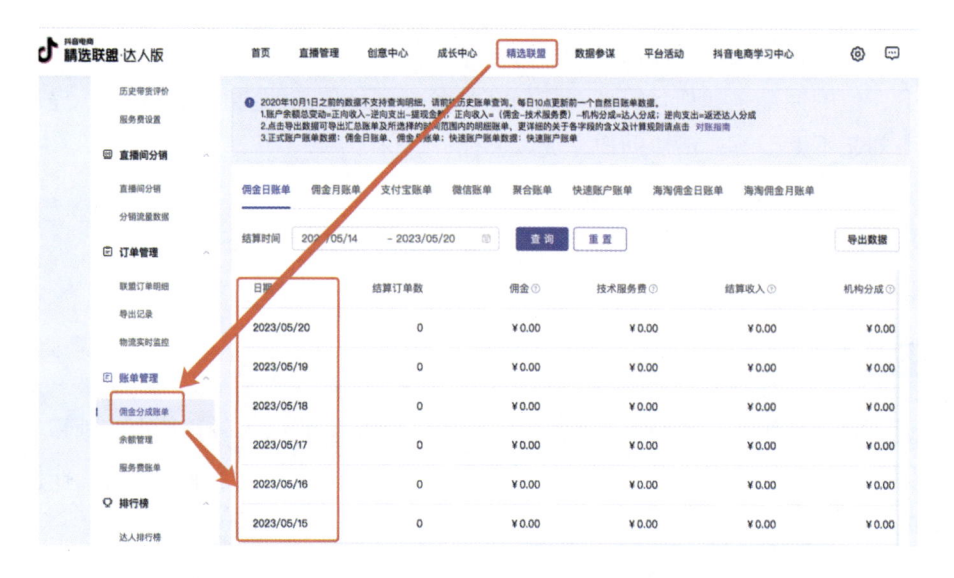

图 11-5-2　PC 端在巨量百应查询达人带货佣金

2．佣金结算

佣金计算涉及很多概念，见表 11-5-1。

表 11-5-1　佣金计算相关的概念及含义

指标名称	含义
付款金额	用户真实支付的货款金额，不包含运费、税费、优惠券（除主播券）
成交金额	按照用户实际的支付数据计算，包含运费、退款，不包含优惠券
总佣金	付款金额 × 佣金率

续表

指标名称	含义
预估佣金	根据下单情况的预估参考，该数据仅做参考使用，不作为最终结算金额
结算金额	最终参与结算的用户付款金额，若用户确认收货后未发起退款，则结算金额＝付款金额；若用户发起过退款，则结算金额＝付款金额－用户退款金额
结算佣金	商家：结算佣金＝结算金额 × 佣金率，为商家真实佣金支出。 达人/机构：为达人/机构真实可入账的收入。 达人结算佣金＝结算金额 × 佣金率 ×（1－平台服务费率）× 达人分成比例

佣金结算需要满足结算条件，见表11-5-2。

表11-5-2　抖音电商佣金结算规则

结算周期	平台服务费比例	结算条件
按日结算，即订单达到佣金结算条件的当日结算	平台扣除达人佣金的10%作为技术服务费	（1）用户在系统确认收货且"15天无理由退货"期无售后纠纷，"15天无理由退货"期满之日佣金结算转至可提现余额 （2）如用户与小店商家在"15天无理由退货"期内发生售后纠纷，售后纠纷解决之日佣金结算才可转至可提现余额

注意事项：

（1）单笔订单在用户或系统确认收货15日后，该笔订单会发起结算。

（2）若15日内商家未完成结算，则等待商家结算完成后，该笔订单会发起达人结算。

（3）即确认收货日期+15日为大部分订单的结算时间，结算完成则订单对应的结算佣金将自动进入可提现余额中。

（4）预估佣金仅是根据下单情况的预估参考。由于订单会产生退款退货等情况，实际结算以"结算佣金"为准。

（5）暂停提现。如达人的账户存在纠纷或涉嫌违法违规情形，平台有权暂停提现。

（6）结算周期差异。每个平台商品佣金的结算周期不一致，参考各个平台结算规则说明，见表11-5-3。

表11-5-3　抖音电商支持的第三方电商平台结算规则

平台名称	结算规则	平台服务费
淘宝、京东、唯品会、苏宁、洋码头	所有相关平台商品产生的佣金，到具体平台去查看/提现收益	精选联盟平台不负责达人佣金结算，也不向达人收取费用
考拉	结算周期：隔月结算（即订单达到佣金结算条件的下下个月结算） 结算说明：每个月月初，时间预计是1～7号内，如果赶上节假日，时间顺延。平台把上上个月的用户在系统确认收货且无售后纠纷的有效订单佣金转入达人的可提现金额里。如订单发生售后纠纷，该订单佣金结算时间为售后纠纷解决之日起的下下个月	精选联盟平台扣除达人佣金的10%作为技术服务费
网易严选		

可见，达人带货的最终收入（结算佣金）与结算金额、佣金率、平台服务费率、达人分成比例有关，其中结算金额又与用户真实支付的货款、退款金额有关。所以，从结算数据角度看，要提高达人带货收入，应关注以下几点。

（1）尽量提升支付率。例如，直播带货时，仅下单不支付的订单常常会被主播取消，这对提升支付率有直接作用。

（2）减少退款率。例如，有的主播会在话术中说明，这款商品是厂家提供的专享福利，确定需要的宝宝请一定看好再下单，主播不希望退货的。有些品类（如服装），直播带货退货率非常高，商家会使用很多策略降低退货率（退款率）。作为达人，要在选品的时候特别关注退货率。

（3）选择合适佣金率商品。很多新手带货达人选品时会选择佣金率高的商品，简单认为这样就会提高带货收入。实际上，对于新手带货达人，佣金率绝不能成为选品的首选指标。高佣金率的商品可能是因为不好，只有成交才能拿到收入，新手达人挑战难卖商品需谨慎。往大了说，高佣金率商品为客户创造的价值小，不符合中国人倡导的商业文明主流，我们应主动抵制。当然，佣金率过低也不行，可能导致达人带货团队无法生存。故本书主张选择合适佣金率的商品。

（4）遵守达人分成行规，用优秀的业绩数据标识自己的竞争力。很多新手带货达人都会加入MCN机构，在MCN机构获得更快成长，此时MCN机构将与达人分享带货收益。与佣金率一样，新手达人不应追求达人分成比例越高越好。那样的话，可能所在的MCN机构不能帮助达人快速成长，达人会因小失大。内容带货已是比较成熟的行业，已逐渐形成比较合理的分成行规，新手达人应遵守这一行规，把更多精力投入到提升业绩、提升自身竞争力上。优秀的带货达人是金子，终会发光。

总之，从结算角度看，带货达人要增收是一件不容易的事，归根结底还是要看达人及其团队的能力（主要是选品能力和销售能力）。

3．佣金提现

佣金提现的操作很简单，登录巨量百应，依次点击"精选联盟"→"余额管理"→"体现"即可，再按提示完成操作，如图11-5-3所示。

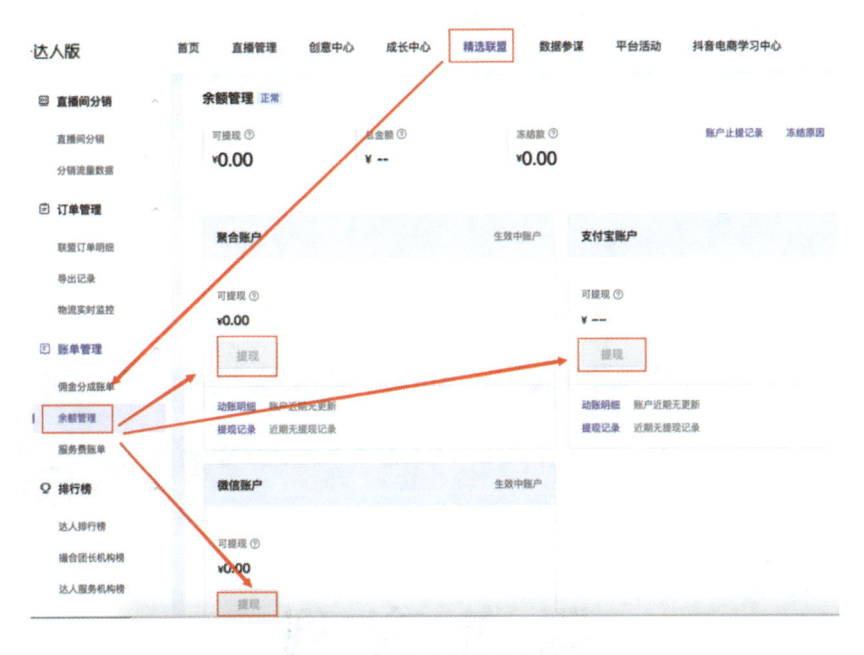

图 11-5-3　佣金提现操作界面

🔖 任务思考

佣金提现是达人商业活动的最后一个环节，佣金结算涉及抖音小店和第三方平台，要明确付款金额、结算金额、佣金率、平台技术费、订单纠纷等概念，并会用公式计算出佣金，以免产生纠纷。

📝 课堂练习

请完成以下任务：
（1）查询达人账号近 30 天的佣金明细，尝试计算佣金。
（2）如果有可提现余额，完成一次提现操作。

项 目 小 结

电商变现是账号运营的重要目标之一，也是账号可持续发展的保障因素。

通过本项目的学习和训练，让学生全面掌握电商变现的基础、变现的过程，以及佣金提现等技能。具体包含橱窗开通、橱窗运营、商品计划创建、直播营销工具应用、直播话术撰写、直播商品讲解录制、订单查询、佣金查询、佣金计算，以及佣金提现等技能点。其中，橱窗运营、直播话术撰写、直播销售实操、佣金计算是重点。

项目十二

服务变现

思政导入

> **学习目标**
>
> - 能在服务交易平台注册账号并设置基础信息。
> - 能在服务交易平台进行接单与拒单等操作。
> - 能理解任务要求，并按要求完成合适的任务。
> - 能在服务交易平台后台查看服务交易情况，查询收益、结算和提现。

任务 12.1　服务交易平台账号注册与信息设置

任务描述

抖音达人 @super 汪入驻抖音三年，发布了上百条视频，粉丝人数累计达到 20 万。现在，达人开始寻求账号的变现途径，并希望能承接更多的任务商单，请与达人一起，结合账号自身条件跟定位，完成以下任务。

（1）了解巨量星图。
（2）入驻巨量星图。
（3）开通"短视频服务"任务并完善基础信息设置。
（4）设置商单价格。

任务实施

作为短视频创作达人，随着账号粉丝数的不断积累，达人寻求高质量商单的需求不断增多，商家也迫切需要优质的内容创作者来承接广告。巨量星图是抖音集团旗下短视频广告主与创作者的交易平台，短视频创作者有机会在星图上接触到更多商单。但商单的增多并不意味着创作者都能承接，广告主为了能更好地筛选合适的达人，对承接任务的达人设置了不同要求，这就需要创作者努力提升内容创作能力，才能有机会被广告主选择，承接更多商单，增加收入。

本任务主要目的是了解巨量星图平台主要的服务功能，了解各个星图任务的入驻条件和开通流程，并开通短视频服务任务，完善账号的基础信息设置。

1. 了解巨量星图

（1）什么是巨量星图？

巨量星图是创作者的营销生态服务平台，通过高效连接创作者与广告主，实现创作者商业生态的繁荣，绽放内容营销的价值。有抖音、今日头条、西瓜和火山账号的短视频创作者可以申请入驻。

对于创作者而言，巨量星图的价值是提供接单、获取收益、完成内容变现和实现商业增长。巨量星图上能完成接单、交易等全流程，并保障交易过程高效与安全。

（2）抖音达人入驻巨量星图的条件：

抖音达人账号内容健康、积极向上，符合抖音社区规范。

注意：巨量星图入驻时无粉丝量要求，但开通具体任务时有粉丝量要求。

（3）抖音达人可开通任务及其要求见表 12-1-1。

表 12-1-1　抖音达人可开通任务及其要求

任务类型	开通要求
传播任务	• 抖音账号在抖音平台粉丝量≥10万
图文任务	• 抖音账号在抖音平台粉丝量≥1万 • 30天内发布过2篇图文体裁内容
短视频投稿任务	• 抖音账号在抖音平台粉丝量≥1万 • 内容健康、合法
图文投稿任务	• 抖音账号在抖音平台粉丝量≥1千 • 内容健康、合法
直播投稿任务	• 抖音账号在抖音平台粉丝量≥1千 • 已开通电商直播权限
直播品牌推广任务	• 抖音账号在抖音平台粉丝量≥1千 • 14天内开播场次≥3场且每场开播时长≥25min • 30天内未出现账号违规、账号封禁等违反社区规范的行为
直播电商带货任务	• 抖音账号在抖音平台粉丝量≥1千 • 已开通电商直播权限

注：所有任务的创作内容均需健康、合法。

2．入驻巨量星图

登录 PC 端巨量星图官网，选择"我是抖音达人"身份，点击"绑定媒体账号"→"接单手机号"→"微信账号"→"联系邮箱"→"自我介绍"等基础信息，媒体账号绑定抖音账号后即可完成入驻，如图 12-1-1 所示。

图 12-1-1　账号基础信息

3．开通短视频服务任务并完善基础信息设置

（1）在巨量星图首页，点击"服务管理"→"抖音服务管理"→"抖音传播任务"→"申请开通"，根据提示即可完成"短视频服务"任务开通申请。

（2）点击"抖音服务管理"→"短视频服务"，完善"所在地域"→"擅长风格"→"达

项目十二 / 服 务 变 现

人介绍"等信息设置，将"在抖音个人主页展示合作链接""开放广告合作能力""展示销售额数据"全部选择开启，基础信息设置就完成了，如图12-1-2所示。

图 12-1-2　短视频服务基础信息

4．设置商单报价

（1）一口价结算：根据自身账号条件和平台提供的参考价位，分别对"1—20s视频""21—60s视频""60s以上视频"3种时长的短视频，设置合理价位。

（2）按一口价＋转化效果结算：设置状态为"已开启"。

（3）合集商单：根据自身账号条件和平台提供的参考价位，设置合理价位。

（4）达人共创：根据自身账号条件和平台提供的参考价位，设置合理价位，如图12-1-3所示。

图 12-1-3　商单报价

任务思考

巨量星图任务的开通不仅受账号粉丝量限制，且其内容必须健康、合法，有些任务还要求无违规处罚记录，这就要求创作者们在创作中要注意规避违禁风险，创作更健康优质的内容，以便获得更好、更多的变现机会。

263

> **课堂练习**

请完成以下任务：
（1）注册自己的巨量星图账号，完成账号的基础信息设置。
（2）结合自身账号条件，开通一个任务服务。

任务 12.2　服务接单与拒单

> **任务描述**

抖音达人 @super 汪在开通短视频服务任务权限后，开始寻找能承接的商单。达人 @super 汪的账号定位是情感类账号，有固定的车内聊天场景，可接商单的内容方向以情感类、车载产品为主。请与达人一起完成以下任务。
（1）了解巨量星图的任务形式。
（2）分析账号定位，找寻合适的任务。
（3）阅读任务详情，理解任务需求，并接受任务。
（4）完成承接的任务。
（5）拒单操作。

> **任务实施**

巨量星图各种任务的接单流程不同，本任务目的是了解几种常见的商单任务接单与拒单流程。并且，知晓拒单可能会面临的违约赔付与成本损耗问题。

1. 了解巨量星图的任务形式

巨量星图任务类型及其介绍见表 12-2-1。

表 12-2-1　巨量星图任务类型及其介绍

任务类型	任务简介
传播任务	客户指定合作达人，达人接受任务后，须按照客户任务需求完成内容的制作与发布。任务形式支持短视频、图文、直播等
投稿任务	"一对多"任务模式，客户发起任务需求，多位达人接单并投稿，任务结束后公示获奖达人并发放任务奖励。任务形式支持短视频任务、图文、直播任务
招募任务	"一对多"任务模式，客户发起任务需求，达人报名，客户圈选多位合作达人，合作达人完成任务后获得任务服务费。支持寄送样品
直播指派任务	客户指定合作达人，任务包括直播品牌推广任务和直播电商带货任务两种类型
好物测评任务	客户圈选达人范围，达人报名，客户给选中的达人寄送样品，达人完成任务后可免费获得样品或获得现金收益

项目十二／服 务 变 现

各类任务均有严格的接单流程，如图 12-2-1 ~ 图 12-2-5 所示。

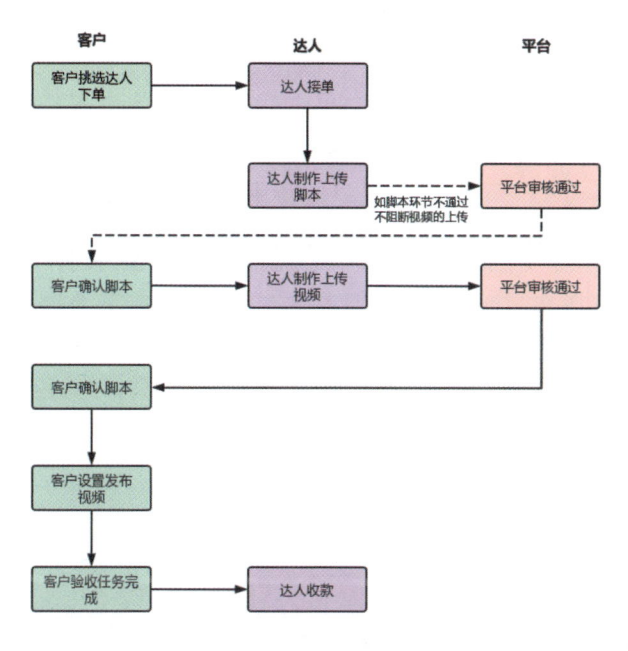

图 12-2-1　传播任务的接单流程

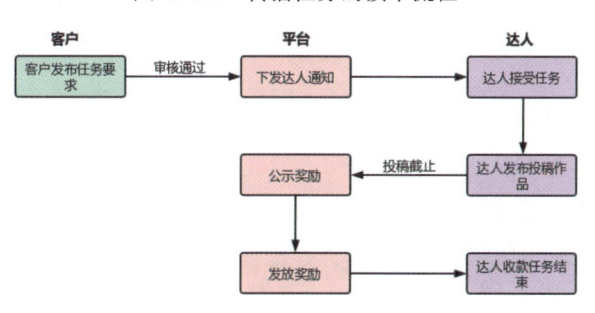

图 12-2-2　投稿任务的接单流程

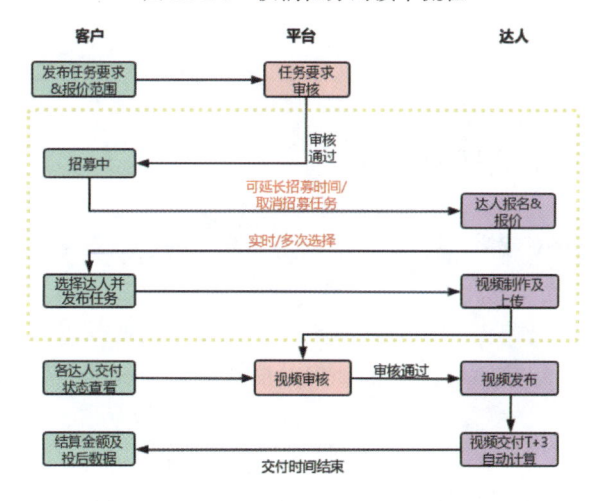

图 12-2-3　招募任务的接单流程

265

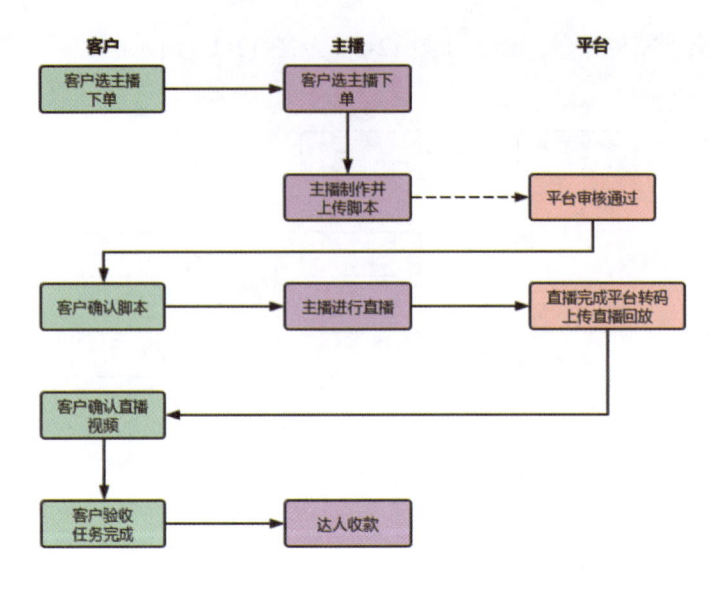

图 12-2-4 直播指派任务的接单流程

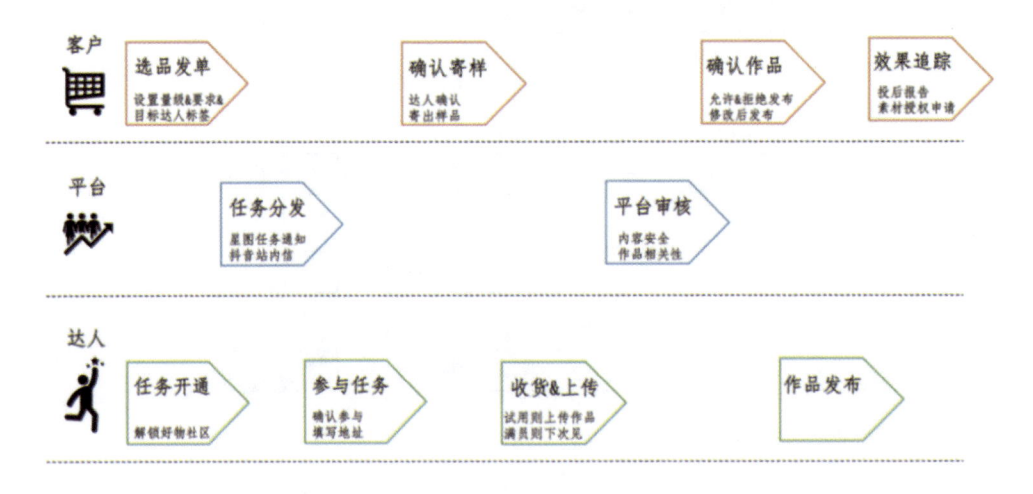

图 12-2-5 好物测评任务接单流程

2. 分析账号定位，找寻合适的任务

了解服务变现平台的任务类型后还要根据达人账号的定位来判断哪些任务可以承接。

（1）分析账号，确认可接商单方向。@super 汪为情感类账号，其作品主要有两个角色：年长的男司机和年轻的女乘客，通过在车内的一问一答，传递其价值理念。根据账号定位（作品类型和粉丝画像等），判断可以承接情感类、益智类、车载类、教育图书类等抖音短视频投稿任务。

（2）查找任务。登录 PC 端巨量星图，选择"我是抖音达人"身份，点击"任务大厅"→"我可投稿"，可以看到允许投稿的任务清单，如图 12-2-6 所示。

项目十二 / 服务变现

图 12-2-6　允许投稿的任务清单

根据账号定位，发现益智类游戏《开心答题宝》的抖音短视频任务可能比较合适，点击查看任务详情，如图 12-2-7 所示。

图 12-2-7　抖音短视频任务详情

3. 阅读任务详情，理解任务需求

阅读任务详情，明确任务需求要点如下。

（1）任务可实现：抖音短视频的投稿任务，基础要求很低，只要与产品相关即可。对于达人 @super 汪来说，非常轻松即可实现。

（2）任务有分佣：按转化结算模式，15 元 / 个激活。

（3）确保任务截止时间前可完成：距任务截止时间还有 7 天，有充足时间完成。

综上，作为试探性项目，@super 汪决定先尝试做这个简单任务。确认无误后，点击"我要投稿"，如图 12-2-8 所示。承接任务阶段完成，接下来是执行任务。

图 12-2-8　成功承接"开心答题宝"的抖音短视频投稿任务

4. 完成承接的任务

（1）根据任务要求，完成视频后上传至星图（在如图 12-2-8 所示的界面点击"上传视频"），等待审核，审核通过即可在 @super 汪账号下发布视频。执行任务的过程详见《执行"开心答题宝"投稿任务》，此略。

（2）任务执行期间，随时可点击"我的星图"→"我的任务"→"进行中"查看任务进度，如图 12-2-9 所示。

图 12-2-9　查看进行中的抖音短视频任务

5. 拒单操作

任务执行期间，由于各种原因，可能需要取消任务。例如，对于直播指派类型的任务，达人没有档期完成指派任务。总之，任务在开始前、执行中，都可能需要拒接或取消。即使是指派类型的任务，只要达人未承接，就不需要承担任何责任。但巨量星图对履单中的任务，规定了不可取消的规则，见表 12-2-2。

表 12-2-2　履单中不可取消任务的规则

任务类型	特定阶段不可取消任务
传播任务	达人发布视频后或开播后，客户及达人均不可取消任务
投稿任务	客户的任务需求经过平台审核发布后，不论是否已有达人接单/投稿，客户均不可取消任务
	达人接单后不可取消任务
招募任务	招募任务发布且客户已下单后，任务不可取消
	达人报名后，达人不可取消任务
直播指派任务	主播开播后，客户及达人均不可取消任务
好物测评任务	客户的任务需求经过平台审核发布后，客户不可取消任务
	达人报名后，达人不可取消任务

不可取消任务在任务详情页没有取消任务按钮。除了这类情况，达人如果要取消任务，均可以与客户协商处理。如果取消任务，无论达人是否消耗了成本，均不能获得任务收益。取消任务的操作过程（PC 端流程）如下。

（1）登录星图，点击"我的星图"→"我的任务"→"进行中"找到需要取消的任务，点击"任务详情"，在详情页点击"取消任务"，如图 12-2-10 所示。

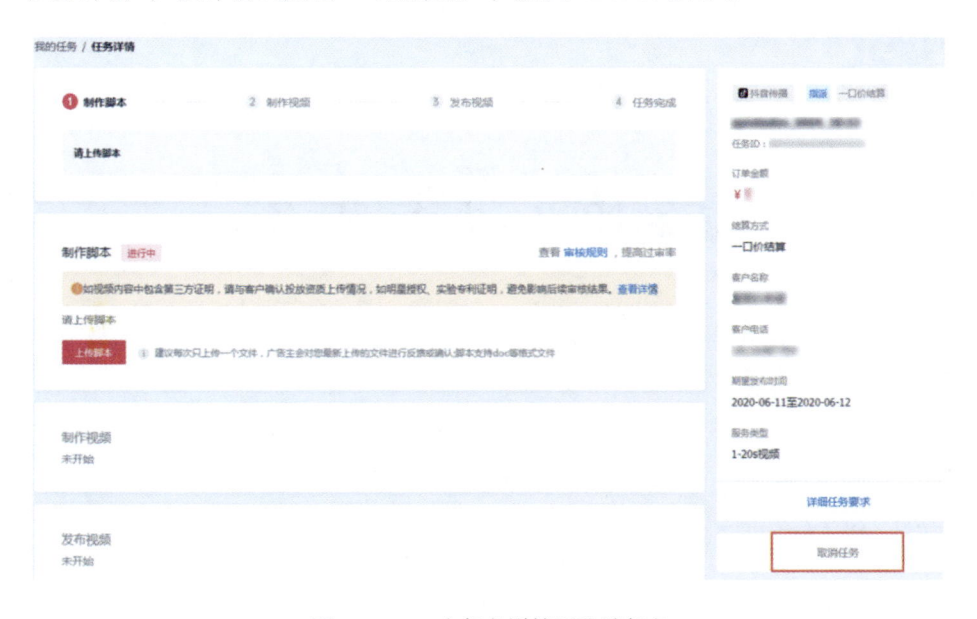

图 12-2-10　在任务详情页取消任务

（2）选择取消理由，如图 12-2-11 所示。点击"取消任务"按钮，发起后等待客户确认。

（3）客户确认后，达人即可收到短信通知，任务取消成功，达人将获得 0 元任务奖励。

图 12-2-11　选择取消原因

任务思考

大部分商家在挑选达人的时候会考察达人往期商单执行情况，所以，新人在巨量星图很难接到商家指派的任务，这时候可以多去【任务大厅】里【我可投】【我可报名】【好物测评】里寻找合适的任务单，并尽可能好的完成内容创作，以便获得更多商家的青睐。

如果发布的任务视频效果不好或收益不佳时，可多方面去优化内容，如剧情、话术、演员、设备、拍摄剪辑等。或者参与官方活动、热门话题。必要时，也可以考虑投放 DOU+ 来增加视频的播放量。

课堂练习

结合账号自身条件和定位，承接一个星图任务。

任务 12.3　执 行 任 务

任务描述

抖音达人 @super 汪在经过一系列查找筛选之后，选中益智类游戏"开心答题宝"短视频投稿任务，根据任务单要求，完成以下任务。

（1）执行投稿任务。

（2）关注进行中的任务。

（3）任务执行中的注意事项。

任务实施

本任务主要目的是了解任务的执行流程，并能使用 PC 端和移动端查询任务进度，同时，还要注意在任务执行中的注意事项。

1. 执行投稿任务

（1）阅读任务详情。以达人身份登录巨量星图，点击"我的星图"→"我的任务"→"进行中"，点击"开心答题宝"→"任务详情"，在任务详情界面中点击"查看任务详情"按钮。重点看"任务要求"，如图 12-3-1 所示。

任务要求	
基础要求	视频主要内容需与产品相关，杜绝生硬植入，不支持图集投稿
非硬性要求	1. 需展示App玩法过程并进行趣味讲解，时长不低于3s。 2. 这款开心答题宝我已经替你们测试过了，轻轻松松就可以获得福利，真实有效。而且玩得越久，福利越丰厚！赶紧下载去试试吧！ 3. 不体现网赚元素。不带赚钱小游戏等话题 4. icon中不得出现提现、赚钱、到账、副业、变现等字样（口播+字幕均管控） 5. 视频中不可出现到账提现截图、微信入账通知、微信转账截图 6. 建议包含真实应用使用场景，少用仅录屏。多用竖屏全铺，少用三段式 7. 画面观感好，精细加工。必须注明：具体金额以产品内展示为准
示例作品	无

图 12-3-1　查看已承接任务的任务要求

（2）创作任务视频。任务是推广一款知识答题类小游戏 App，视频内容可按"开头抛出问题＋回答，引出任务游戏，结尾引导粉丝下载"结构展开，简易脚本如下：

① 第一幕：乘车画面，车内对话

女生：师傅，你知道 1234 的浪漫表白吗？

师傅：1 是……2 是……3 是……4 是……

女生：师傅你是从哪里知道这些奇奇怪怪的答案呢？

师傅：哎，那是因为我经常在"开心答题宝"上答题冲浪呀，里面不仅有各种天文地理、生活常识等百科知识可以竞答，答对题的同时，还有福利奖励哦。

女生：那我要怎么玩呢？

② 第二幕：游戏画面，师傅画外音。

师傅：点击视频左下角游戏链接，和师傅一起畅玩百科知识吧。

③ 第三幕：金句结尾，并提示任务下载。

在游戏展示画面的左上角小字标注："具体金额以产品内为准"字样。

（3）发布任务视频。

① 在"任务详情"界面点击"上传视频"，跳转至创作服务平台，点击左上角的"发布视频"按钮，在发布区域点击鼠标。

② 在"发布视频"界面填写视频描述：浪漫的从来不是数字，而是我们一起刷的题……添加话题：#开心答题宝；设置封面；添加位置标签：厦门；选择视频分类：游戏；选择视频标签：小游戏类（能关联的热点尽可能关联上）；允许他人保存视频；谁可以看设置为公开。最后点击"发布"按钮。

③ 发布后等待视频审核，审核通过即发布成功。剩下的工作就是关注作品数据，等待任务到期核算收益，收益自动结算后，任务就执行完成了，如图12-3-2所示。

图12-3-2 短视频投稿任务执行完成

2. 关注进行中的任务

进行中的任务主要有两个关键点需要关注。一个是提交任务视频等待审核时，有的任务视频需要客户审核，有的不需要客户审核，只需平台审核。无论谁审核不通过，都会导致任务执行不下去，最终拿不到任务奖励。另一个关键点是作品发布成功，处于传播阶段时，是否能拿到较好的传播数据。因为很多任务奖励是和传播情况有关的，本任务中，只有用户下载App并激活后，才能拿到任务奖励，故传播数据好才能拿到更多奖励。

（1）关注任务视频审核情况。在PC端登录巨量星图，点击"我的任务"→"进行中"，点击"查看详情"按钮，即可查看正在进行中的任务进度，点击任务视频即可查看当前审核情况，如图12-3-3所示。注意，只有处于审核中的任务视频才能由达人查看审核情况。

项目十二 / 服务变现

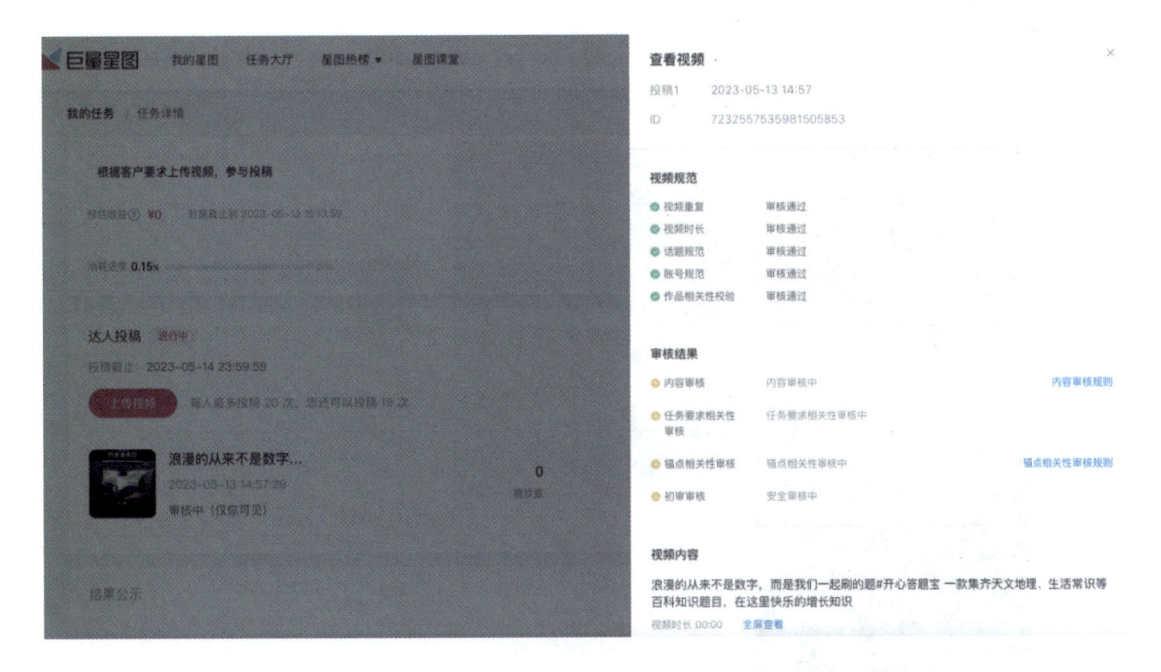

图 12-3-3　查看当前任务视频的审核情况

（2）关注任务视频传播数据。在抖音 App 账号主页的个人简介处点击"我的星图任务"，进入星图首页，点击"我的"，进入个人星图账号，点击"我的任务"→"进行中"，可以查看任务进度，如图 12-3-4 所示。

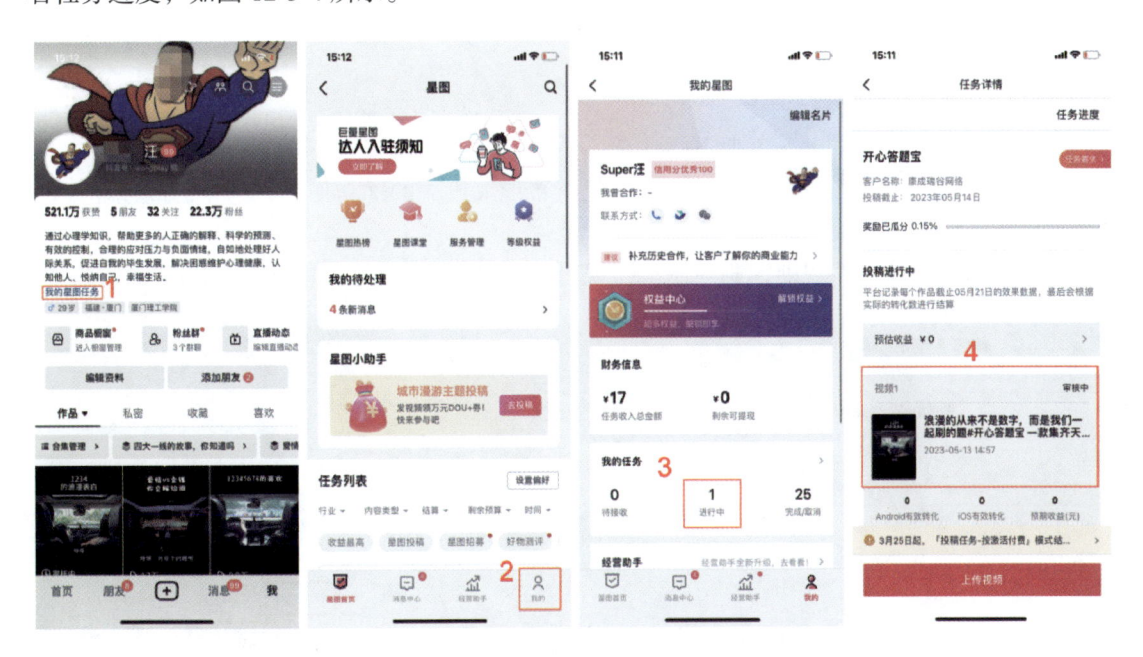

图 12-3-4　手机端查看任务视频的进度和关键数据

在图中可以看到已发布任务视频的关键数据：有效转化和预期收益。任务视频的更多数据可以在视频页点击"…"→"数据分析"查看，如图 12-3-5 所示。如果任务视频相关数据

273

不理想，应综合分析原因，决策是否优化和如何优化，具体方法请参考"短视频运营"相关任务。

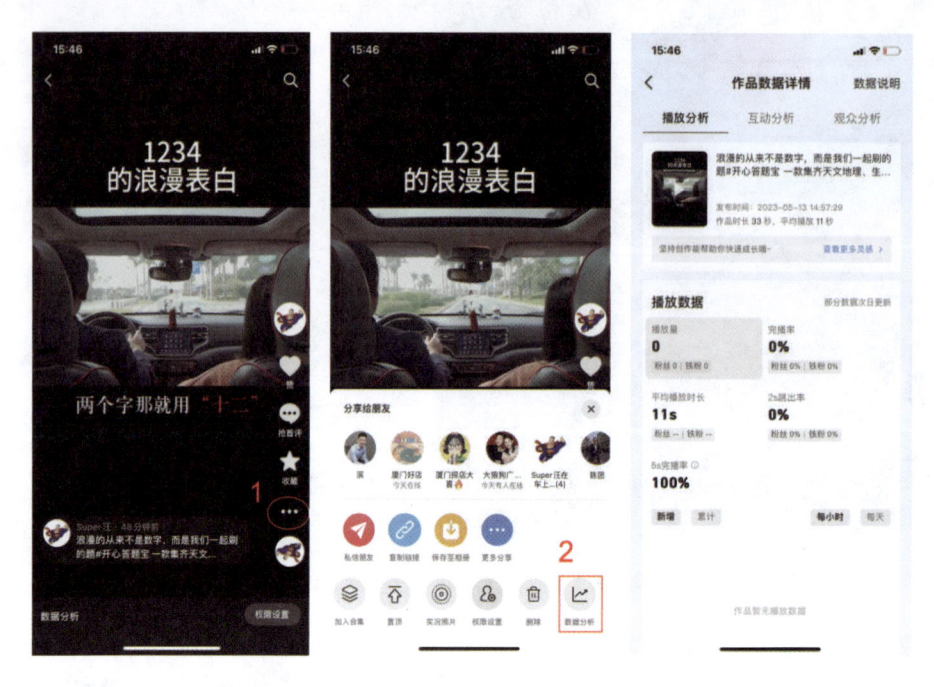

图 12-3-5　手机端查看任务视频更多数据

3．任务执行中的注意事项

在执行任务时，还有以下事项需要注意。

（1）在视频创作时，可在"任务详情"里查看他人投稿的优秀作品，为自己的创作提供参考思路。

（2）应仔细阅读审核规则，避开违禁违规内容，提高过审率，如图 12-3-6 所示。

图 12-3-6　任务详情中的"查看优秀作品"和"审核规则"入口

（3）注意任务的截止日期与创作时效，避免出现任务过期还未完成的现象。

（4）投稿任务如遇到审核未通过的情况，应根据系统提示，如图 12-3-7 所示，及时修改视频后再次送审。

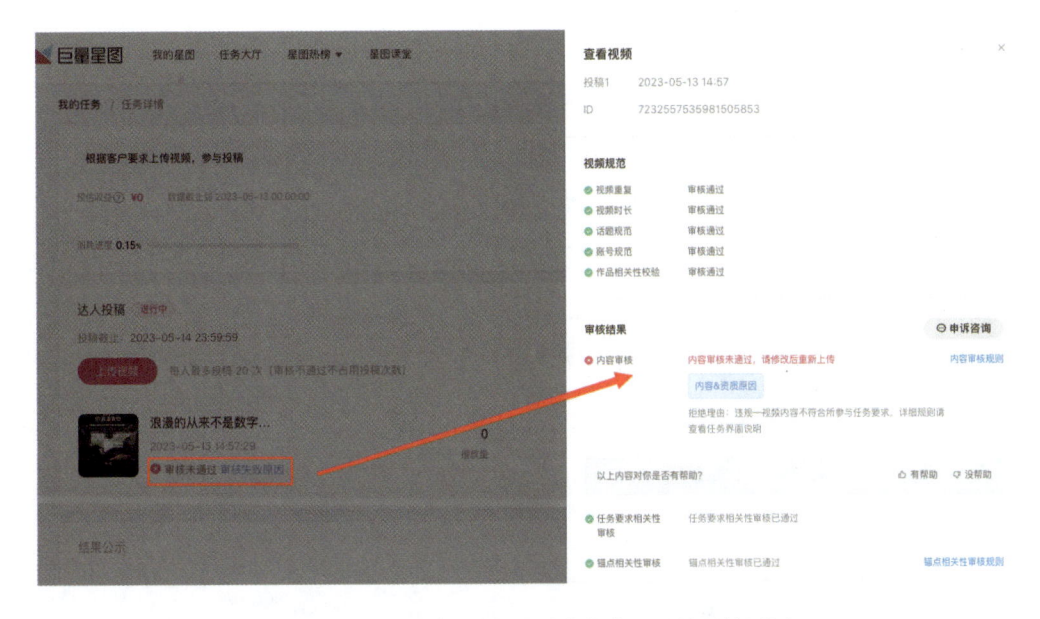

图 12-3-7　任务详情中的查看审核未通过的具体原因

任务思考

有时任务视频的播放量很好，但获得收益却不甚理想。这种情况常出现在按点击广告分成结算的任务中。播放量好说明任务视频的内容是受欢迎的，但收益不高，说明任务视频引导点击广告链接，或下载 App 等做得不够好，所以要特别留意奖励结算规则。创作视频时以达成奖励规则为目标，优化任务视频的引导环节。

另外，接星图任务时，要尽可能选择符合账号定位和价值观的任务，所制作的视频也应符合账号的内容风格，避免出现人设崩塌、损号伤粉的问题。

课堂练习

执行任务 12.2 课后练习所承接的任务商单。

任务 12.4　收入结算与提现

任务描述

达人 @super 汪已完成数个星图投稿任务，任务奖励已下达，请完成以下任务。

（1）设置账号提现信息。
（2）查询收益详情。
（3）收益提现。
（4）增收策略。

任务实施

本任务的目的是完成 @Super 汪的星图提现账户设置，查询往期任务所得收益，了解任务变现与提现的完整流程，并思考如何提升任务收益。

1．设置账号提现信息

达人完成星图任务获得的收益可自行提现至个人账户中，初次提现需先完成提现设置。
（1）达人 PC 端操作流程：登录星图，点击右上角头像，点击"提现设置"，如图 12-4-1 所示。

图 12-4-1　PC 端提现设置入口

提现设置有三步："绑定手机号""个人实名认证""绑定提现支付宝账号"，按提示操作即可。完成后，可在"财务管理"→"提现设置"里看到提现设置信息，如图 12-4-2 所示。

图 12-4-2　PC 端查看提现设置信息

（2）移动端操作流程：在抖音 App 依次点击"我"→右上角"三横杠"按钮→"抖音创作者中心"→"星图商单"→"我的"→"财务管理"→右上角"提现设置"，同样要完成三步："绑定手机号""个人实名认证""绑定体现支付宝账号"，即可完成提现设置。

注意事项：

① 绑定手机号：后续提现时会向该手机号发送验证码，为了保障账户安全，建议绑定不易变更的个人手机号。

② 个人实名认证：实名认证需与提现账号实名认证人保持一致，否则提现无法到账。为保证达人的资金安全，实名认证后，如无特殊情况，平台不支持修改实名认证。

③ 绑定提现账号：支持绑定个人支付宝和银行卡账号，请准确输入账号，如果输入错误，会导致提现无法到账等，支持后续自行修改。

2．查询收益详情

（1）PC 端操作流程：登录巨量星图，依次点击"我的任务"→"已完成"→"查看详情"，即可查看已完成任务的收益数据，如图 12-4-3 所示。

图 12-4-3　PC 端查询收益

（2）移动端操作流程：在抖音 App 依次点击"我"→右上角"三横杠"按钮→"抖音创作者中心"→"星图商单"→"我的"→"我的任务"，就可查看所有承接过的任务，点击一项"已完成"任务，可以查看该任务的收益数据，如图 12-4-4 所示。

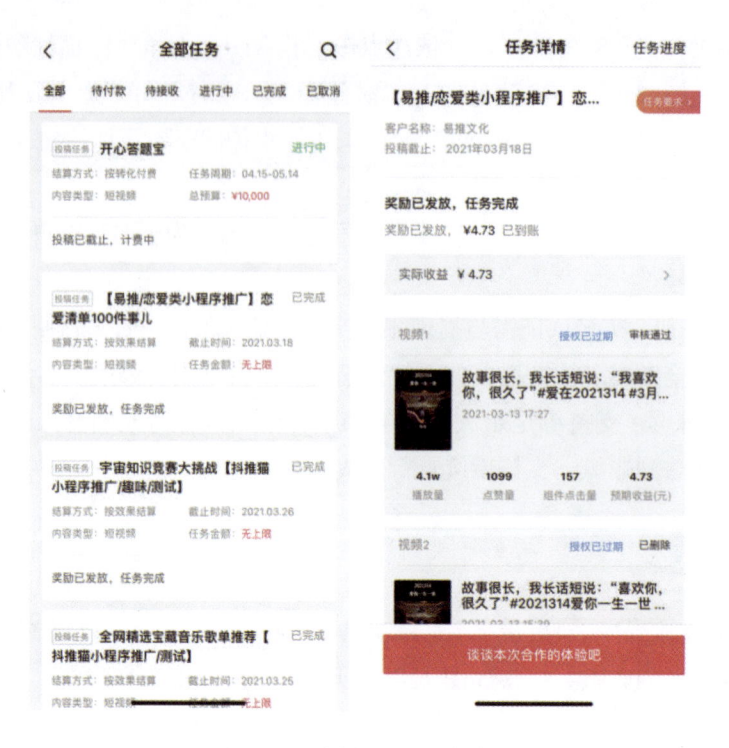

图 12-4-4　抖音 App 查询收益

3. 收益提现

（1）PC 端操作流程：登录巨量星图，在首页点击"提现"，或者点击右上角头像后点击"提现"，输入短信验证码提交，如图 12-4-5 所示，确定后 72 小时内即可到账。

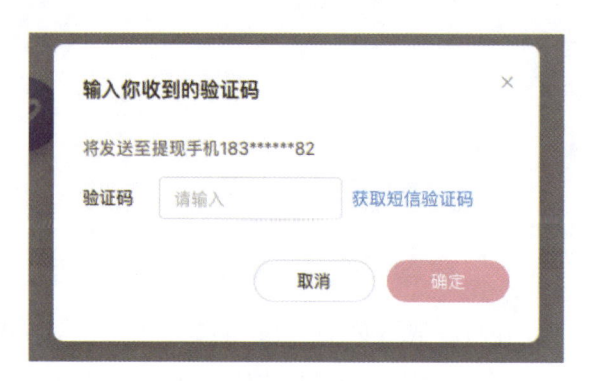

图 12-4-5　PC 端提现时要求输入短信验证码

（2）移动端操作流程：在抖音 App 依次点击"我"→"三横杠"按钮→"抖音创作者中心"→"星图商单"→"我的"，在财务信息中点击"提现"，输入短信验证码后确认，72 小时内即可到账，如图 12-4-6 所示。

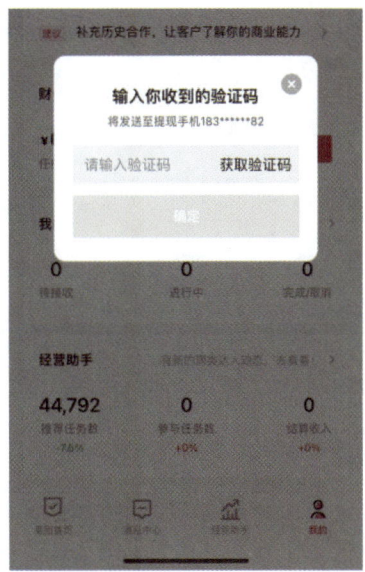

图 12-4-6　抖音 App 提现流程

注意：只有当可提现余额大于 1 元才支持提现。并且当账号金额全部提现完后，提现入口就会消失（如图 12-4-7 所示），只有等后续收益再发放后，提现入口才会再次出现。

图 12-4-7　无提现入口

4．增收策略

通过任务变现，要获得更多收益，需要关注以下策略：

① **任务蹭热点**：多关注热点话题与巨量星图的各项任务，及时发现与热点相关联的任务，从而蹭到热点流量，增加收益。

② **多做任务**：多接任务，在不断做任务中，提升创作者的熟练度与敏感度。

③ **尽快完成任务**。每次都要尽可能快完成任务，争取更长传播时间，可能获得的奖金就越多。

④ **善于利用预热期**：部分任务可预约参与，如图 12-4-8 所示，在预热期内完成视频制作，等到任务开始时间平台自动触发提醒，开启达人视频上传入口。任务开启立即上传视频将获得更多奖金瓜分时间。

⑤ **保持内容垂直度**：制作与达人本身风格一致的视频，更有可能获得高质量评分。

⑥ **制作高质量视频**：高质量视频除本身播放量高以外，视频的完播率、涨粉率、评论率

等都可有效提高视频质量评分，进而提升视频奖金。

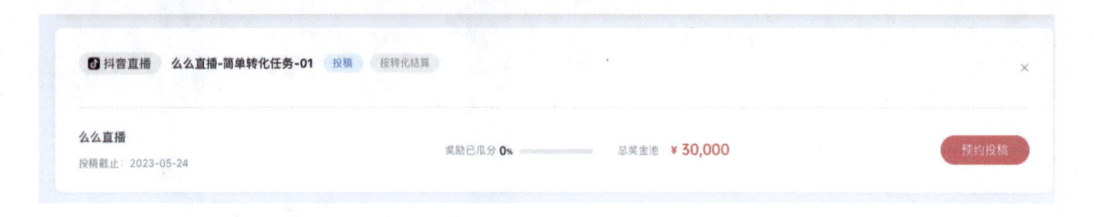

图 12-4-8　预约投稿

要获得更多收益，简而言之就是要：更热、更多、更早、聚焦、优质作品。

任务思考

目前，巨量星图提现不支持修改实名认证。并且，仅支持一个实名绑定一个星图账号。如需更换或解绑，可联系客服处理。解绑后，便可重新绑定。

任务只有在已完成的前提下才可发起提现。

课堂练习

请完成以下任务：

（1）完成自己的星图账号提现设置。

（2）如果账号有收益，请完成一次提现操作。

项目小结

通过本项目的学习，全面了解巨量星图不同的变现模式，以及变现任务的具体要求。学会选择适合自己的变现任务，培养对变现任务的筛选和执行能力。同时，掌握对任务进度和财务收益的管理技巧。

鼓励学生在校期间就开始承接任务商单，用真实任务提升和巩固创作水平，并积累一定的商家资源，为未来职业发展奠定基础。